HERBERT LIST

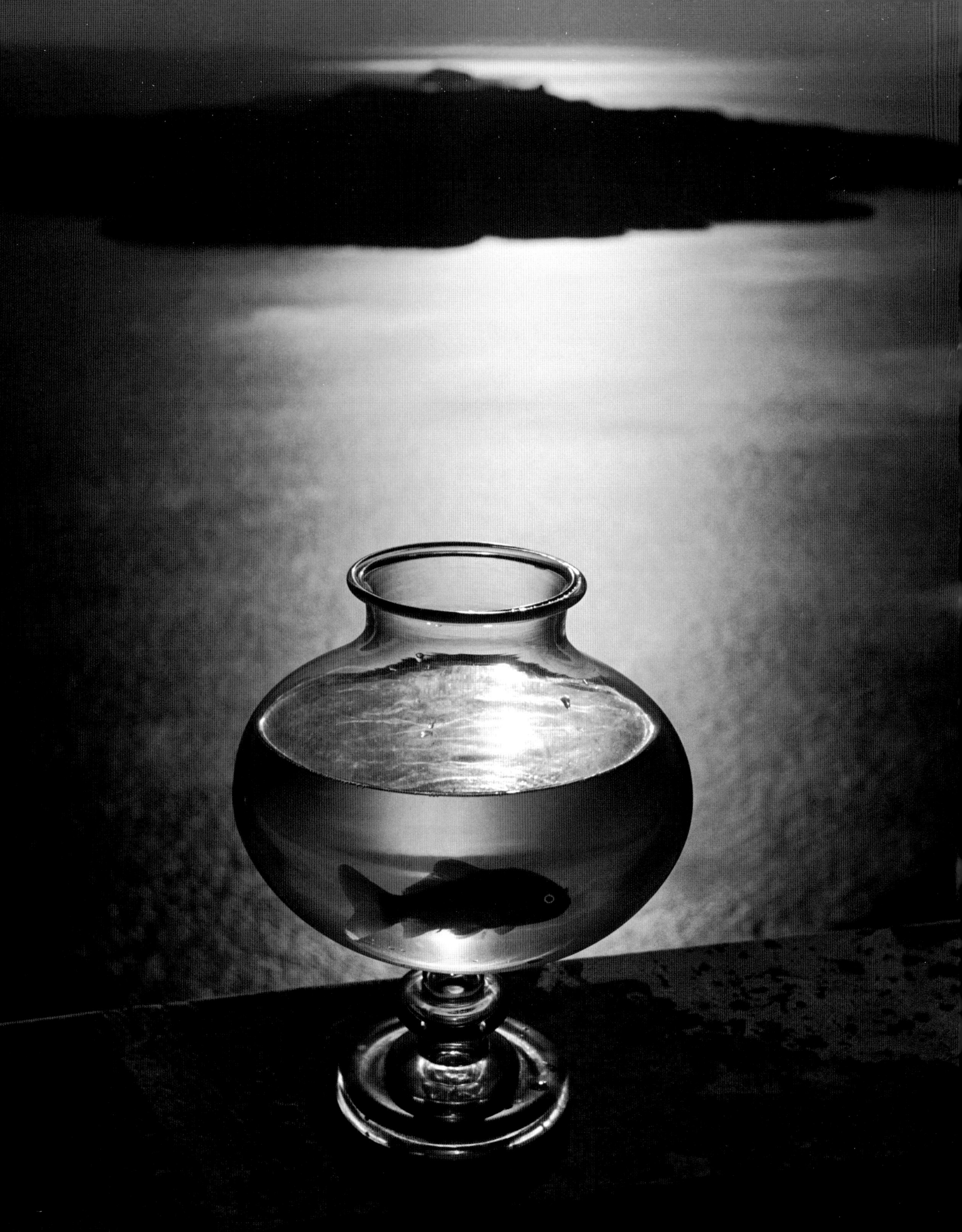

HERBERT LIST

a cura di / edited by / sous la direction de
Dario Cimorelli e / and / et Alessandra Olivari

in collaborazione con / with the collaboration of / avec la collaboration de
Peer-Olaf Richter

testi di / texts by / textes de
Boris von Brauchitsch

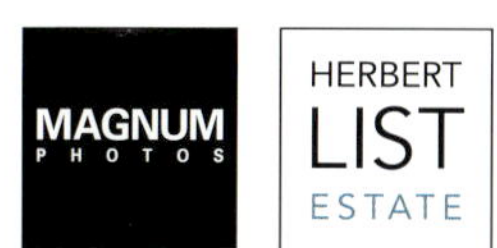

SilvanaEditoriale

In copertina / Cover / Couverture
Stanchezza, Spagna, 1950
Tired, Spain, 1950
Fatiguée, Espagne, 1950

p. 2
Vaso con pesce rosso, isola di Santorini,
Cicladi, Grecia, 1937
Goldfish bowl, Santorini Island, Cyclades, Greece, 1937
Aquarium à poisson rouge, île de Santorin,
Cyclades, Grèce, 1937

pp. 6-7
Giochi d'acqua I, mare del Nord, Germania, 1934 (particolare)
Water games I, North Sea, Germany, 1934 (detail)
Jeux d'eau I, mer du Nord, Allemagne, 1934 (détail)

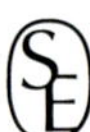

Silvana Editoriale

Direzione editoriale / Direction / Direction éditoriale
Dario Cimorelli

Art Director / Directeur artistique
Giacomo Merli

Redazione in italiano e francese / Italian and French Copy Editor / Rédaction en italien et français
Laura Mirtani

Redazione in inglese / English Copy Editor / Rédaction en anglais
Lorena Ansani

Traduzioni / Translations / Traductions
Barbara Venturi, Sergio Knipe, Jérôme Nicolas, *Scriptum*, Roma / Rome

Impaginazione / Layout / Mise en page
Nicola Cazzulo

Coordinamento organizzativo / Production Coordinator / Organisation
Michela Bramati

Segreteria di redazione / Editorial Assistant / Secrétaire de rédaction
Emma Altomare

Ufficio iconografico / Photo Editor / Iconographie
Alessandra Olivari, Silvia Sala

Ufficio stampa / Press Office / Bureau de presse
Lidia Masolini, press@silvanaeditoriale.it

SOMMARIO
CONTENTS
SOMMAIRE

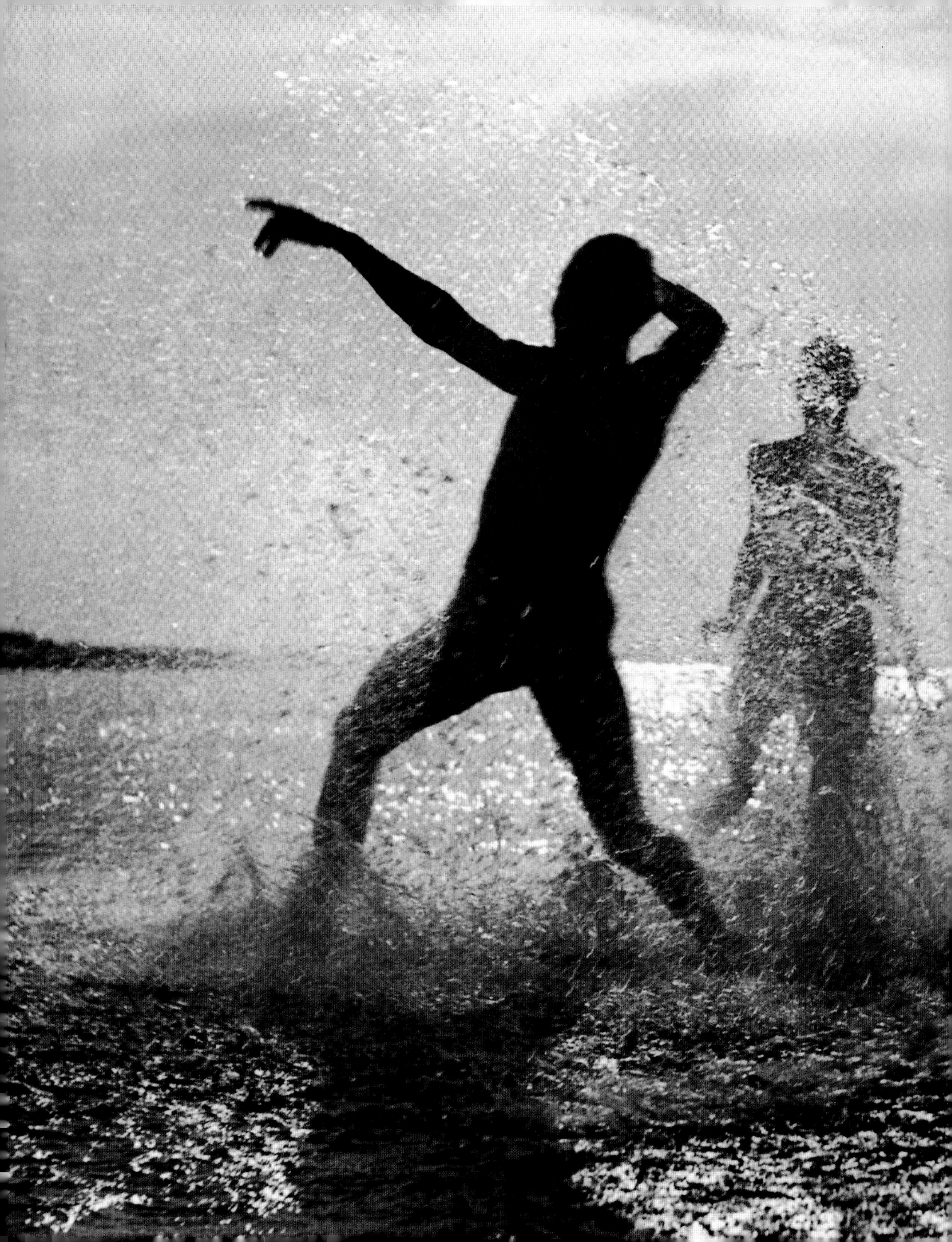

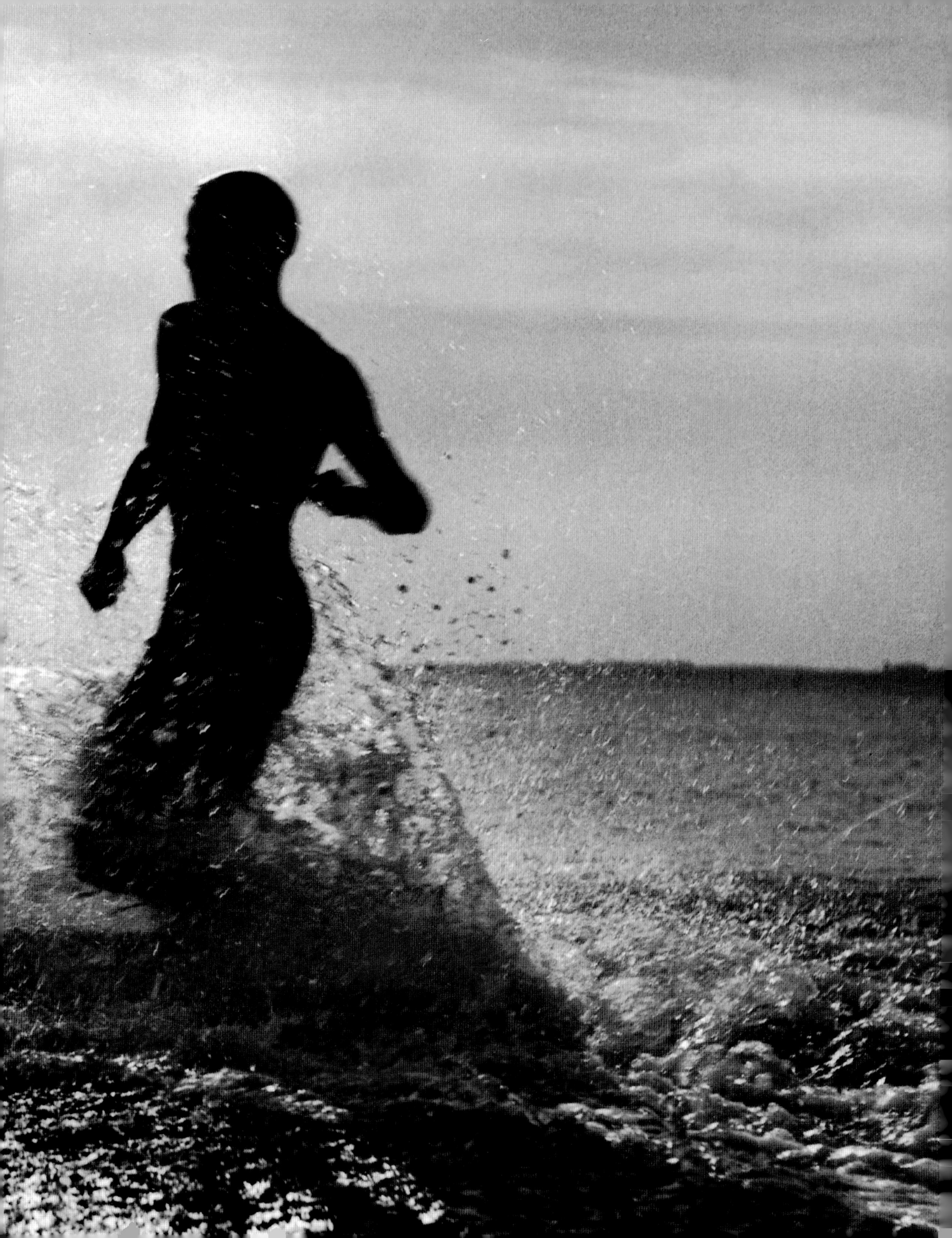

HERBERT LIST: UN *FLÂNEUR* CON LA MACCHINA FOTOGRAFICA

BORIS VON BRAUCHITSCH

"Strano uomo: sono stato suo amico per 45 anni, senza mai essere certo che da parte sua vi fosse più di un semplice interesse per la mia presenza"[1]. Per Werner Helwig, che scrisse queste righe, Herbert List era un uomo distaccato ed egocentrico, uno snob sofisticato, da cui tuttavia era affascinato al punto da descrivere il loro rapporto come un'amicizia durata tutta la vita.

In questa sorta di resa dei conti postuma, la dichiarazione di un altro scrittore, Wolfgang Hildesheimer, che conobbe il fotografo negli anni della sua maturità, suona come una risposta alle parole di Helwig. Scrive Hildesheimer: "List non è un uomo d'azione, è un contemplativo che si è concesso il privilegio di scegliere le cose con cui avere a che fare. Il disonore che grava potenzialmente su un simile atteggiamento – da alcuni definito 'elitario' da altri 'parassita' – viene da lui affrontato con innata nonchalance"[2].

Nato il 7 ottobre 1903 ad Amburgo, Herbert List è destinato a seguire le orme del padre, a capo di un'azienda che importa caffè. Inizialmente studia a Heidelberg, dove ha occasione di assistere alle lezioni di Friedrich Gundolf che lo avvicina, tra le altre cose, ai miti greci, al culto della giovinezza e all'estetismo di Stefan George. Nel 1926 parte per un viaggio della durata di un anno in Sud America: visita il Brasile, le piantagioni di caffè e infine si trasferisce in Messico, paese che gli appare subito come una patria spirituale. "Qui ho vissuto la felice esperienza", scriverà in seguito, "di conoscere paesaggi, persone e situazioni che sarebbero rimaste a lungo nel mio subconscio"[3]. Dopo aver trascorso altri sei mesi in California, attraversa gli Stati Uniti in automobile in compagnia di un amico e solo nell'autunno del 1928 torna ad Amburgo da New York. Lo scrittore Stephen Spender, che lo incontra pochi mesi dopo, osserva come l'affinità elettiva con il Messico abbia trasformato la fisionomia di List, che "era diventato molto alto, somigliava un po' a un messicano, col viso pallidissimo, gli occhi neri e le narici sensuali"[4].

Fuggito dalla natia Inghilterra per vivere nel clima relativamente libero della Repubblica di Weimar, Spender vede in List un autentico 'filibustiere', che lavora solo lo stretto necessario e trascorre i pomeriggi ad abbronzarsi in piscina mentre la sera organizza feste per la *jeunesse dorée* nel suo studio arredato in stile Bauhaus[5]. Per il giovane inglese, egli diviene presto il simbolo di una Germania nuova, libera e vitale, che da un lato lo entusiasma e dall'altro lo mette a disagio con quel culto della bellezza e del corpo, scaturito, ai suoi occhi, da una pericolosa forma di apatia politica. La guerra, la rivoluzione, gli attentati, i tentativi di colpo di Stato e la crisi economica avevano determinato il recente passato, vi era quindi il comprensibile desiderio di concedersi uno spazio neutro e depoliticizzato, destinato al puro piacere dei sensi. Tuttavia, il dissolversi dell'impegno e della radicalizzazione politica avrebbe finito per imporre il suo tributo.

Nel 1930 Andreas Feininger – figlio di Lyonel Feininger e quindi praticamente cresciuto con il Bauhaus – arriva ad Amburgo per lavorare come architetto; qui conosce Herbert List e lo introduce all'arte fotografica. Dopo i ricordi di viaggio e le foto scattate nella cerchia degli amici, nascono le prime immagini di architetture e i notturni artistici, a tal punto dominati da ombre e forme astratte da far quasi dimenticare gli oggetti e le loro reali dimensioni. "Era senza dubbio l'uomo più sensibile che abbia mai incontrato", disse di lui Feininger. "Era simpatico, estremamente educato, elegante e sempre profondamente consapevole della condizione umana"[6].

Dopo il movimento amatoriale di fine Ottocento, negli anni in cui List comincia a dedicarsi alla fotografia la tecnica ha raggiunto nuovi traguardi. Mostre come *Film und Foto* a Stoccarda o *Fotografie der Gegenwart* a Essen (entrambe del 1929), insieme alle pubblicazioni ispirate alla 'nuova visione' e alla nuova oggettività spingono in direzione di un agire antidogmatico e al superamento dei canoni tradizionali. Agli occhi del giovane Herbert il mezzo fotografico è il più adatto a esprimere il suo senso della vita: moderno, agile e anticonvenzionale.

Dopo la morte del padre nel 1931, List deve per la prima volta occuparsi degli affari della società, insieme al fratello minore Günther e a un altro socio. Malgrado ciò, la classe sociale cui appartiene gli consente ancora la libertà di decidere come trascorrere il suo tempo. Continua così a passare i fine settimana con gli amici al Mare del Nord o sul Baltico, portando sempre più spesso con sé la macchina fotografica. La sua valigia contiene un'attrezzatura di base 'surrealistica': coni, maschere, specchi con l'aiuto dei quali List fa della spiaggia un laboratorio per i suoi esperimenti formali. Corpi geometrici, ombre e riflessi che aprono l'immagine a nuove angolazioni, a spazi nuovi.

Fotografie di ragazzi che fanno il bagno o lottano, ripresi con la tecnica della doppia esposizione; oppure addormentati, perché la magia evocata da Herbert List, il distacco delle cose dal tempo, trova nel sonno una corrispondenza poetica. Anche i sogni, a cui i surrealisti attribuivano tanta importanza, sono privi di una dimensione cronologica e temporale, liberano l'essere umano dalla razionalità e dalle convenzioni e danno finalmente spazio ai desideri e alla fantasia. List continua a rubare scatti di modelli addormentati, sia per fissare in un'immagine il loro essere fuori dal mondo, la loro presenza così naturalmente rilassata, sia per poter avvicinare degli sconosciuti senza correre il rischio di sentirsi chiedere una spiegazione (a differenza di quel che accade con gli amici). L'operazione che List compie con queste fotografie somiglia a una presa di possesso, all'attività di un collezionista: in seguito, questi trofei troveranno posto nel suo studio, sotto un tavolino finlandese, e andranno a comporre vere e proprie 'processioni di begli uomini'[7].

Per List, omosessuale e per di più sprovvisto di una prova che attesti la sua 'purezza razziale', dopo il 1933 diventa rischioso continuare a vivere in questo modo in una città dove da tempo non è più uno sconosciuto. Finalmente, nel 1936 prende sul serio gli avvertimenti degli amici che paventano l'arresto imminente, e lascia la Germania.

Privo di sostegni finanziari, è quasi costretto a guadagnarsi da vivere con la fotografia. A Londra, lavora per breve tempo in uno studio fotografico, dove parafrasa la pittura metafisica con l'uso di guanti e manichini, o mette in scena eleganti giochi di luce e decorazioni impiegando materiali grezzi degni dell'Arte Povera. Momenti surreali si affiancano spontaneamente alle immagini ispirate dalla nuova oggettività, come il suo *Aschenbecher* (*Posacenere*), evidente dimostrazione dell'apertura antidogmatica dell'artista agli stili del proprio tempo.

Nel 1937 va a Parigi, dove conosce Jean Cocteau e ottiene il primo incarico per un libro sulla Grecia, dove si recherà l'anno seguente insieme al fotografo di moda George Hoyningen-Huene, dopo averlo incontrato di nuovo nella capitale francese. A Parigi ha l'opportunità di seguire i preparativi per l'Esposizione Internazionale, fotografando gli eroi marziali di Josef Thorak presentati nel padiglione tedesco, ancora imballati. La reinterpretazione surreale del vuoto pathos germanico sarebbe bastata da sola a farlo tacciare di disfattismo dai compatrioti; ma List va oltre, aggiungendo sul verso di una foto: "La Germania è in marcia, ma non sa verso dove". L'accademismo eroico del nazionalsocialismo, tuttavia, non è solo una moda tedesca: anche in Francia cerca di scalzare la modernità, per "veder risorgere gli dei dell'antica Ellade, ringiovaniti dal Positivismo del nostro tempo"[8].

Benché le sue fotografie appaiano in varie riviste, List è sempre alle prese con le difficoltà economiche, anche dopo l'accordo con l'agenzia Black Star che dal 1938 si occupa, con scarso successo, della loro vendita: "Con le vostre fotografie", gli scrive l'agente, "mi sento un po' come se tentassi di vendere dei poemi lirici, il che è quasi impossibile"[9]. Guardandosi indietro, List formulerà delle riflessioni che suonano come una risposta alle perplessità dell'agente, manifestando un'alta considerazione per il proprio lavoro e al tempo stesso un disinteresse per le questioni di ordine economico: "In ogni cosa che faccio sono un dilettante. Ciò significa che non cerco tanto di soddisfare requisiti dettati da altri, ma piuttosto quelli che io stesso mi pongo"[10]. Questa definizione del dilettante come di un appassionato che persegue i propri fini indipendentemente da vincoli esterni si pone sulla scia di una precisa tradizione ottocentesca, quando agli occhi dei dilettanti i fotografi professionisti erano artefici di un prodotto di genere inferiore, destinato alle masse, che sminuiva le ambizioni creative del mezzo. Questa valutazione era ancora valida intorno al 1930: come dimostrano le mostre e le pubblicazioni più innovative, le idee originali continuavano a venire dai dilettanti, la cui ambizione artistica era nettamente distinta da quella degli artigiani-commercianti. E il fatto che Herbert List si considerasse un artista emerge con chiarezza da tutte le sue dichiarazioni sulla fotografia.

Con il passare del tempo si allontana sempre di più dall'influenza dell'impressionismo e soprattutto del surrealismo, dalle nature morte e dalle composizioni preparate in studio o, ancora prima, sulla spiaggia, in favore di una maggiore immediatezza della visione. Dichiara infatti: "Le immagini che ho percepito spontaneamente e con gioia, come se già da tempo vivessero nel mio subconscio, nelle quali sono riuscito a catturare la magia come di sfuggita, erano molto più forti di quelle che erano state composte con cura"[11].

Fino al 1941 List trascorre molto tempo in Grecia, viaggiando tra le isole e scattando fotografie per il libro che ha in mente, tra antico e moderno; a un certo punto viene addirittura sospettato di essere una spia tedesca.

La sua immagine della Grecia è fondata sulla lunga tradizione del mito, in cui il paesaggio, la gente e la cultura si uniscono a evocare un rapporto di continuità con lo spirito antico. Nel libro – destinato al grande pubblico e apparso solo nel 1953 col titolo *Licht über Hellas* (*Luce sulla Grecia*) – compaiono anche le fotografie degli uomini giovani e belli che List amava immortalare sulle spiagge. Benché scarsamente recepite, queste immagini illustrano nel modo più efficace la continuità culturale che il libro intende mettere in evidenza. Al tempo stesso giocano con l'idea di metamorfosi: la pietra che prende vita nella forma del frammento scultoreo è osservata con la stessa sottigliezza della trasformazione dei corpi vivi in statue[12].

"L'uomo greco nella sua forma antica è stato sommerso dal fiume del tempo", lamenta Walter Herwig Schuchardt/ Schuchhardt nella sua prefazione. "Solo raramente, in luoghi remoti, nelle valli solitarie dell'Arcadia o in isole lontane il viaggiatore incontra quel tipo umano la cui vista sembra colmare bruscamente l'abisso dei secoli". È questo che List cerca in Grecia: quei giovani fanno parte di un mondo dell'arte in cui l'esteta aveva trovato rifugio in tempi tanto bui. All'ultimo momento, il 21 marzo 1941, il fotografo prende il treno che lo riporterà in Germania per sfuggire alla cattura dei greci che vorrebbero internarlo e al tempo stesso evitare di essere arrestato come presunto disertore dopo l'invasione, ormai imminente, dei tedeschi.

La decisione di non tornare ad Amburgo e restare a Monaco, dove nessuno lo conosce, è indubbiamente saggia. Fino al bombardamento della città, il 20 settembre 1941, List vive in una pensione a Schwabing, e anche dopo la guerra Monaco rimarrà per lui un punto di riferimento.

Come è nella sua natura, List sembra osservare il bombardamento con una certa nonchalance: la devastazione che altri fotografi registrano con atteggiamento auto-accusatorio o, al contrario, pieno di rimprovero, gli fornisce nuovi stimoli estetici. Ogni esplosione apre prospettive e panorami sconosciuti, situazioni surreali, incantate, assurde. Abituato a guardare le rovine greche, l'occhio non può fare a meno di scorgere, accanto alla terribile miseria, il continuum ininterrotto di macerie. Come in Grecia, anche a Monaco List è interessato alle rovine d'arte, che ritrae in condizioni di luce e angolazioni particolari o sotto una coltre di neve, trasformandole così in un palcoscenico pittoresco e grottesco, in una nuova opera d'arte.

"L'essenza di una personalità può essere colta nel tempo di una posa"[13]. Animato da questa convinzione di fondo, nella seconda parte della sua vita List si dedica ai ritratti di artisti e intellettuali. L'attitudine del *flâneur*, quella capacità di cogliere la magia 'come di sfuggita' lascia temporaneamente spazio a un approccio quasi meditativo. I risultati sono straordinari anche perché l'atmosfera della sessione fotografica, simile a un lungo momento di ispirazione profonda, si trasmette all'effigiato. Il dialogo fotografico avviene a livello dello sguardo e permette di creare un'intimità senza negare la posa volontariamente assunta. Generalmente, il contesto viene solo accennato, senza sconfinamenti nell'aneddotica. I suoi ritratti di più forte impatto raggiungono una tale intensità espressiva che lo status di celebrità del soggetto passa interamente in secondo piano.

Il lavoro di Herbert List copre un periodo di circa 35 anni, durante i quali è soggetto a vari cambiamenti. Dal punto di vista dello stile, dalle composizioni improntate alla nuova visione e al surrealismo passa al neorealismo; dalla resa atmosferica delle escursioni occasionali alla seria riflessione sulle possibilità estetiche della fotografia. Parallelamente a tutto ciò, una crescente professionalità legata ai motivi biografici di cui abbiamo detto in precedenza, sfocia in un'ambiziosa attività di fotografo documentario.

Il culmine di questo lavoro documentario è la collaborazione con il regista Vittorio De Sica. List vaga senza meta per Napoli, fotografa persone di ogni classe sociale che attirano la sua attenzione, e De Sica alla fine le intervista. Il risultato è un libro illustrato che rinuncia completamente alle vedute da cartolina per offrire una serie di istantanee che corrispondono al carattere provvisorio, temporaneo della città. Oltre all'impatto delle singole fotografie, *Napoli* offre una sequenza di immagini dal carattere quasi cinematografico, come se si trattasse delle foto di scena per una sceneggiatura illustrata. Esse non soltanto dissolvono il confine spesso nettamente delineato tra fotografia artistica e documentaria, ma creano del tutto incidentalmente un nuovo concetto di libro giornalistico. Contrariamente alle convinzioni precedenti di List, questo libro dimostra come persino l'istantanea di un estraneo possa rivelare ben più di un'impressione fugace. Dal canto suo Vittorio De Sica, con questo "libro cinematografico" sulla sua Napoli, ha finalmente l'occasione di portare avanti il suo sogno: prendere gli attori dalla strada, dalla vita quotidiana. "Ci sono ruoli", disse il regista, "che prendono forma solo con un volto ben preciso, non si può semplicemente 'recitarli'. Questi volti si trovano solo sulla strada, nella vita reale"[14].

Negli anni sessanta, Herbert List interrompe il lavoro di fotografo per dedicarsi sempre più intensamente alla raccolta di disegni italiani, soprattutto di stile manierista. Muore a Monaco il 4 aprile 1975. In vita si era sempre opposto all'idea di una mostra retrospettiva, perché la fotografia era per lui un capitolo chiuso. Ai posteri il compito di riscoprirlo.

[1] W. Helwig, *Rückblick auf Herbert List*, post scriptum inedito del 1975, Amburgo, Herbert-List-Archiv.
[2] W. Hildesheimer, *Über Herbert List*, in "Du", luglio 1973, pp. 460, 526.
[3] H. List, in "Du", gennaio 1960, p. 6.
[4] S. Spender, *Welt zwischen Welten*, Wiesbaden 1952, p. 128.
[5] *Ibidem*, pp. 128-133.
[6] A. Feininger, *In Memory of Herbert List*, in *Herbert List Photographs 1930-1970*, Monaco di Baviera 1982.
[7] S. Spender, *Welt zwischen Welten*, Wiesbaden 1952, p. 129.
[8] P. Ackermann, in *L'art dans la vie moderne*, 1937, cit. in P. Weiser, *Die Weltausstellung, der Staat und die schönen Künste*, in *Paris-Paris, 1937-1957*, Monaco di Baviera 1981, p. 56
[9] Lettera dell'agenzia Black Star (Kurt Safranski) a List del 24 febbraio 1938, Amburgo, Herbert-List-Archiv.
[10] *List über List*, in "Du", luglio 1973, p. 531
[11] *Ibidem*, p. 532.
[12] Cfr. E. Ruelfs, *Strategien der Verlebendigung und Mortifikation im Werk von Herbert List*, tesi di laurea, Braunschweig 2009.
[13] H. List, *Fotografie als künstlerisches Ausdrucksmittel*, cit. in B. von Brauchitsch, *Das Magische im Vorübergehen*, Münster 1992, p. 103.
[14] V. De Sica, in *Die zehn schönsten Jahre*, Ginevra 1950, cit. in H. Pelzer, *Vittorio de Sica*, Berlin 1964, p. 55.

HERBERT LIST: A *FLÂNEUR* WITH A PHOTO CAMERA

BORIS VON BRAUCHITSCH

"A strange man: I was his friend for 45 years, without ever being certain of there being anything more on his part than a mere interest in my presence."[1] For Werner Helwig, the author of these lines, Herbert List was a detached and egocentric man, a sophisticated snob whom he nonetheless found fascinating – to the point of describing their relationship as a long-life friendship.

In the context of this sort of posthumous settling of scores, Helwig's words are counterbalanced by the statement made by another writer, Wolfgang Hildesheimer, who met the photographer at the peak of his career. Hildesheimer writes: "List is not a man of action, but a contemplative who has afforded himself the luxury of choosing what things to deal with. The dishonour that potentially looms over an attitude of this sort – which some describe as 'elitist', others as 'parasitical' – he faces with a natural nonchalance."[2]

Born in Hamburg on 7 October 1903, Herbert List was destined to follow in the footsteps of his father, the head of a coffee-import company. He first studied at Heidelberg, where he had the opportunity to attend Friedrich Gundolf's lectures, through which he discovered not just the Greek myths, but also Stefan George's worship of beauty and aestheticism. In 1926 List set off on a year-long journey across Latin America: he visited Brazil – including its coffee plantations – and reached Mexico, which immediately struck him as his spiritual homeland. "I here experienced the happiness – List later wrote – of discovering landscapes, people and situations that were long to dwell in my subconscious."[3] After spending six months in California, he crossed the United States by car in the company of a friend, only returning to Hamburg from New York in the Autumn of 1928. The writer Stephen Spender, who met List a few months later, noted that his affinity with Mexico had changed his very appearance: he "had grown very tall – he looked somewhat like a Mexican, with his extremely pale face, black eyes, and sensuous nostrils."[4]

Having fled his native England in order to live in the relatively free climate of the Weimar Republic, Spender saw List as a genuine "freebooter," who only worked the bare minimum and spent his afternoons sunbathing by the pool and his evenings hosting parties for the *jeunesse dorée* in his Bauhaus-style studio.[5] In the eyes of the young Englishman, List soon became the symbol of a new, free and dynamic Germany, which he found thrilling on the one hand but disturbing on the other, on account of its worship of beauty and the human body – in his view, sprung from a dangerous form of political apathy. The recent past had witnessed war, revolution, terrorist attacks, coup attempts and an economic crisis: the desire to enjoy a neutral and depoliticized space, entirely devoted to sense enjoyment, was all too understandable. Still, a price was soon to be paid for this petering out of political engagement and radicalization.

In 1930 Andreas Feininger – Lyonel Feininger's son and hence someone who had practically been raised with Bauhaus – settled in Hamburg as an architect. Here he met Herbert List, whom he introduced to the art of photography. After some travel mementos and some first shots taken within his circle of friends, List started taking pictures of architectural subjects and artistic night views. These are so pervaded by shadows and abstract forms that it is easy to forget the actual objects they portray and their size. "He was without doubt the most sensitive person I've ever met," Feininger stated of List. He was soft-spoken, extraordinarily polite, elegant in his appearance, and deeply aware of the human condition wherever he went."[6]

After the amateur movement of the late 19th century, in the years in which List took up photography this discipline had already crossed new frontiers. Exhibitions such as 'Film und Foto' at Stuttgart and 'Fotografie der Gegenwart' at Essen (both held in 1929), along with publications inspired by the New Vision and New Objectivity movements, fostered anti-dogmatic approaches and a break with the old rules. In the eyes of the young Herbert, photography offered the most suitable means for him to express his outlook on life: a modern, flexible and non-conventional one.

Following the passing of his father in 1931, for the first time List found himself in the position of having to take care of the company's business, together with his younger brother Günther and another partner. Despite this, List's social standing still afforded him the freedom to choose how to manage his own time. He thus continued to spend his weekends with friends on the North Sea or Baltic, increasingly accompanied by a photo camera. He would pack his suitcase with a "Surrealist" set of basic equipment: cones, masks and mirrors that enabled him to turn the beach into a workshop for his formal experiments. Geometric bodies, shadows and reflexes soon provided new vantage points and spaces for his pictures.

We find photographs of young men bathing or wrestling, portrayed using the double exposure technique; and of young men sleeping, since the enchantment evoked by Herbert List – the detachment of things from time – finds poetic correspondence in the realm of sleep. Dreams, to which the Surrealists attached so much importance, lack any chronological or temporal dimension: they free the human being from rationality and conventions, finally giving free rein to desires and the imagination. List would steal shots of sleeping models, both in order to visually record their being outside the world, their naturally relaxed presence, and in order to approach people he did not know without running the risk of being asked for explanations (as was invariably the case with his friends). The operation which List performed through these photographs is akin to an act of taking possession, to the work of a collector: these trophies would then find a place in his studio, under a Finnish coffee table, forming genuine "parades of handsome men".[7]

By 1933 it had become dangerous for List as a homosexual – and one lacking a document attesting to his "racial purity" – to continue leading this life in a city where he had already acquired a certain reputation. In 1936 the photographer finally heeded his friends' warnings about his impending arrest, and left Germany.

With no income, he was practically forced to make a living from photography. In London he spent a short time working in a photographic studio, where he paraphrased Metaphysical painting through the use of gloves and mannequins, and created refined plays of light and decorations using raw materials worthy of Arte Povera. Surrealist moments were spontaneously combined with pictures inspired by the New Objectivity, as in the case of *Aschenbecher* (*Ashtray*) – striking proof of the artist's anti-dogmatic embracing of the styles of his day.

In 1937 List moved to Paris, where he met Jean Cocteau and received his first commission for a book on Greece. He visited the country the following year together with the fashion photographer George Hoyningen-Huene, whom he had also met in the French capital. In Paris List had the opportunity to follow the preparations made for the International Exposition, photographing Josef Thorak's martial heroes in the German pavilion while still in their wrapping. This Surrealist take on meaningless Germanic pathos would have been enough in itself for List to be accused of defeatism by his fellow countrymen; but the photographer went even further, writing at the back of one of the photographs: "Germany is on the march – but whither, we do not know." The heroic academicism of National Socialism, however, was not just a German fad: in France too it sought to oust modernity, in an attempt to "witness the rebirth of the gods of ancient Greece, rejuvenated by the Positivism of our time."[8]

While his photographs appeared on various magazines, List continued to endure economic hardship, even after his agreement with the Black Star agency, which in 1938 started managing the sale of his pictures, albeit with little success: "With your photographs – List's agent wrote to him – I feel as though I were trying to sell lyric poems, which is almost impossible."[9]

Looking back, List was to formulate some thoughts that come across as an answer to his agent's doubts. They express both the photographer's high esteem for his own work and his lack of concern for economic matters: "I am an amateur in everything I do. This means that I aim to meet not so much the requirements set by others, as those I pose myself."[10] This definition of the amateur as an enthusiast who pursues his goals regardless of external restrictions is in line with a particular 19th-century tradition, whereby professional photographers were seen by amateurs as delivering something of lower quality, destined for mass-consumption, which belittled the creative potential of the art. This opinion still held sway in 1930: as shown by the most innovative exhibitions and publications, original ideas continued to come from amateurs, whose artistic aspirations stood in clear contrast to those of the merchant-craftsmen. And the fact that Herbert List regarded himself as an artist clearly emerges from all his statements on photography.

Over time, List increasingly freed himself from the influence of Impressionism and especially Surrealism. He moved away from the representation of still-lifes and compositions arranged in a studio – or beach, as at the beginning of his career – in favour of a more direct vision. Something became clear to him: "The pictures I have spontaneously, joyously experienced, as though they had long been inhabiting my subconscious, and in which I have been able to catch a glimpse of enchantment, as if in passing, were far more compelling than those which had been carefully arranged."[11]

Up until 1941 List spent much time in Greece, travelling from island to island and taking photographs for the book he had in mind, one at the crossroads between antiquity and modernity. At one point, he was even suspected of being a German spy.

List's image of Greece rests on the enduring mythological tradition: the landscape, people and culture come together to evoke the spirit of antiquity. The book – conceived for the general public but only published in 1953, under the title of *Licht über Hellas* (*Light on Greece*) – also features pictures of the sort of beautiful young men that List enjoyed photographing at the beach. While little acknowledged, these images perfectly illustrate the cultural continuity which the book seeks to highlight. At the same time, the pictures play on the idea of metamorphosis: the stone which takes shape through a sculptural fragment is recorded with as much subtleness as the transformation of living bodies into statues.[12]

"The Greek man in his ancient form has been submerged by the river of time," Walter Herwig Schuchardt bemoans in his preface. "Only rarely, in remote places, in the solitary valley of Arcadia or on faraway islands does the traveller meet a human type whose sight seems to suddenly bridge the chasm of the centuries." This is what List was seeking in Greece: those young men were part of an art world in which the aesthete sought refuge in such dark days. At the very last moment, on 21 March 1941, the photographer took a train back to Germany in order to escape the Greeks, who wished to have him interned, and to avoid being arrested as an alleged deserter after the impending German invasion.

List's choice not to return to Hamburg but to remain in Munich, where no one knew him, was no doubt a wise one. Up until the bombing of the city on 20 September 1941, he stayed in a small hotel in Schwabing, and even after the war Munich remained a point of reference for the photographer. As was in his character, List apparently experienced the bombing with a certain degree of nonchalance: the wreckage which other photographers recorded with a self-accusatory attitude, or one of bitter reproach, provided new aesthetic stimuli for him. Each explosion opened up new perspectives and vistas – surreal, enchanted or absurd scenarios. Used to gazing at Greek ruins, List's eye was bound to discern the seamless expanse of ruins, beyond the terrible misery. As in Greece, in Munich List proved most interested in art ruins, which he portrayed under particular lighting conditions, from particular angles, or under a blanket of snow, thereby turning them into a picturesque and grotesque stage – a new artwork.

"The essence of a personality can be grasped during the duration of a pose."[13] Fuelled by this conviction, List devoted the latter half of his life to the portrayal of artists and intellectuals. His *flâneur* attitude and capacity to grasp enchantment "as if in passing" temporarily gave way to an almost meditative approach. The outcome was quite extraordinary, not least because the atmosphere of each photo session, like a prolonged moment of profound inspiration, would affect the very people portrayed. An exchange was established at the level of the gaze, creating a sense of intimacy without impinging upon the freely chosen poses. Generally speaking, the setting in these photographs is only hinted at, with no narrative digressions. The most compelling portraits are so strikingly expressive that it is easy to forget the celebrity status of the subjects.

Herbert List's work spans a period of roughly thirty-five years, during which it underwent several changes. In terms of style, it passed from compositions inspired by New Vision and Surrealism to ones inspired by Neorealism; from the atmospheric rendering of occasional trips to an earnest investigation of the aesthetic potential of photography. In parallel to all this, the increasingly professional status which List acquired through the life choices he made ultimately ensured an ambitious career for him as a documentary photographer.

The high point of this documentary work was List's collaboration with the director Vittorio De Sica. List roamed the streets of Naples, photographing people of all social classes that captured his attention; De Sica then interviewed them. This led to the publication of an illustrated volume that completely abandons the idea of picture-postcard views in favour of snapshots reflecting the provisional, temporary character of the city. Aside from the impact of individual photographs, *Napoli* offers as sequence of almost cinematographic images, as though they were stage photos for an illustrated script. They not only dissolve the boundary that is often so neatly traced between artistic photography and documentary photography, but quite incidentally establish a new idea of instant book.

Contrary to List's own previous convictions, the books showed that even the snapshot of a stranger could leave something more than just a fleeting impression. On his part, through this "cinematographic book" on Naples, Vittorio De Sica had the opportunity to pursue his dream: to select actors from the streets, from everyday life. "There are certain roles – the director stated – that only take shape through a specific face. They can't simply be 'acted out'. These faces are only to be found in the streets, in real life."[14]

In the 1960s, Herbert List ended his career as a photographer, so as to increasingly concentrate on the collection of Italian drawings, especially in the Mannerist style. He died in Munich on 4 April 1975. Whilst alive, List always opposed the idea of a retrospective exhibition, regarding photography as a closed chapter of his life. It is now for posterity to rediscover his work.

[1] W. Helwig, *Rückblick auf Herbert List*, unpublished post scriptum from 1975, Hamburg, Herbert-List-Archiv.

[2] W. Hildesheimer, 'Über Herbert List,' in *Du*, July 1973, pp. 460 and 526.

[3] H. List, in *Du*, January 1960, p. 6.

[4] S. Spender, *Welt zwischen Welten*, Wiesbaden 1952, p. 128.

[5] Ibidem, pp. 128-133.

[6] A. Feininger, 'In Memory of Herbert List,' in *Herbert List Photographs 1930-1970*, Munich 1982.

[7] S. Spender, *Welt zwischen Welten*, Wiesbaden 1952, p. 129.

[8] P. Ackermann, in *L'art dans la vie moderne*, 1937, cit. in P. Weiser, 'Die Weltausstellung, der Staat und die schönen Künste,' in *Paris-Paris*, 1937-1957, Munich 1981, p. 56

[9] Letter addressed to List by the Black Star agency (Kurt Safranski), dated 24 February 1938, Hamburg, Herbert-List-Archiv.

[10] 'List über List,' in *Du*, July 1973, p. 531.

[11] Ibid., p. 532.

[12] See E. Ruelfs, *Strategien der Verlebendigung und Mortifikation im Werk von Herbert List*, M.A. dissertation, Braunschweig 2009.

[13] H. List, 'Fotografie als künstlerisches Ausdrucksmittel,' cit. in B. von Brauchitsch, *Das Magische im Vorübergehen*, Münster 1992, p. 103.

[14] V. De Sica, in *Die zehn schönsten Jahre*, Geneva 1950, cit. in H. Pelzer, *Vittorio de Sica*, Berlin 1964, p. 55.

HERBERT LIST : UN FLÂNEUR AVEC UN APPAREIL PHOTOGRAPHIQUE

BORIS VON BRAUCHITSCH

« Curieux homme : j'ai été son ami pendant 45 ans, sans être jamais certain que de son côté, il y avait plus qu'un simple intérêt pour ma présence »[1]. Pour l'auteur de ces lignes, Werner Helwig, Herbert List était un homme détaché et égocentrique, un snob sophistiqué, qui le fascinait pourtant à tel point qu'il a décrit leur rapport comme une amitié qui a duré toute leur vie.

Dans cette sorte de règlement de comptes posthume, la déclaration d'un autre écrivain, Wolfgang Hildesheimer, qui a connu le photographe à l'époque de sa pleine maturité, semble contredire les paroles de Helwig. Il écrit en effet : « List n'est pas un homme d'action, c'est un contemplatif qui s'est accordé le privilège de choisir les choses dont il voulait s'occuper. Le déshonneur qui pèse potentiellement sur une telle attitude – que certains qualifient d'"élitiste", d'autres de "parasite" –, il l'affronte avec une nonchalance innée »[2]. Herbert List, né le 7 octobre 1903 à Hambourg, semble destiné à suivre les traces de son père, qui dirige une société d'importation de café. Il commence ses études à Heidelberg, où il a l'occasion d'assister aux leçons de Friedrich Gundolf qui l'initie aux mythes grecs, au culte de la jeunesse et à l'esthétisme de Stefan George. En 1926, il part pour un voyage d'un an en Amérique du Sud : il visite le Brésil, les plantations de café et finit par arriver au Mexique, un pays qu'il reconnaît immédiatement comme une patrie spirituelle. « J'ai vécu ici l'heureuse expérience – écrira-t-il plus tard – de connaître des paysages, des personnes et des situations qui allaient rester longtemps dans mon subconscient »[3]. Après six mois passés en Californie, il traverse les États-Unis en voiture en compagnie d'un ami et ne rentre à Hambourg via New York qu'à l'automne 1928. L'écrivain Stephen Spender, qui le rencontre quelques mois plus tard, observe que l'affinité élective de List avec le Mexique a transformé sa physionomie : il « était devenu très grand, ressemblait un peu à un Mexicain, avec un visage très pâle, des yeux noirs et des narines sensuelles »[4].

Stephen Spender, qui a fui son Angleterre natale pour vivre dans le climat relativement libre de la République de Weimar, voit en List un authentique « flibustier » qui ne travaille que le strict nécessaire, passe ses après-midi à la piscine pour se faire bronzer et organise des fêtes pour la jeunesse dorée dans son atelier décoré en style Bauhaus[5]. Pour le jeune Anglais, Herbert List devient rapidement le symbole d'une Allemagne nouvelle, libre et vitale, qui l'enthousiasme mais qui le met aussi mal à l'aise avec son culte de la beauté et du corps, lequel est à ses yeux le fruit d'une dangereuse forme d'apathie politique. Comme le passé récent a été déterminé par la guerre, la révolution, les attentats, les tentatives de coups d'État et la crise économique, le désir de s'accorder un espace neutre et dépolitisé, destiné au pur plaisir des sens, est compréhensible. Toutefois, la dissolution de l'engagement et de la radicalisation politique devait finir par faire payer un lourd tribut à l'Allemagne.

En 1930, Andreas Feininger, le fils de Lyonel Feininger, qui a pratiquement grandi avec le Bauhaus, arrive à Hambourg pour y exercer la profession d'architecte. Il fait la connaissance de Herbert List et l'introduit à l'art de la photographie. Après des souvenirs de voyage et les premières photographies prises dans le cercle de ses amis, List prend ses premières images d'architectures et ses nocturnes artistiques dominés par des ombres et des formes abstraites qui font presque oublier les objets et leurs dimensions réelles. « C'était sans aucun doute l'homme le plus sensible que j'aie jamais rencontré », a dit de lui Feininger. « Il était sympathique, extrêmement bien élevé, élégant et toujours profondément conscient de la condition humaine »[6].

Après le mouvement des amateurs de la fin du XIXe siècle, la photographie entre dans une dimension nouvelle au cours des années où List commence à se consacrer à cette discipline. Des expositions comme *Film und Foto* à Stuttgart ou *Fotografie der Gegenwart* à Essen (toutes les deux en 1929) et des publications, inspirées par la « nouvelle vision » et par la nouvelle objectivité, encouragent une pratique antidogmatique et l'abandon des canons traditionnels. Aux yeux du jeune Herbert, le médium photographique est celui qui lui convient le mieux pour exprimer son sens de la vie : moderne, pratique et anticonventionnel.

Après la mort de son père en 1931, Herbert List doit pour la première fois s'occuper des affaires de la société avec son frère cadet Günther et un autre associé. Toutefois, la classe sociale à laquelle il appartient lui offre encore la liberté de décider comment occuper son temps. Il continue donc de passer ses fins de semaine avec ses amis au bord de la mer du Nord ou sur la Baltique, en prenant de plus en plus souvent son appareil photographique. Sa valise contient un équipement de base « surréaliste » : des cônes, des masques et des miroirs à l'aide desquels il transforme la plage en un laboratoire pour ses expériences formelles. Des corps géométriques, des ombres et des reflets qui offrent à l'image de nouveaux points de vue et de nouveaux espaces.

Des photographies de jeunes gens en train de se baigner ou de pratiquer la lutte, prises avec la technique de la double exposition ; ou endormis, car la magie évoquée par Herbert List – le détachement des choses à l'égard du temps – trouve dans le sommeil une correspondance poétique. Les rêves, auxquels les surréalistes attribuaient une si grande importance, étant eux aussi dépourvus d'une dimension chronologique et temporelle, libèrent l'être humain de la rationalité et des conventions, et laissent enfin le champ libre aux désirs et à l'imagination. List continue de voler des clichés de modèles endormis pour fixer en une image leur être hors du monde, leur présence détendue et empreinte d'un grand naturel, mais aussi pour pouvoir approcher des inconnus sans courir le risque qu'on lui demande des explications (contrairement à ce qui se passe avec ses amis). L'opération que List réalise avec ces photographies ressemble à une prise de possession, à l'activité d'un collectionneur : plus tard, ces trophées prendront place dans son atelier, sous une petite table finlandaise, et ils composeront de véritables « processions de beaux hommes »[7].

Comme List est homosexuel et qu'il ne possède pas de preuves attestant sa « pureté raciale », à partir de 1933 il devient risqué de continuer à mener ce genre de vie dans une ville où il n'est plus un inconnu depuis longtemps. En 1936, il finit par prendre au sérieux les avertissements de ses amis qui craignent son arrestation imminente et il quitte l'Allemagne.

Dépourvu de moyens financiers, Herbert List est presque obligé de gagner sa vie avec la photographie. À Londres, il fait un court passage dans un studio où il paraphrase la peinture métaphysique à l'aide de gants et de mannequins, et où il met en scène des décorations et des jeux de lumière élégants, en utilisant des matériaux bruts dignes de l'Arte Povera. Des moments surréels côtoient spontanément des images inspirées par la nouvelle objectivité, comme son *Cendrier*, démonstration évidente de l'intérêt antidogmatique de l'artiste pour les styles de son époque.

En 1937, il se rend à Paris. Il y rencontre Jean Cocteau et obtient sa première commande pour un livre sur la Grèce, où il ira l'année suivante avec le photographe de mode George Hoyningen-Huene, après avoir rencontré de nouveau celui-ci dans la capitale française. À Paris, il a l'occasion de suivre les préparatifs pour l'Exposition Internationale, en photographiant dans le pavillon allemand les héros martiaux de Josef Thorak, encore emballés. La réinterprétation surréelle du creux pathos germanique suffirait à elle seule à le faire accuser de défaitisme par ses compatriotes ; mais List va plus loin, en ajoutant au verso d'une photographie : « L'Allemagne est en marche, mais elle ne sait pas vers où ». Toutefois, l'académisme héroïque du national-socialisme n'est pas seulement une mode allemande : en France aussi, il tente de rejeter la modernité, pour « voir renaître les dieux de l'antique Hellade, rajeunis par le Positivisme de notre temps »[8].

Bien que ses photographies soient publiées dans un certain nombre de revues, Herbert List est toujours confronté à des difficultés économiques, même après avoir signé un contrat avec l'agence Black Star, qui s'occupe de leur vente – avec un succès très relatif – à partir de 1938 : « Avec vos photographies – lui écrit son agent –, je me sens un peu comme si je tentais de vendre des poésies lyriques, ce qui est pratiquement impossible »[9].

En repensant au passé, Herbert List formulera des réflexions qui semblent faire écho aux perplexités de son agent, dans lesquelles il manifeste à la fois une haute considération pour son propre travail et un désintérêt pour les questions d'ordre économique : « Dans chaque chose que je fais, je suis un dilettante. Cela veut dire que je n'essaie pas tant de satisfaire des exigences dictées par d'autres personnes, que celles que je me suis moi-même imposées »[10]. Cette définition du dilettante, vu comme quelqu'un de passionné qui poursuit ses propres objectifs indépendamment de contraintes extérieures, s'inscrit dans la lignée d'une tradition bien précise du XIXe siècle, quand aux yeux des dilettantes, les photographes professionnels étaient les artisans d'un produit de catégorie inférieure, destiné aux masses et rabaissant les ambitions créatrices du médium. Cette opinion est encore valable vers 1930 : comme le montrent les expositions et les publications les plus innovatrices, les idées originales continuent à être le fait des dilettantes, dont l'ambition artistique est nettement distincte de celle des artisans-commerçants. Et toutes ses déclarations sur la photographie révèlent clairement que Herbert List se considérait comme un artiste.

Avec le temps, il s'affranchit de plus en plus de l'influence de l'impressionnisme et surtout du surréalisme, des natures mortes et des compositions préparées en studio ou, plus tôt encore, sur la plage, pour privilégier une plus grande immédiateté de la vision, déclarant à ce propos : « Les images que j'ai perçues spontanément et avec joie, comme si elles vivaient déjà depuis longtemps dans mon subconscient, dans lesquelles je suis arrivé à capturer la magie comme en passant, étaient beaucoup plus fortes que celles qui avaient été composées avec soin »[11].

Jusqu'en 1941, List passe beaucoup de temps en Grèce, voyageant d'île en île et prenant des photographies pour le livre qu'il a en tête, entre antiquité et modernité ; et à un certain moment, on le soupçonne même d'être un espion allemand. Son image de la Grèce est fondée sur la longue tradition du mythe, où le paysage, les gens et la culture s'unissent pour évoquer la continuité de l'esprit antique. Son livre – destiné au grand public et paru seulement en 1953 sous le titre de *Licht über Hellas* (*Lumière sur la Grèce*) – contient aussi les photographies des hommes jeunes et beaux que List aimait immortaliser sur les plages. Bien qu'elles aient été peu remarquées, ces images illustrent d'une manière extrêmement efficace la continuité culturelle que le livre entend mettre en évidence. En même temps, elles jouent avec l'idée de métamorphose : la pierre qui prend vie dans la forme du fragment sculpté est observée avec la même subtilité que la transformation des corps vivants en statues[12]. « L'homme grec dans sa forme antique a été submergé par le fleuve du temps », constate amèrement Walter Herwig Schuchhardt dans sa préface. « Très rarement, dans des lieux écartés, dans les vallées solitaires de l'Arcadie ou dans des îles lointaines, le voyageur rencontre ce type humain dont la vue semble combler brusquement l'abîme des siècles ». C'est cela que List cherche en Grèce : ces jeunes gens font partie d'un monde de l'art où l'esthète avait trouvé refuge à des époques particulièrement sombres. Mais au dernier moment, le 21 mars 1941, le photographe prend le train qui le ramènera en Allemagne pour éviter d'être interné par les Grecs, mais aussi pour ne pas être arrêté comme un déserteur présumé après l'invasion allemande, qui s'annonce imminente.

Il fait incontestablement preuve de sagesse en décidant de ne pas rentrer à Hambourg, mais de rester à Munich où personne ne le connaît. Jusqu'au bombardement de la ville, le 20 septembre 1941, List vit dans une pension à Schwabing, et même après la guerre la capitale de la Bavière restera pour lui un lieu important.

Comme cela est dans sa nature, Herbert List semble observer le bombardement avec une certaine nonchalance : la dévastation que d'autres photographes enregistrent avec des comportements auto-accusateurs ou, au contraire, lourds de reproches, lui offre de nouvelles possibilités esthétiques. Chaque explosion ouvre des perspectives et des panoramas inconnus, des situations surréelles, magiques et absurdes. Habitué à regarder les ruines grecques, l'œil de List ne peut s'empêcher de remarquer, à côté de la terrible misère, le continuum ininterrompu des décombres. À Munich comme en Grèce, List s'intéresse aux ruines d'art, qu'il photographie dans des conditions de lumière et selon des perspectives particulières ou sous un manteau de neige, en les transformant en une scène à la fois pittoresque et grotesque, autrement dit en une nouvelle œuvre d'art.

« L'essence d'une personnalité peut être appréhendée dans le temps d'une pose »[13]. Animé par cette conviction fondamentale, List se consacre, dans la deuxième partie de sa vie, à des portraits d'artistes et d'intellectuels. L'attitude du flâneur, la capacité d'appréhender la magie « comme en passant », cède temporairement la place à une approche presque méditative. Les résultats sont extraordinaires, parce que l'atmosphère de la séance de pose photographique, semblable à un long moment d'inspiration profonde, se transmet à la personne photographiée. Le dialogue photographique a lieu au niveau du regard et permet de créer une intimité sans renier la pose choisie volontairement. En général, le contexte est seulement esquissé, pour éviter de tomber dans l'anecdotique. Ses portraits les plus puissants sont chargés d'une telle intensité expressive que le statut de célébrité du sujet passe complètement au second plan.

Le travail de Herbert List couvre une période d'environ 35 ans, pendant lesquels il connaît plusieurs changements. Du point de vue du style, après des compositions fondées sur la nouvelle vision et sur le surréalisme, il passe au néoréalisme ; et après le rendu atmosphérique des excursions occasionnelles, il se consacre à une réflexion sérieuse sur les possibilités esthétiques de la photographie. Parallèlement à tout cela, une professionnalité croissante, liée aux motifs biographiques que nous avons évoqués, finit par donner lieu à une activité ambitieuse de photographe documentaire.

Le sommet de ce travail documentaire est sa collaboration avec le réalisateur Vittorio De Sica. List se promène au hasard dans Naples, il photographie des personnes de toutes les classes sociales qui attirent son attention et, à la fin, De Sica les interviewe. Le résultat est un livre illustré qui renonce complètement aux vues de carte postale pour offrir une série de clichés qui correspondent au caractère provisoire et temporaire de la ville. Outre l'impact des photographies, *Napoli* offre une séquence d'images au caractère presque cinématographique, comme s'il s'agissait de photographies de plateau pour un scénario illustré. Non seulement elles dissolvent la frontière souvent très nette entre la photographie artistique et la photographie documentaire, mais elles créent incidemment une nouvelle approche du livre de journalisme.

Contrairement aux convictions précédentes de List, ce livre montre que le cliché instantané d'un étranger peut aussi révéler beaucoup plus qu'une impression fugace. Quant à Vittorio De Sica, ce « livre cinématographique » sur Naples lui donne enfin l'occasion de réaliser son rêve : prendre les acteurs dans la rue, dans la vie quotidienne. « Il y a des rôles – dit le réalisateur – qui ne prennent forme qu'avec un visage bien précis, on ne peut pas simplement les "jouer". Ces visages se trouvent seulement dans la rue, dans la vie réelle »[14].

Dans les années soixante, Herbert List interrompt son travail de photographe pour collectionner de plus en plus passionnément des dessins italiens, surtout de style maniériste. Il meurt à Munich le 4 avril 1975. De son vivant, il s'était toujours opposé à l'idée d'une exposition rétrospective, parce qu'il avait tourné la page de la photographie. C'est donc à la postérité que revient la tâche de le redécouvrir.

[1] W. Helwig, *Rückblick auf Herbert List*, postscriptum inédit de 1975, Hambourg, Herbert-List-Archiv.
[2] W. Hildesheimer, « Über Herbert List », in *Du*, juillet 1973, p. 460, 526.
[3] H. List, in *Du*, janvier 1960, p. 6.
[4] S. Spender, *Welt zwischen Welten*, Wiesbaden, 1952, p. 128.
[5] *Ibid.*, p. 128-133.
[6] A. Feininger, « In Memory of Herbert List », in *Herbert List Photographs 1930-1970*, Munich, 1982.
[7] S. Spender, *Welt zwischen Welten*, Wiesbaden, 1952, p. 129.
[8] P. Ackermann, in *L'Art dans la vie moderne*, 1937, cité in P. Weiser, « Die Weltausstellung, der Staat und die Schönen Künste », in *Paris-Paris, 1937-1957*, Munich, 1981, p. 56.
[9] Lettre de l'agence Black Star (Kurt Safranski) à List du 24 février 1938, Hambourg, Herbert-List-Archiv.
[10] « List über List », in *Du*, juillet 1973, p. 531.
[11] *Ibid.*, p. 532.
[12] Cf. E. Ruelfs, *Strategien der Verlebendigung und Mortifikation im Werk von Herbert List*, thèse, Braunschweig, 2009.
[13] H. List, « Fotografie als künstlerisches Ausdruckmittel », cité in Brauchitsch, *Das Magische im Vorübergehen*, Münster, 1992, p. 103.
[14] V. De Sica, in *Die zehn schönsten Jahre*, Genève 1950, cité in H. Pelzer, *Vittorio de Sica*, Berlin, 1964, p. 55.

OPERE
WORKS
ŒUVRES

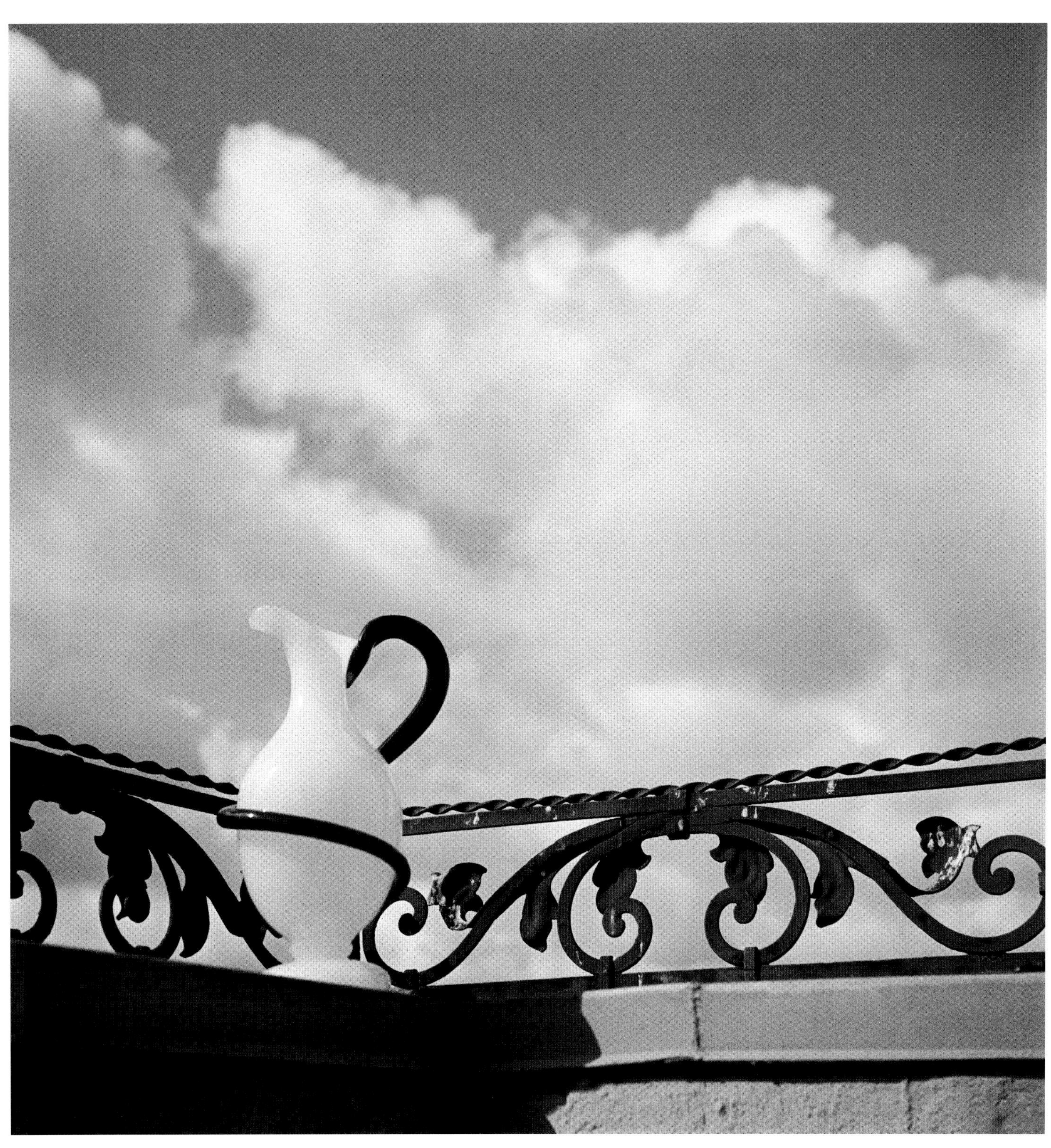

Brocca su una balaustra, Amburgo, Germania, 1932
Pitcher on a balustrade, Hamburg, Germany, 1932
Cruche sur une balustrade, Hambourg, Allemagne, 1932

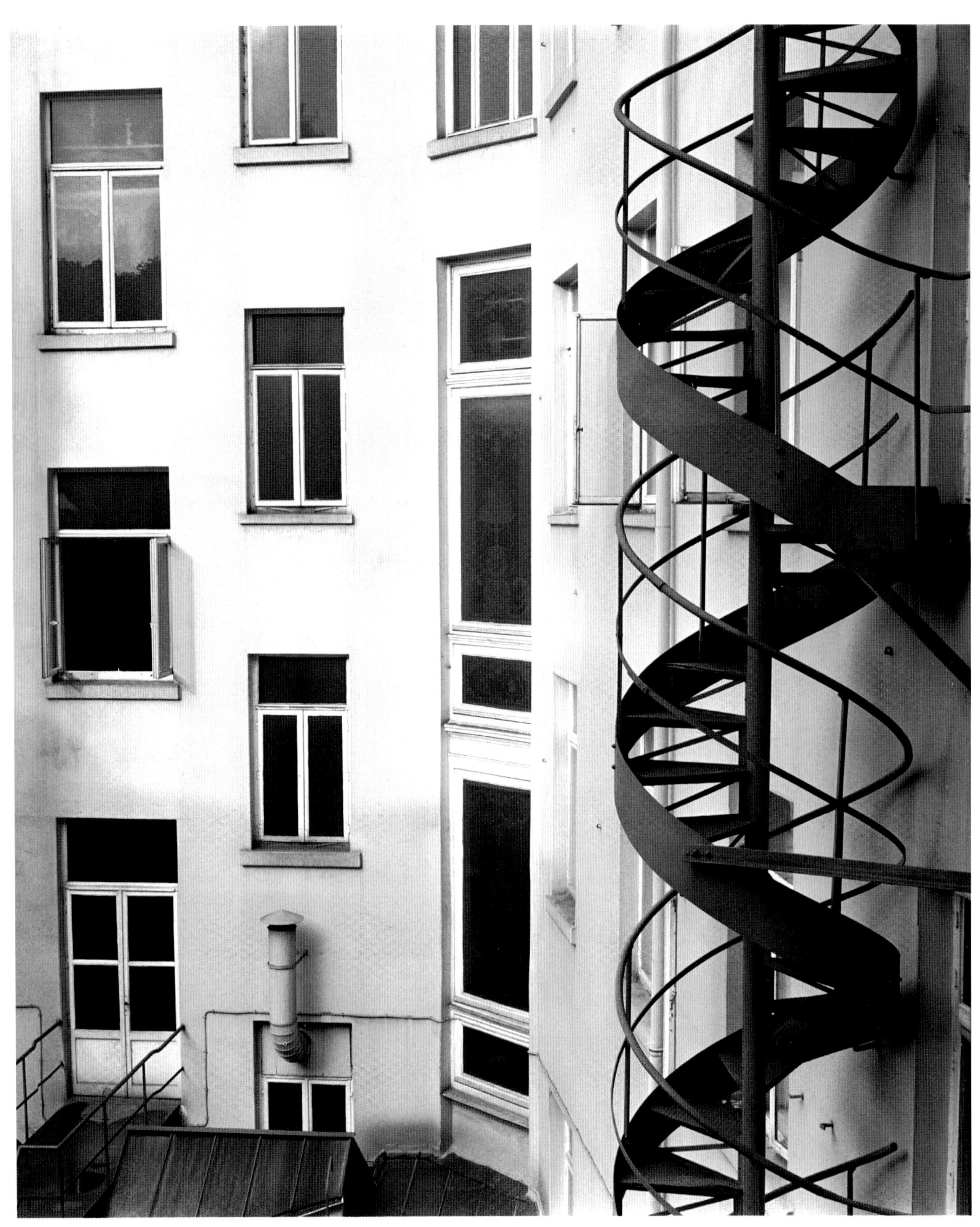

Cortile, Amburgo, Germania, 1930
Courtyard, Hamburg, Germany, 1930
Cour, Hambourg, Allemagne, 1930

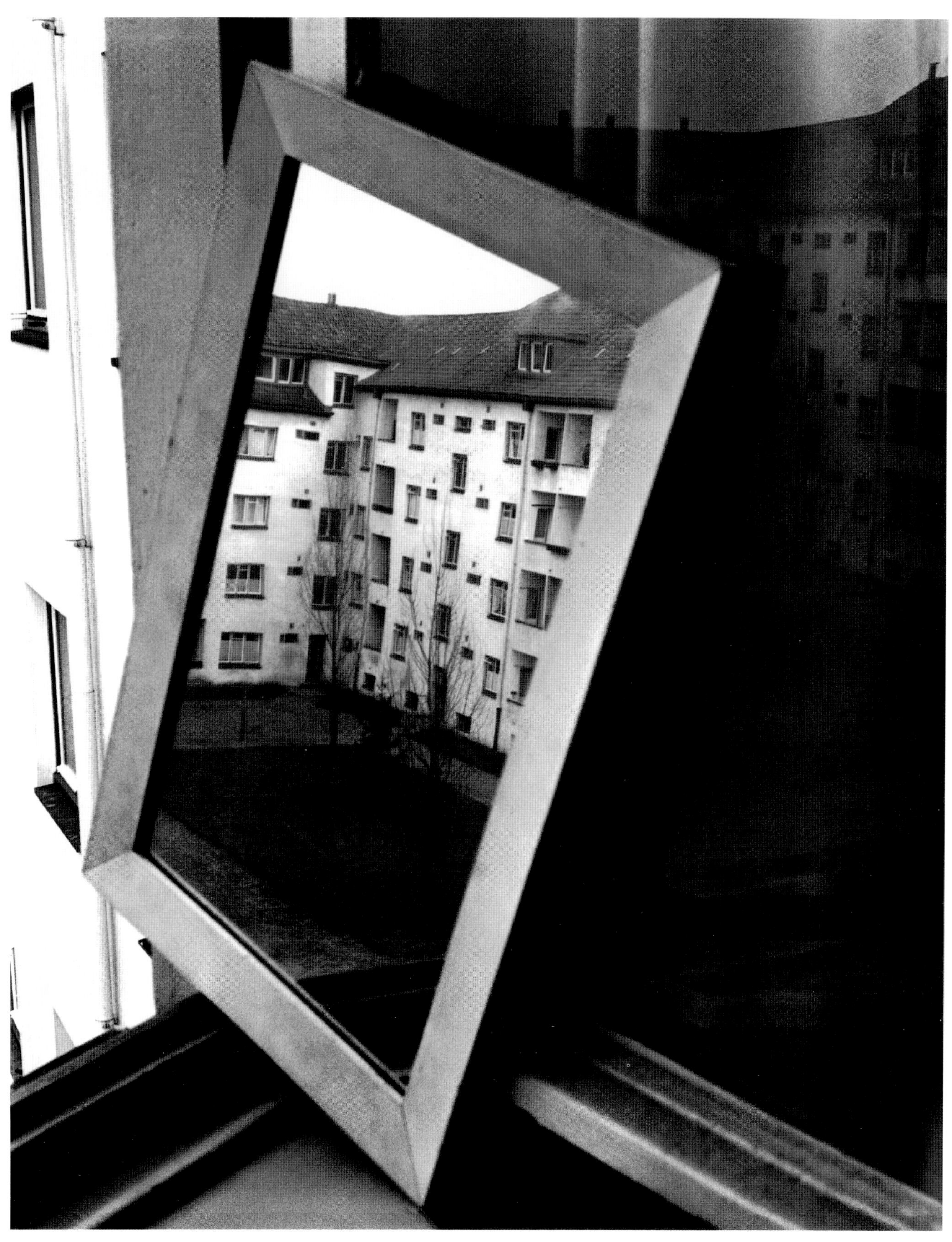

Vicinato, Amburgo, Germania, 1931
Neighbors, Hamburg, Germany, 1931
Voisinage, Hambourg, Allemagne, 1931

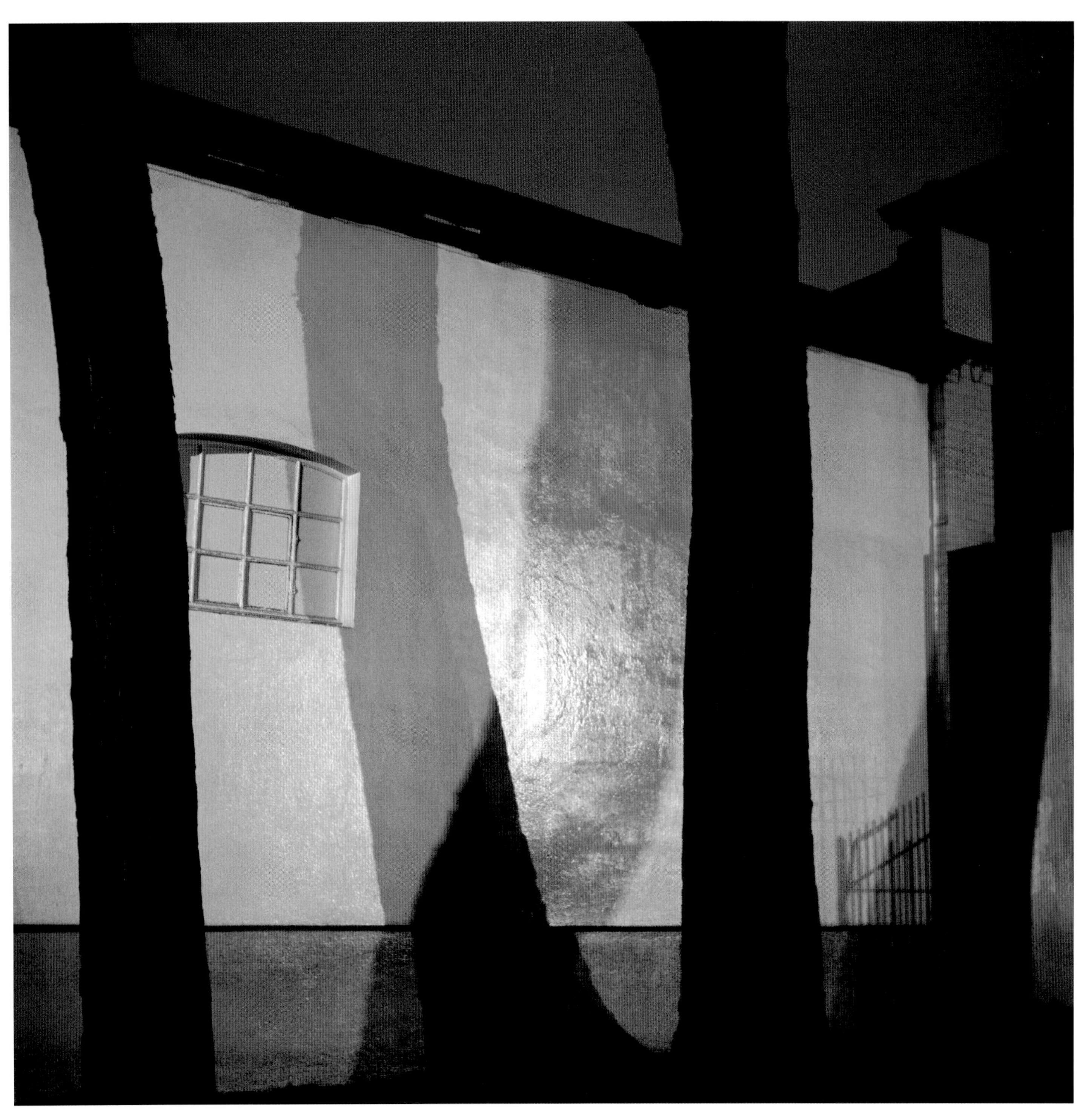

Parete di notte, Amburgo, Germania, 1930
Wall at night, Hamburg, Germany, 1930
Mur dans la nuit, Hambourg, Allemagne, 1930

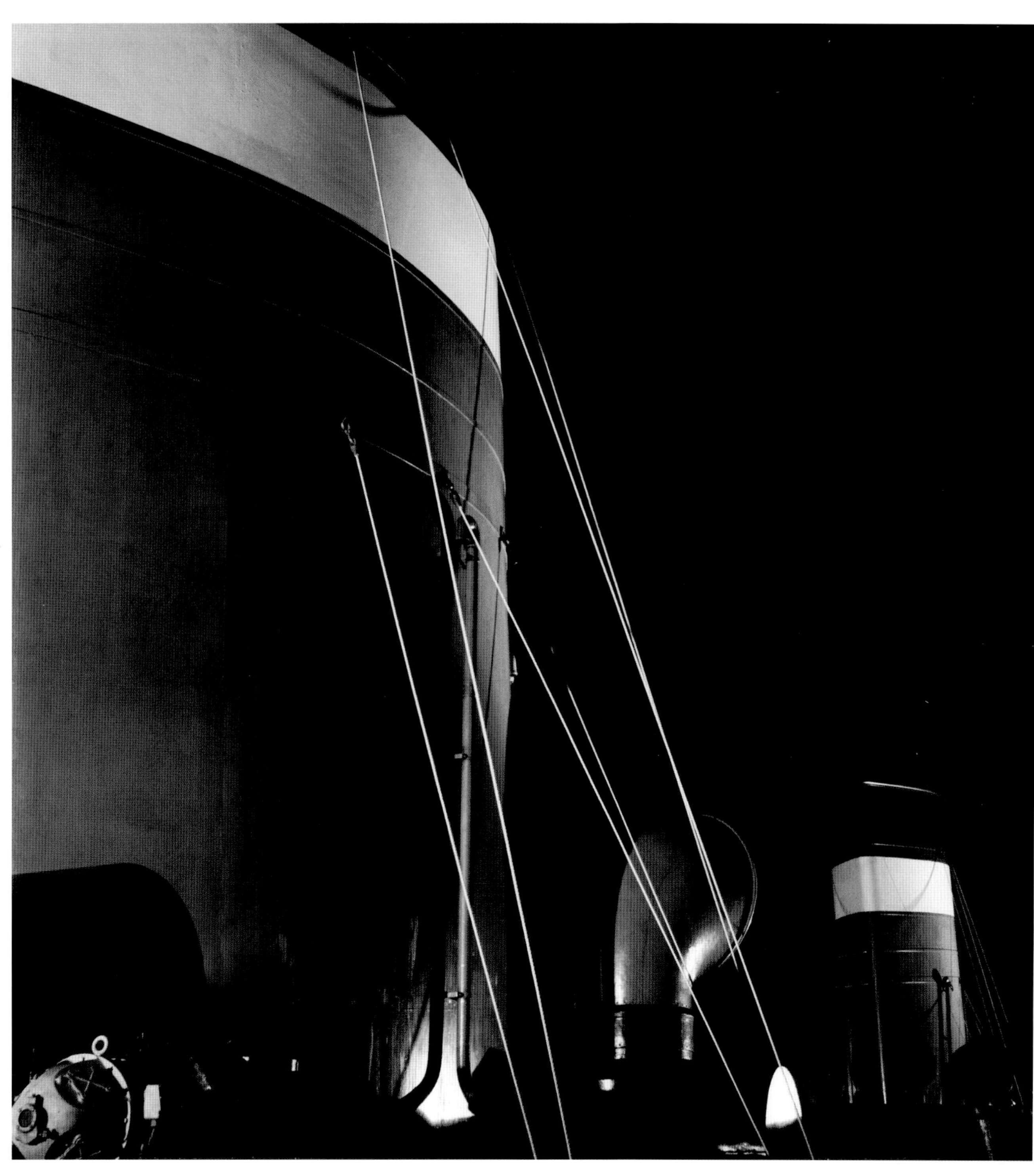

Sovrastruttura di una nave, Amburgo, Germania, 1930
Ship superstructures, Hamburg, Germany, 1930
Superstructures d'un bateau, Hambourg, Allemagne, 1930

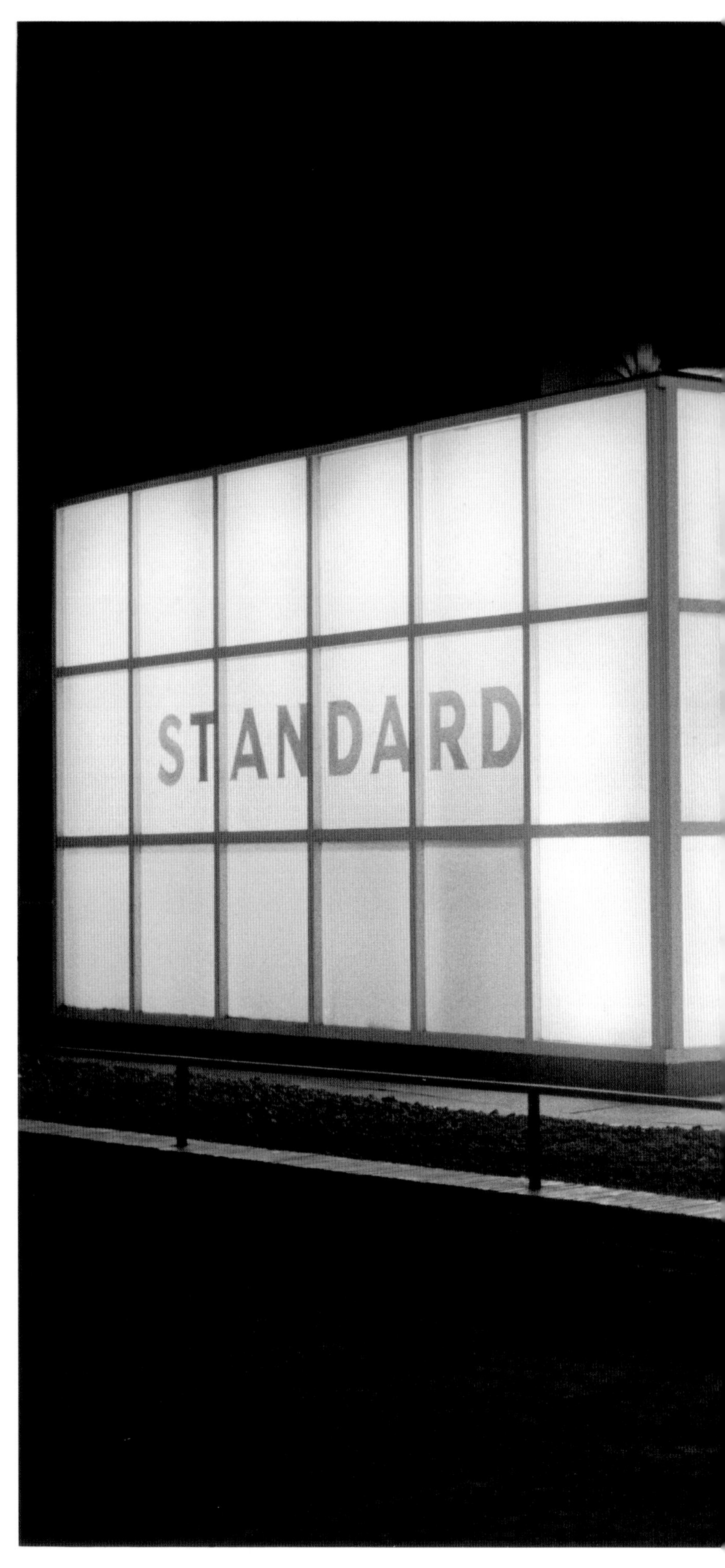

Stazione di servizio, Amburgo, Germania, 1930
Filling station, Hamburg, Germany, 1930
Station-service, Hambourg, Allemagne, 1930

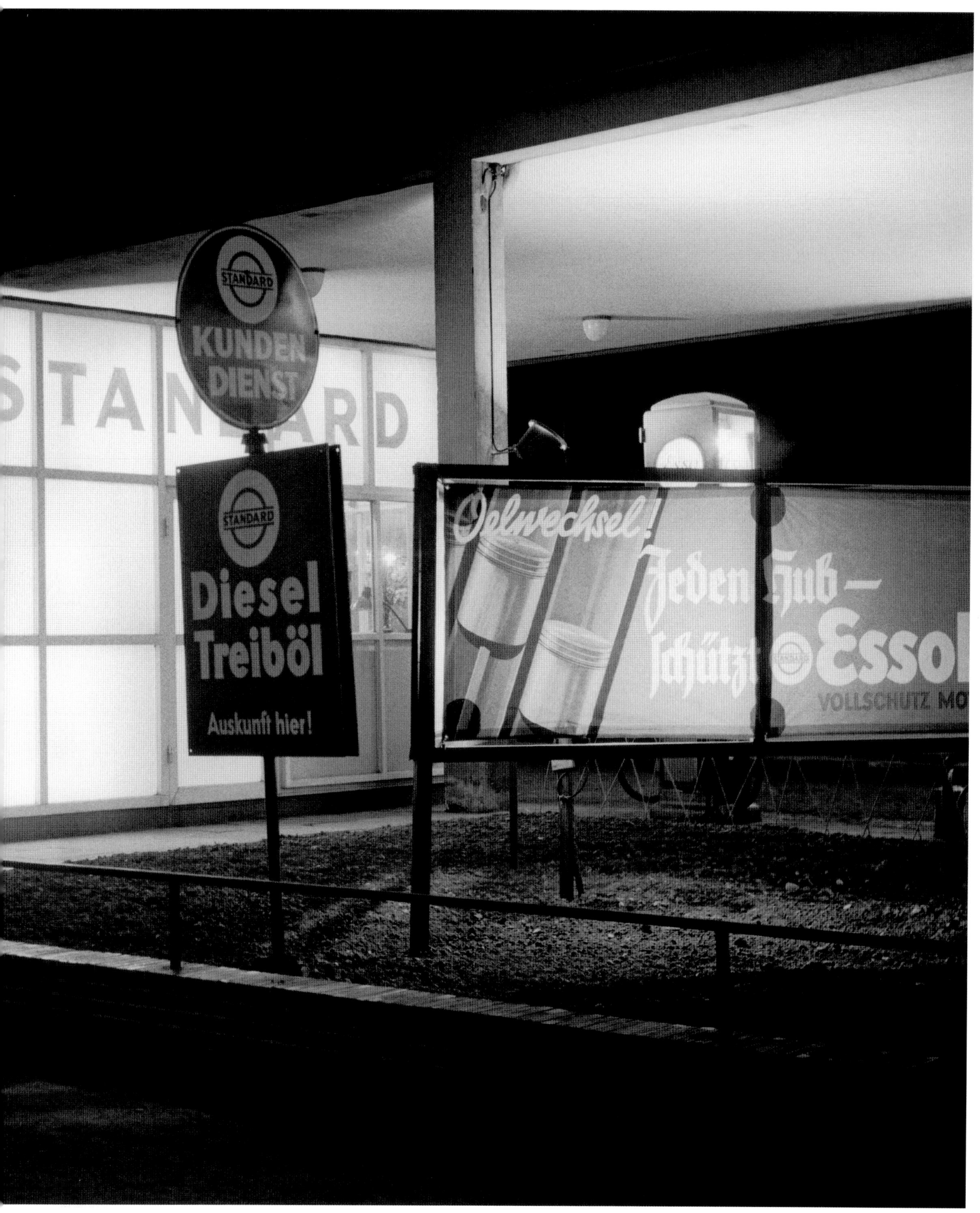
STANDARD
KUNDEN DIENST
STANDARD
Diesel Treiböl
Auskunft hier!
Oelwechsel!
Jeden Hub –
schützt Esso
VOLLSCHUTZ

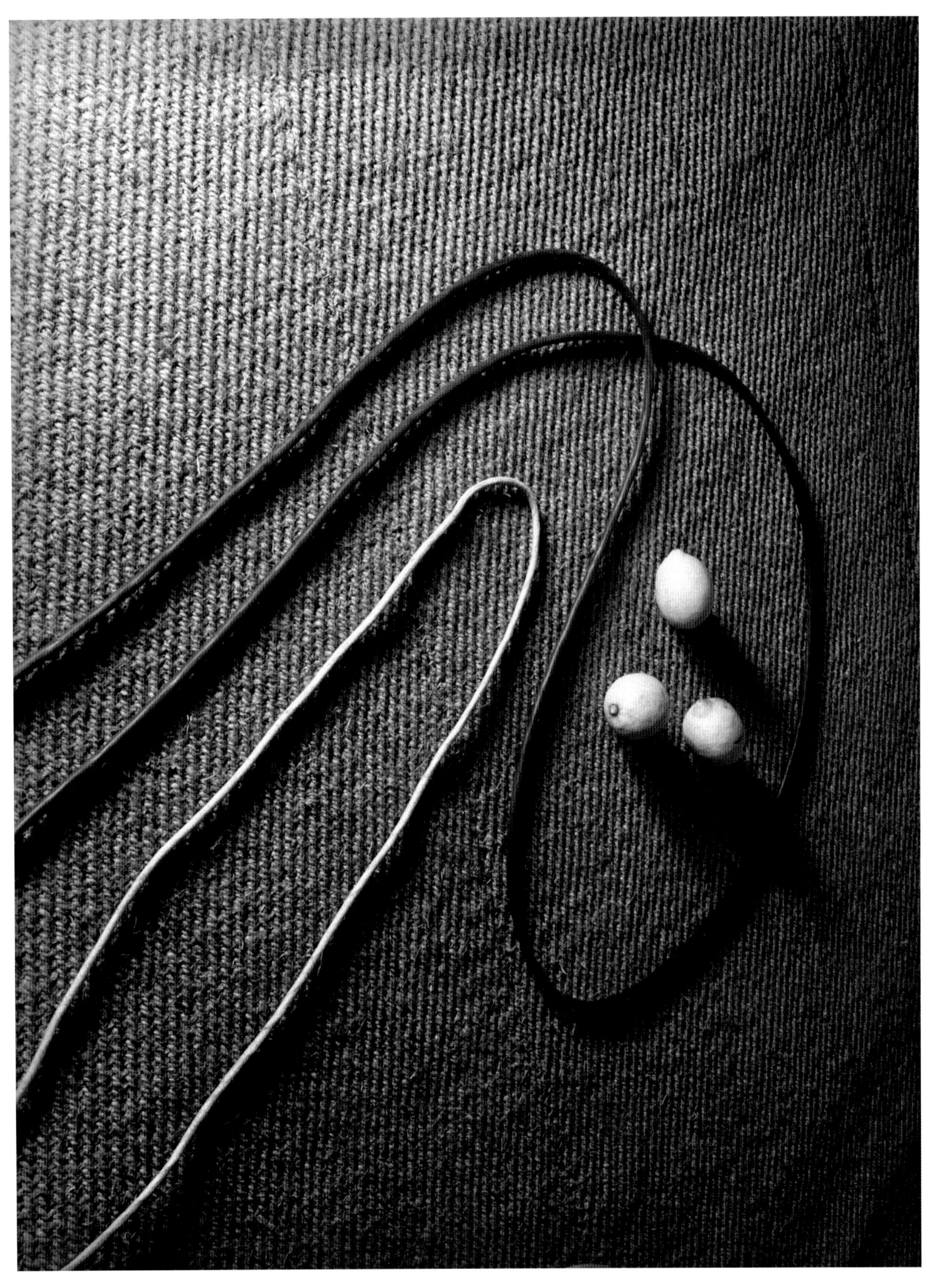

Arabesco con tre limoni, Lipsia, Germania, 1934
Arabesque with three lemons, Leipzig, Germany, 1934
Arabesque avec trois citrons, Leipzig, Allemagne, 1934

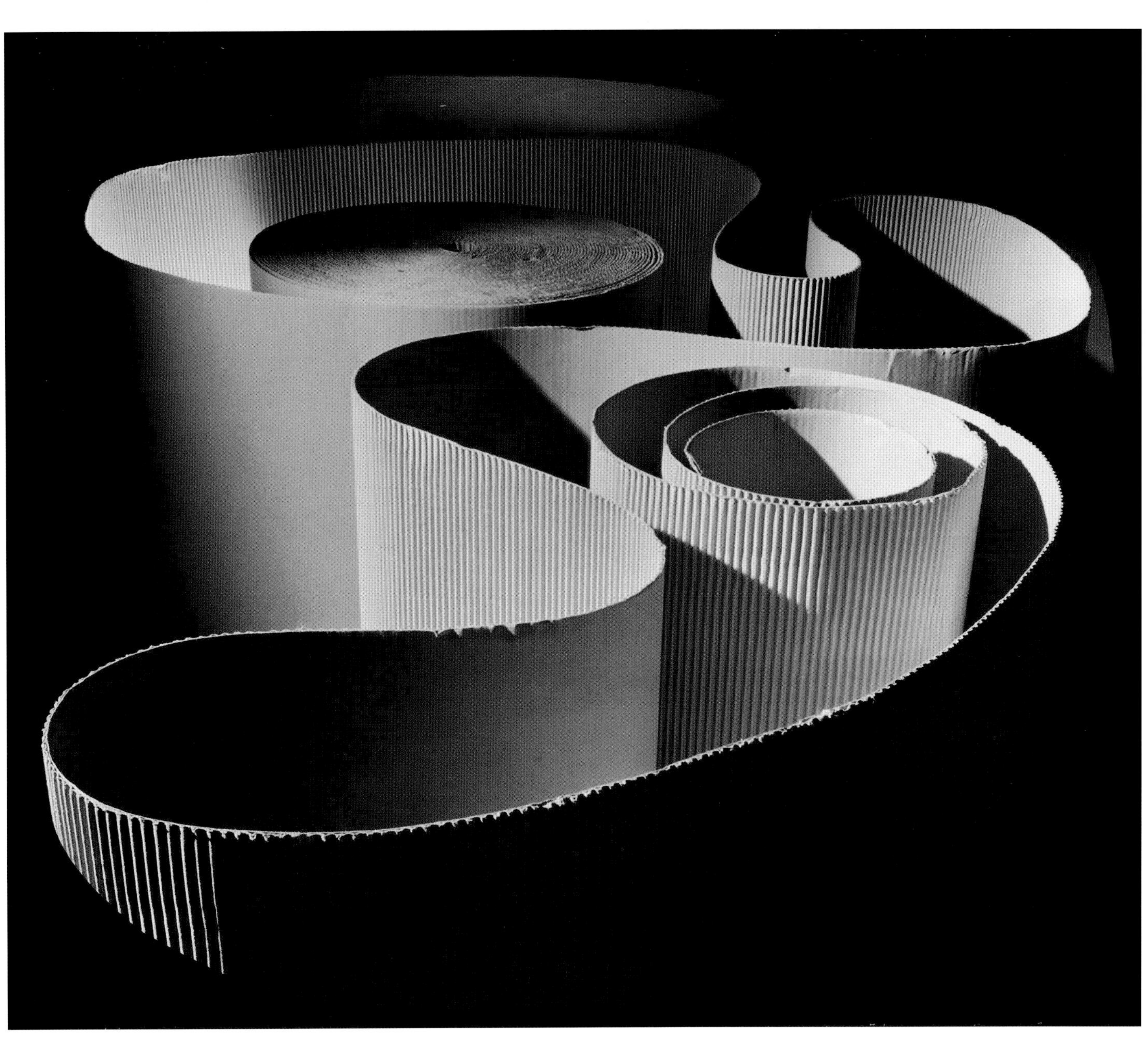

Curvatura, Londra, Gran Bretagna, 1936
Curvature, London, Great Britain, 1936
Courbure, Londres, Grande-Bretagne, 1936

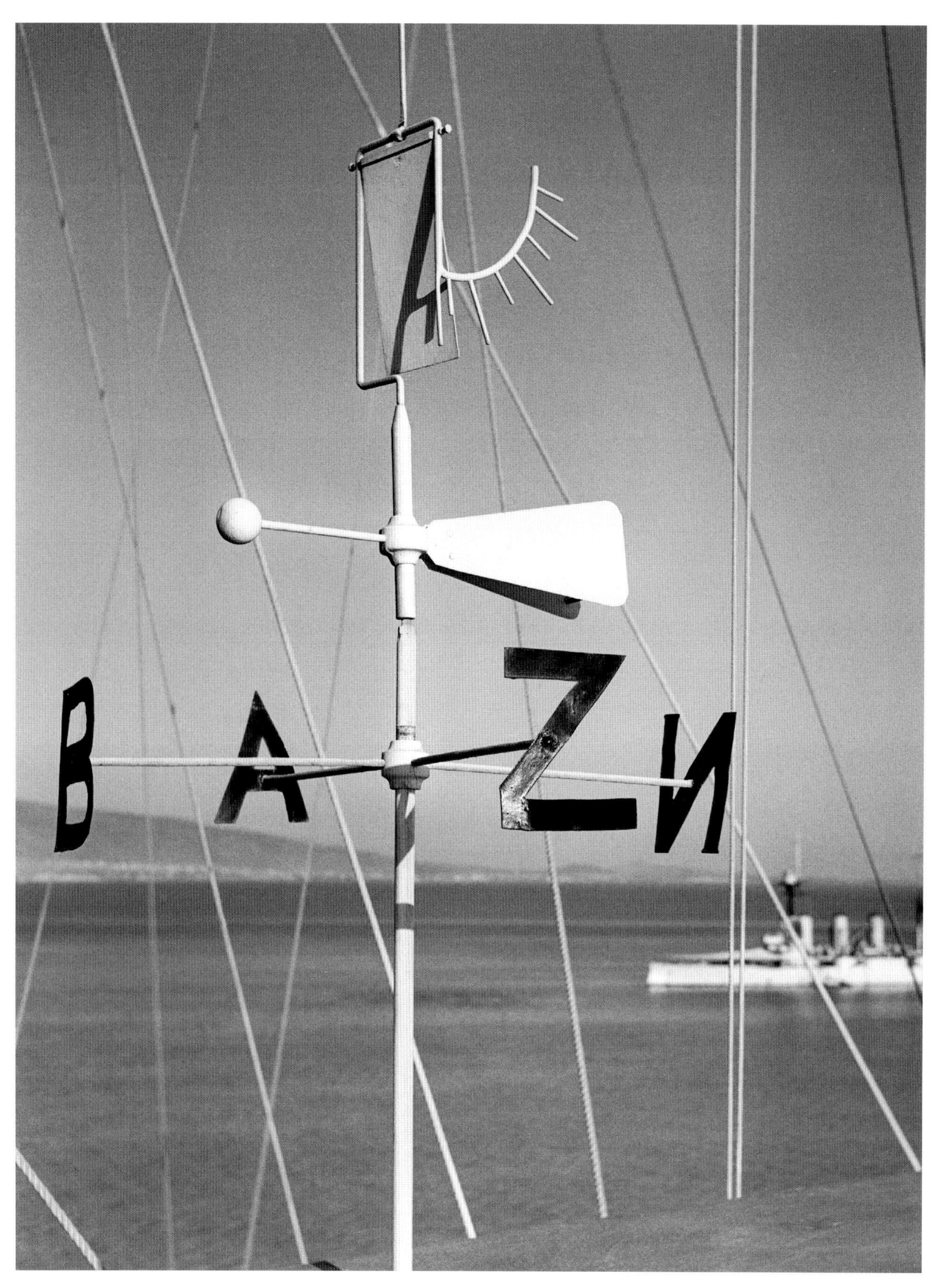

Indicatori del vento, Pireo, Grecia, 1938
Indicators for wind, Piraeus, Greece, 1938
Girouettes, Le Pirée, Grèce, 1938

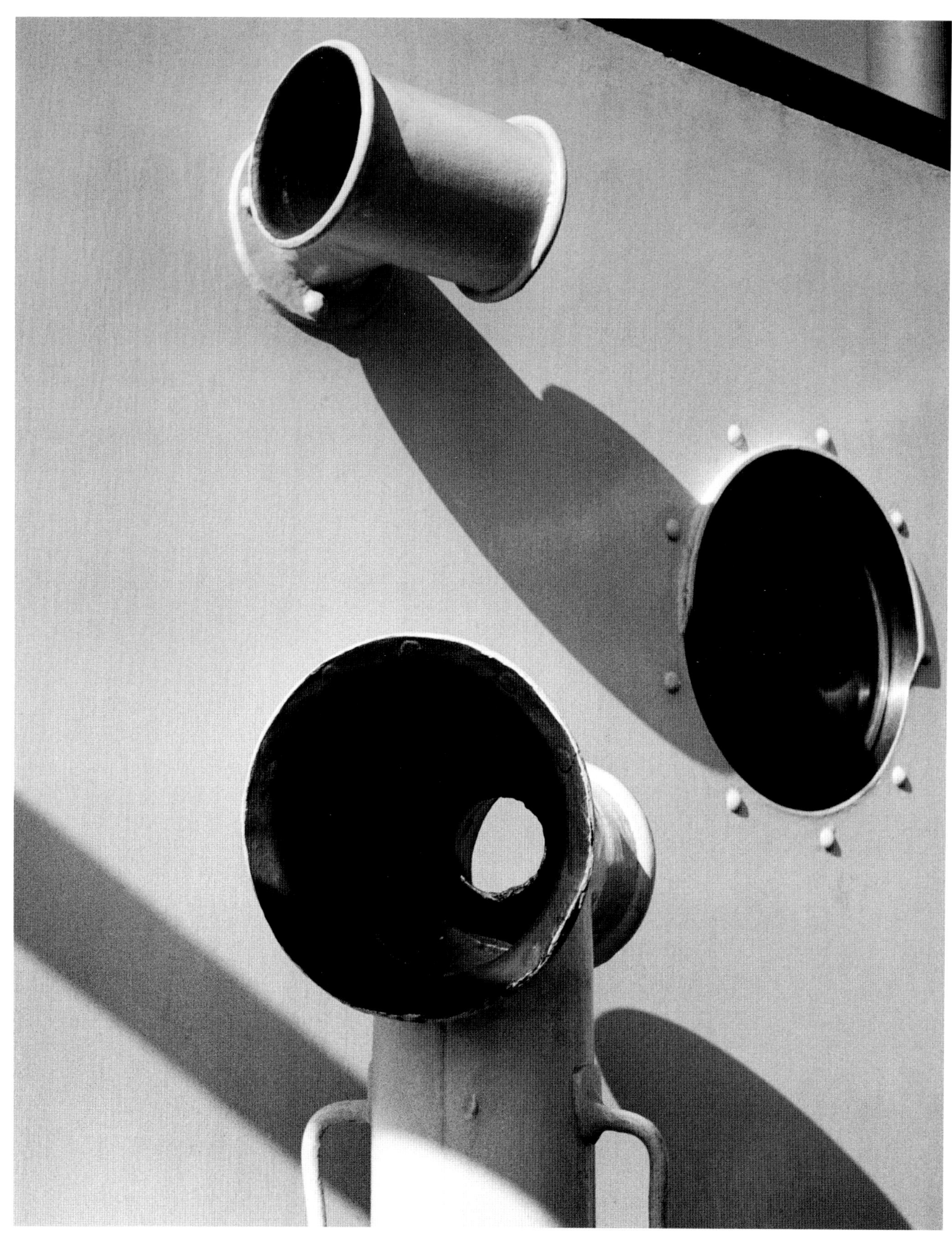

Particolare di una nave II, Pireo, Grecia, 1938
Ship detail II, Piraeus, Greece, 1938
Détail de bateau II, Le Pirée, Grèce, 1938

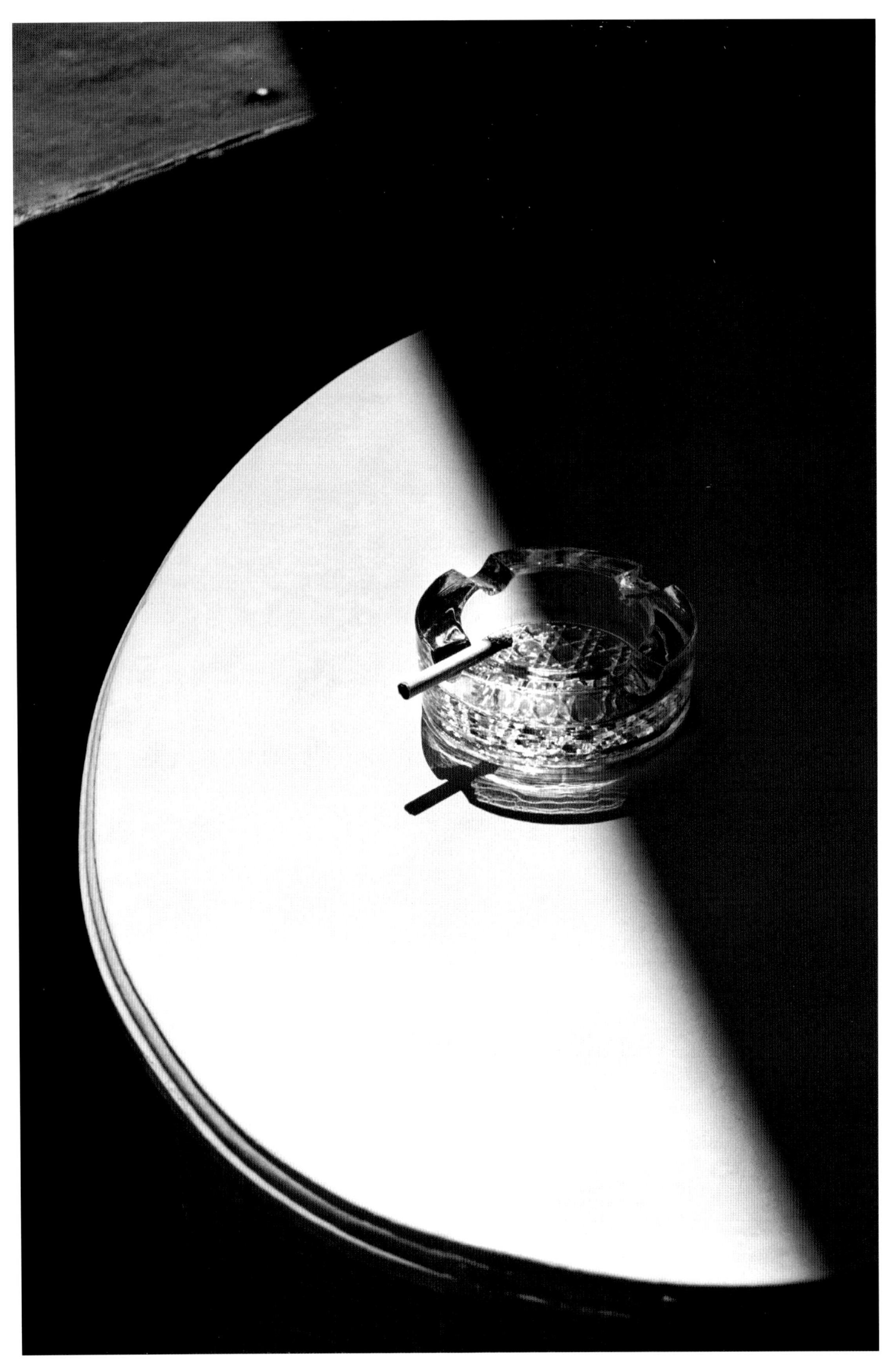

Posacenere, Londra, Gran Bretagna, 1936
Ashtray, London, Great Britain, 1936
Cendrier, Londres, Grande-Bretagne, 1936

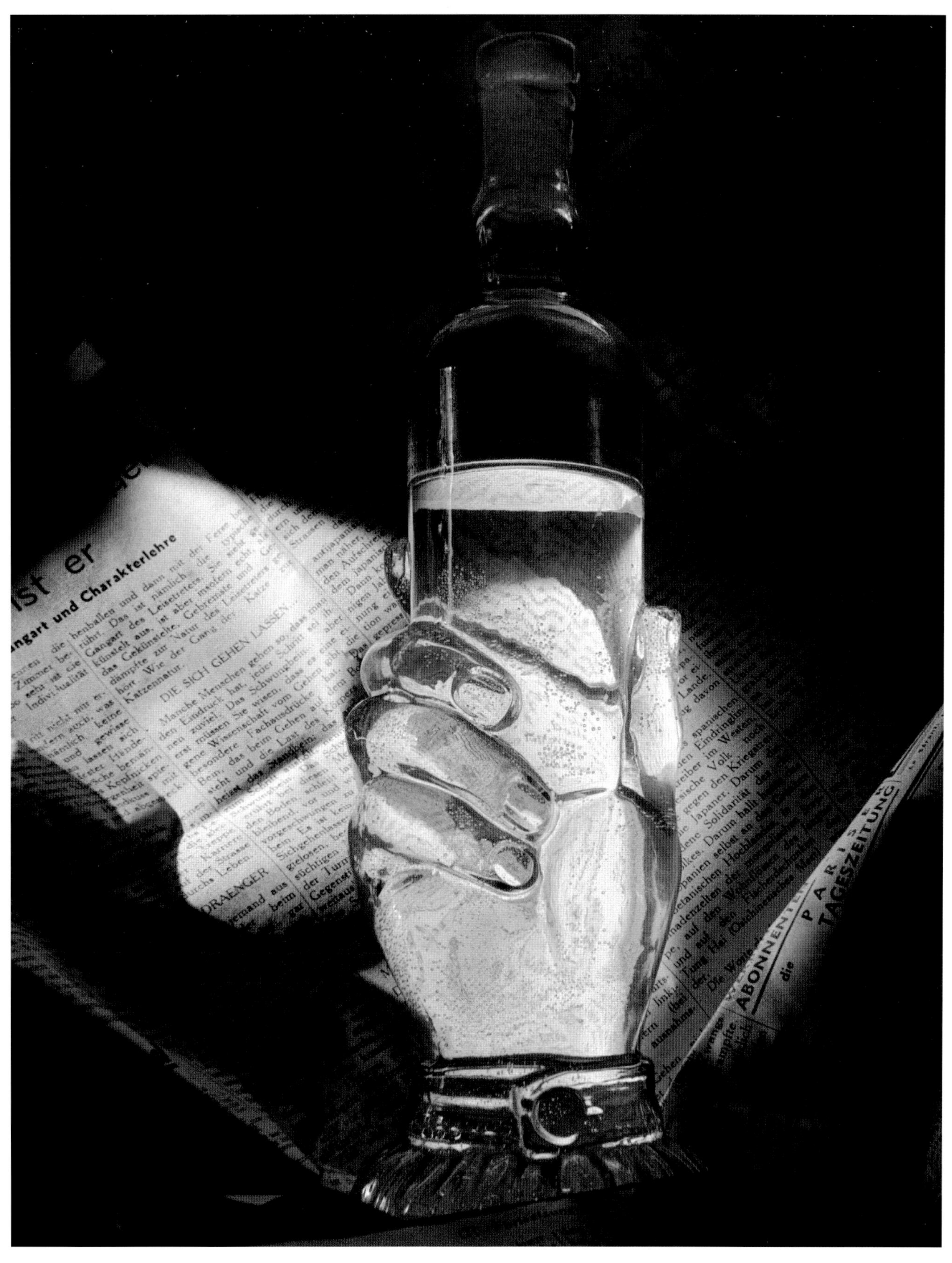

Bottiglia con giornale, Parigi, Francia, 1936
Bottle with newspaper, Paris, France, 1936
Bouteille avec journal, Paris, France, 1936

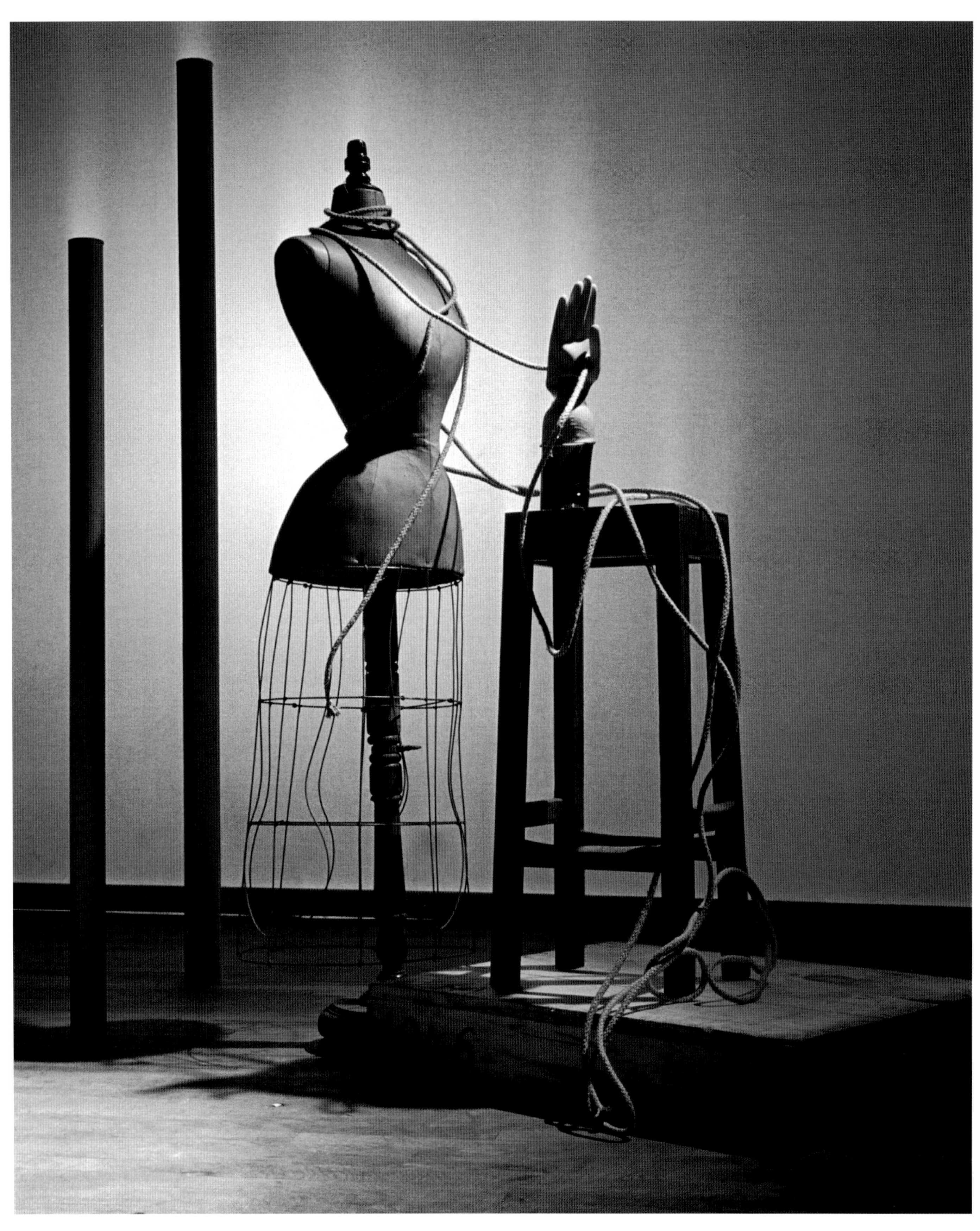

Schiava I, Londra, Gran Bretagna, 1936
Female slave I, London, Great Britain, 1936
Femme esclave I, Londres, Grande-Bretagne, 1936

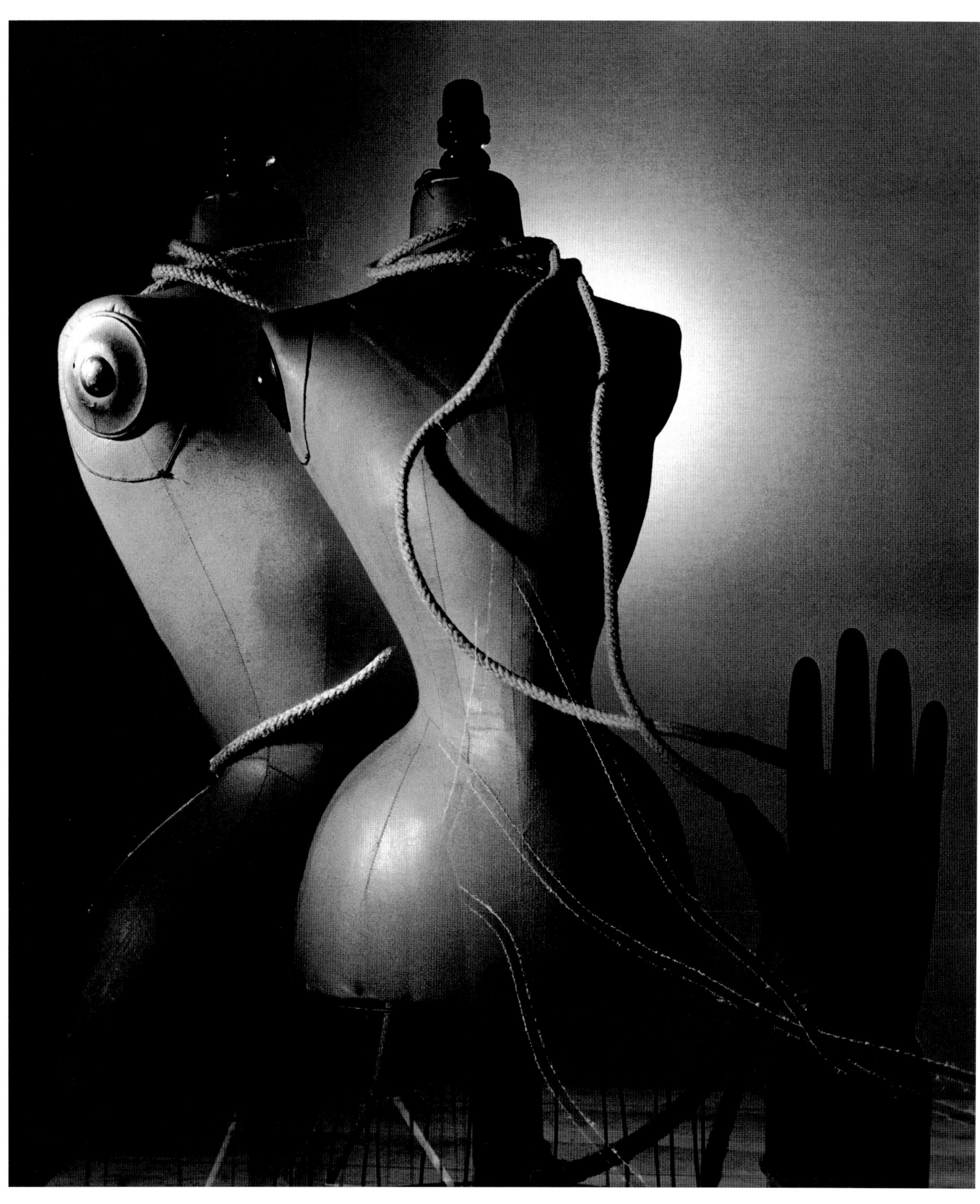

Schiava II, Londra, Gran Bretagna, 1936
Female slave II, London, Great Britain, 1936
Femme esclave II, Londres, Grande-Bretagne, 1936

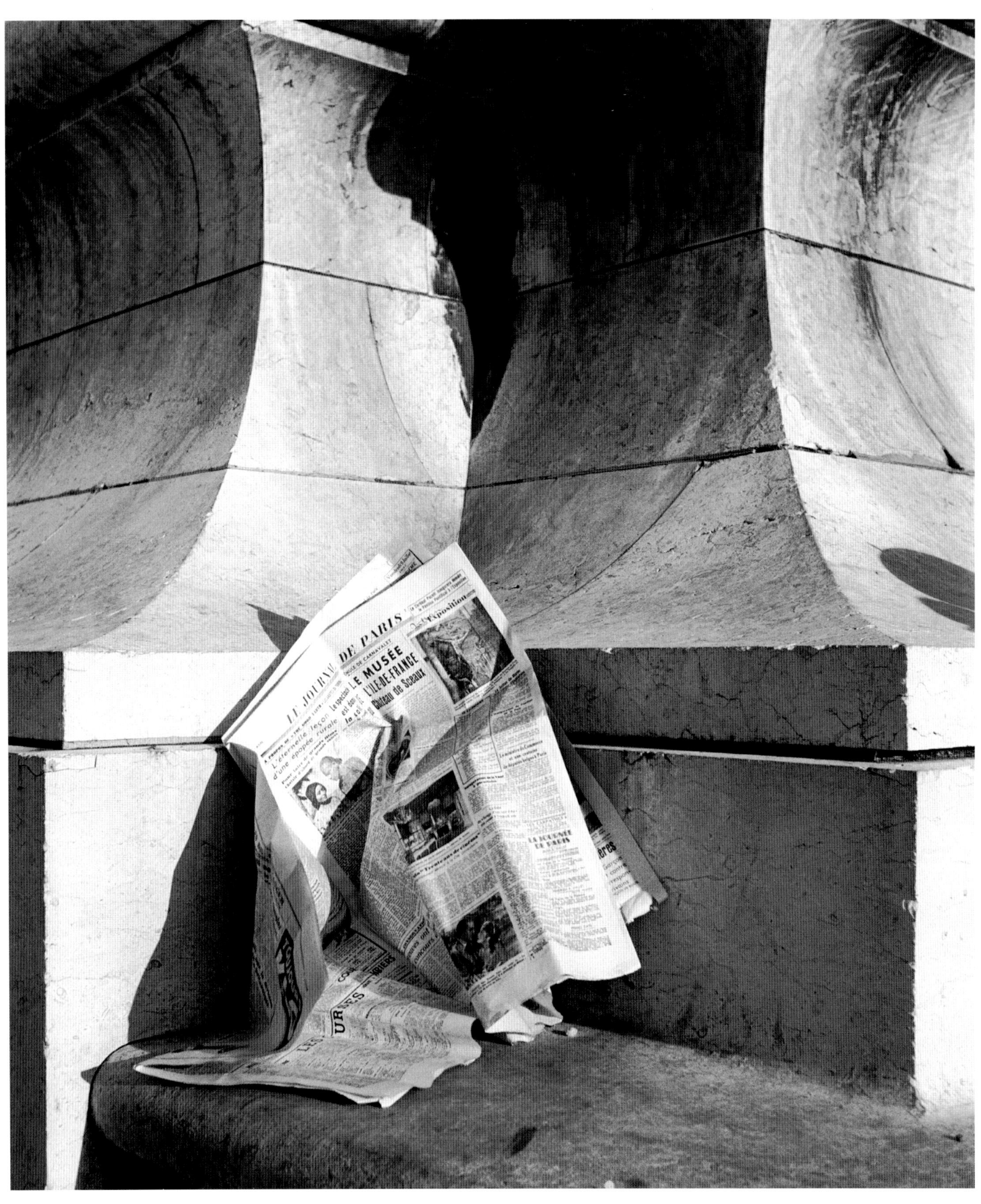

Notizie di ieri, Parigi, Francia, 1937
Yesterday's news, Paris, France, 1937
Les nouvelles d'hier, Paris, France, 1937

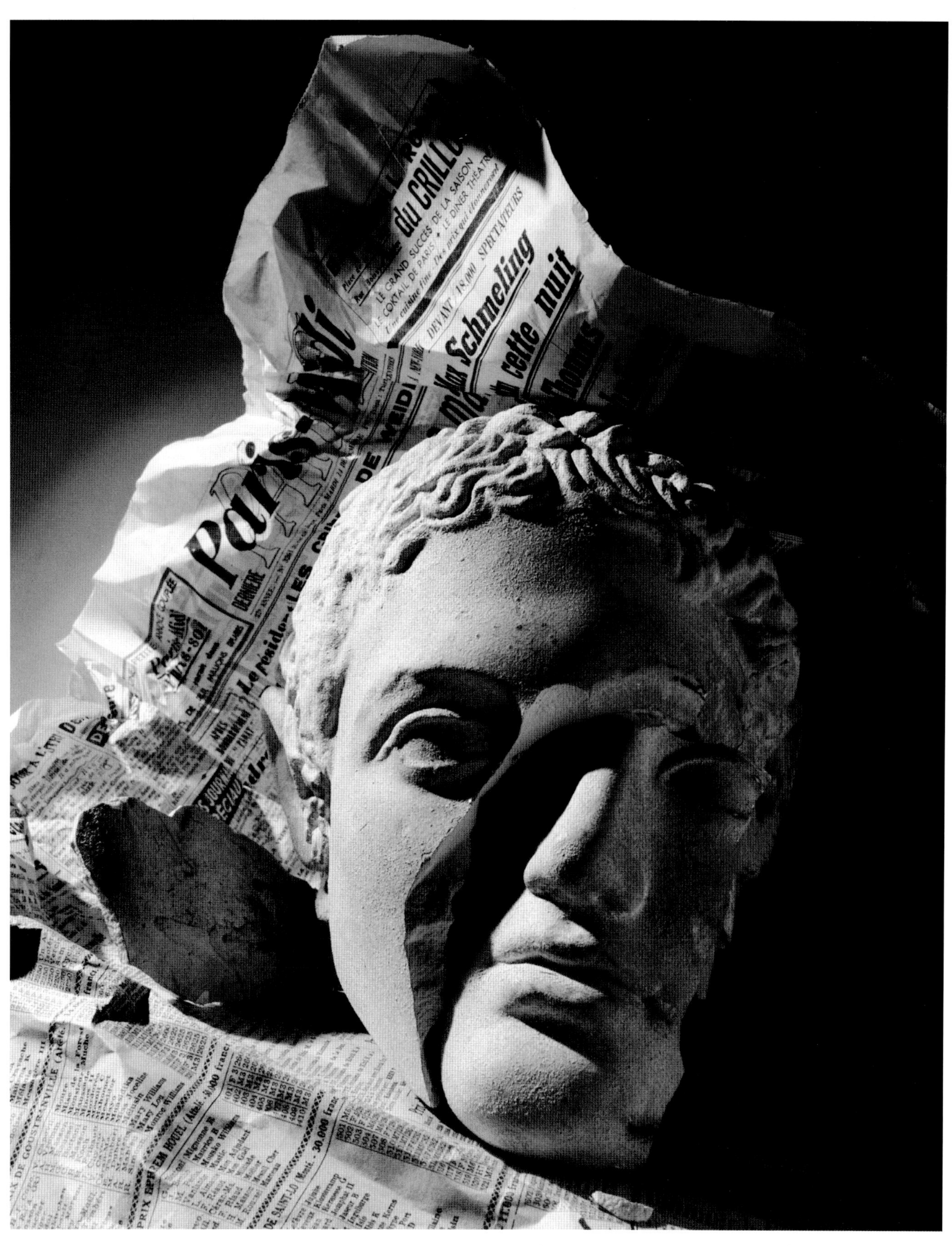

Knock out, Parigi, Francia, 1937
Knock out, Paris, France, 1937
Knock out, Paris, France, 1937

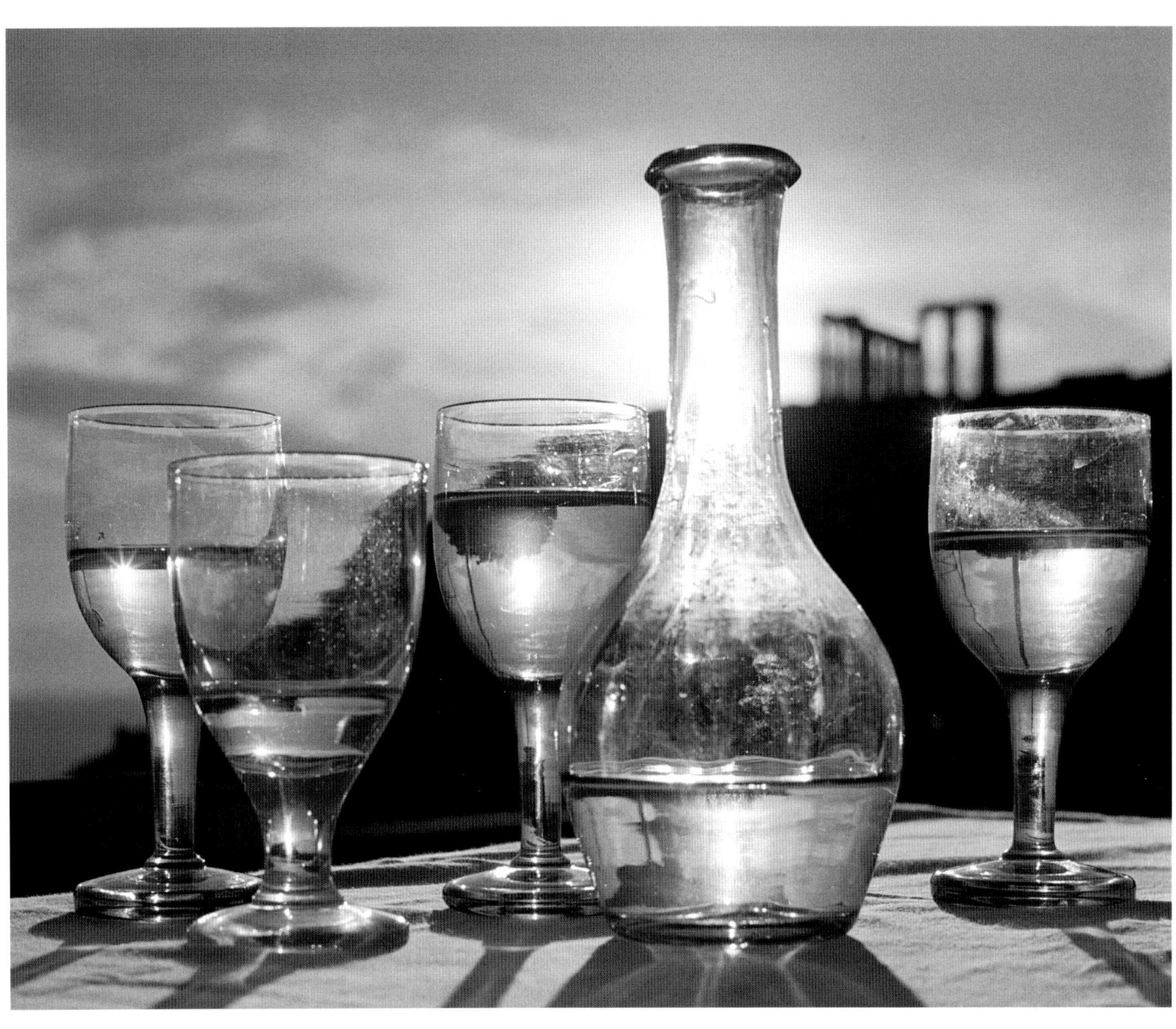

Taverna sotto il tempio di Poseidone, Capo Sunio, Attica, Grecia, 1952
Taverna below the Poseidon Temple, Sounion, Attica, Greece, 1952
Taverne sous le temple de Poséidon, Sounion, Attique, Grèce, 1952

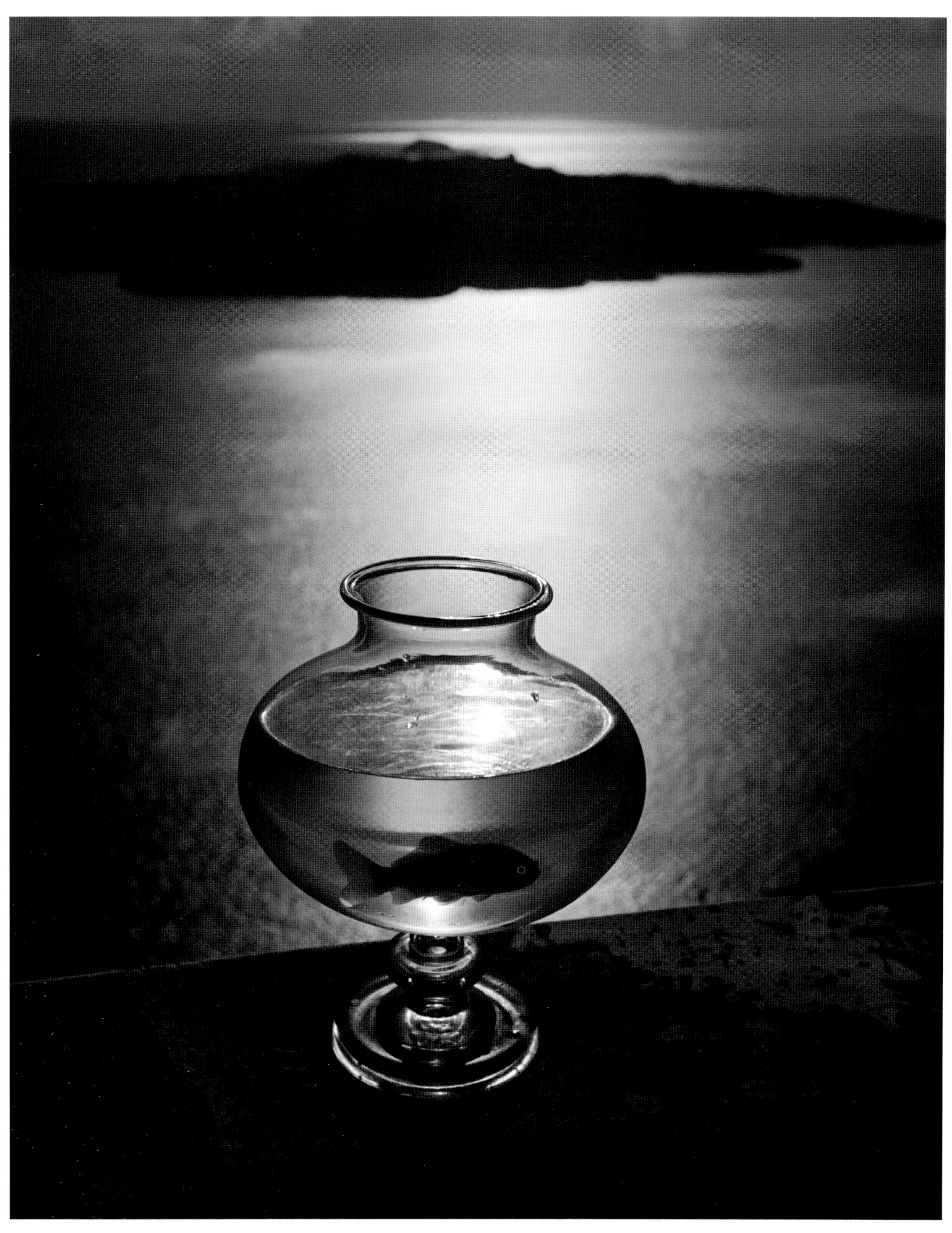

Vaso con pesce rosso, isola di Santorini, Cicladi, Grecia, 1937
Goldfish bowl, Santorini Island, Cyclades, Greece, 1937
Aquarium à poisson rouge, île de Santorin, Cyclades, Grèce, 1937

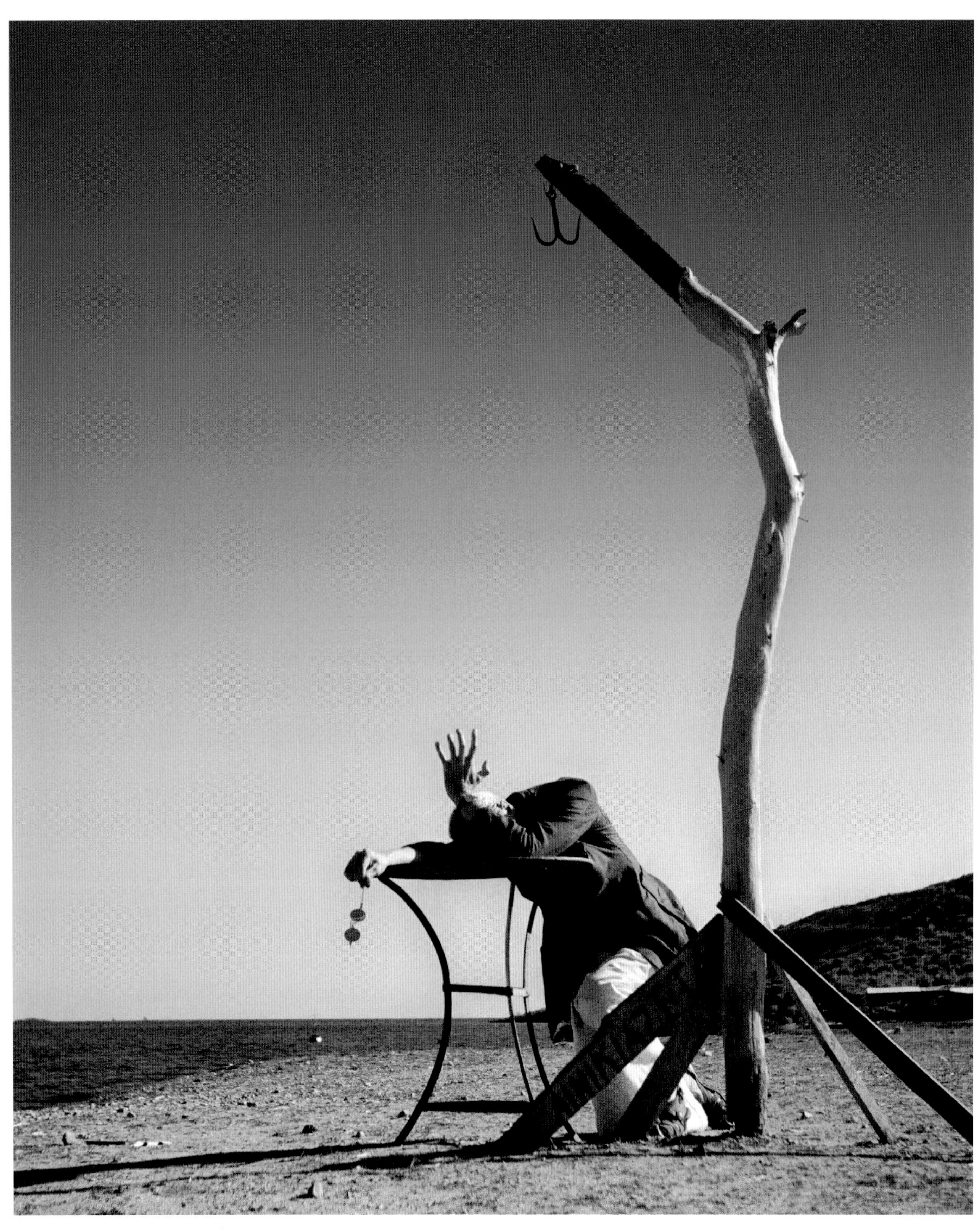

Mise en scène con George Hoyningen-Huene, Glifada vicino a Capo Sunio, Attica, Grecia, 1939
Mise en scène with George Hoyningen-Huene, Glifadha near Sounion, Attica, Greece, 1939
Mise en scène avec George Hoyningen-Huene, Glyfada près de Sounion, Attique, Grèce, 1939

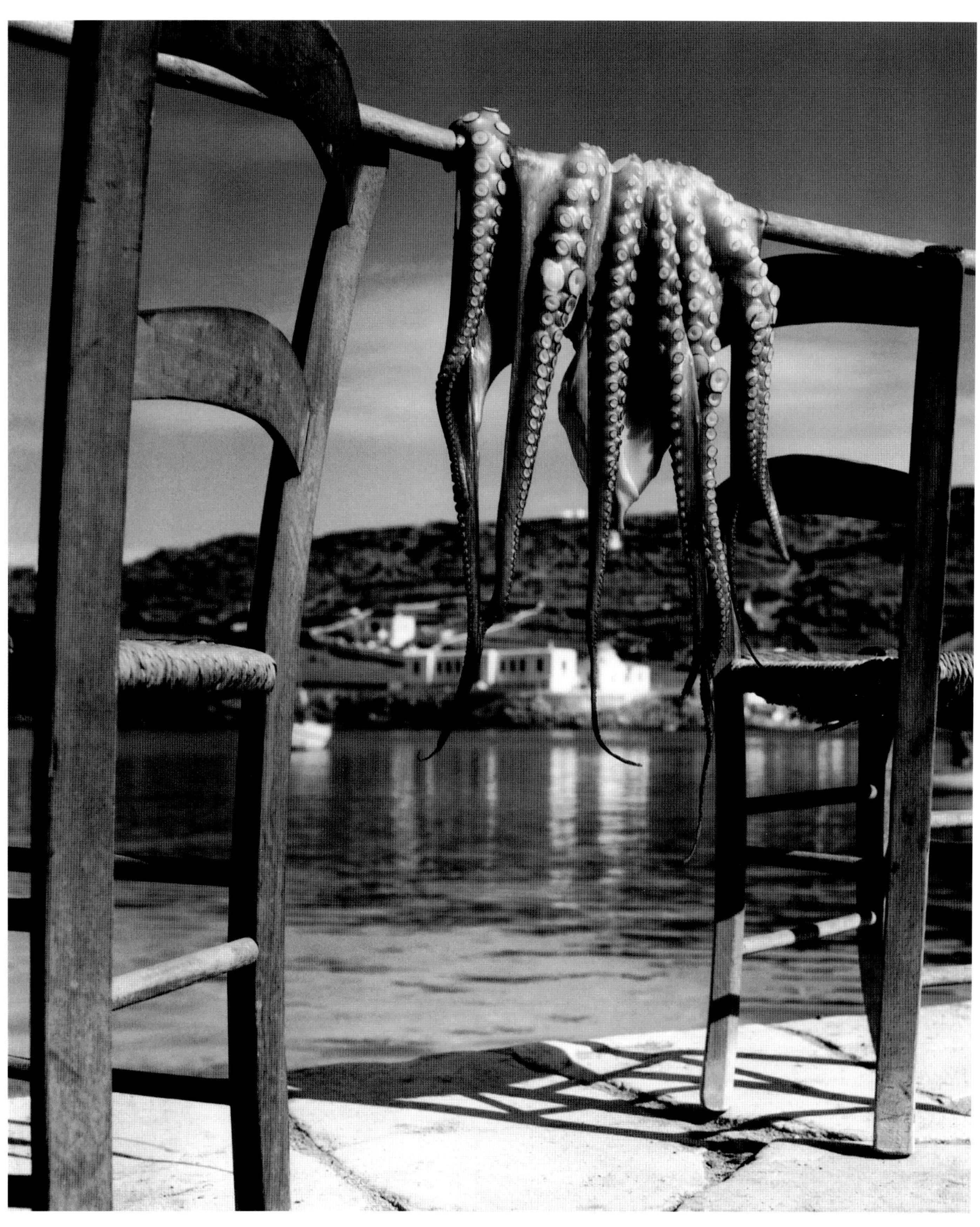

Polpo, isola ionica di Corfù, Grecia, 1938
Octopus, Ionian island of Corfu, Greece, 1938
Poulpe, île ionienne de Corfou, Grèce, 1938

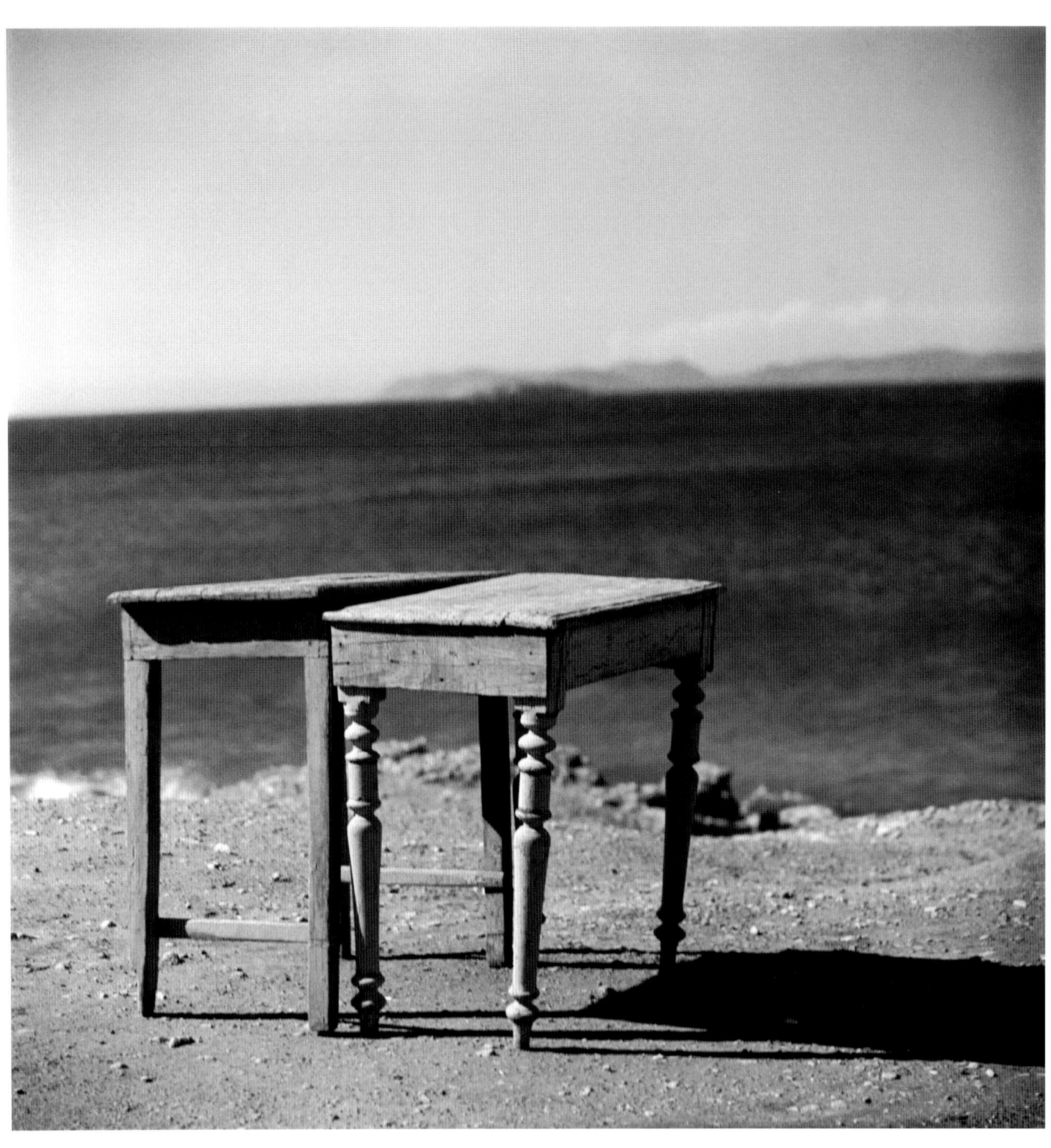

Rendez-vous, vicino a Capo Sunio, Attica, Grecia, 1937
Rendez-vous, near Sounion, Attica, Greece, 1937
Rendez-vous, près de Sounion, Attique, Grèce, 1937

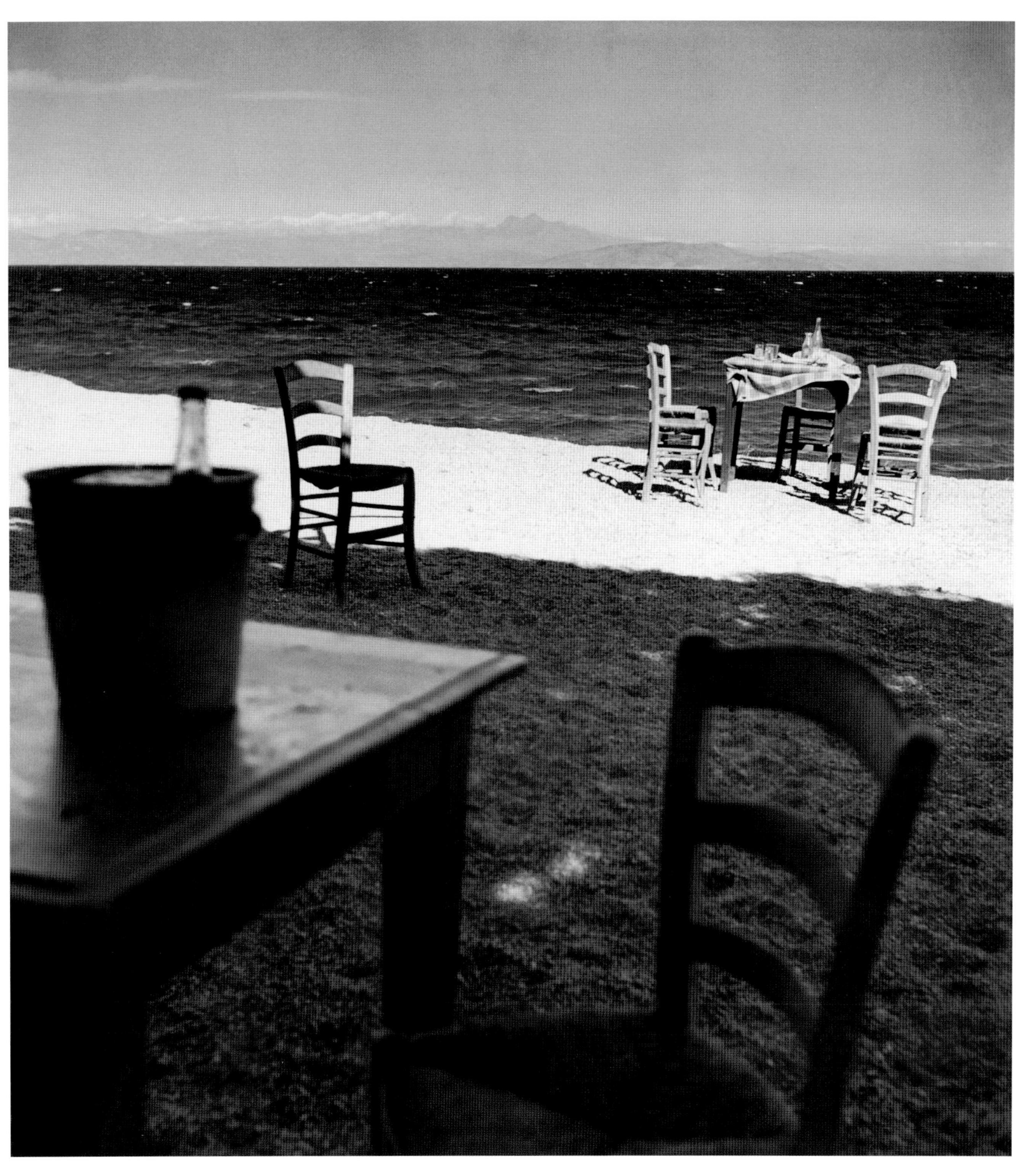

Taverna vicino al mare, Attica, vicino a Capo Sunio, Grecia, 1937
Taverna by the sea, Attica, near Sounion, Greece, 1937
Taverne au bord de la mer, Attique, près de Sounion, Grèce, 1937

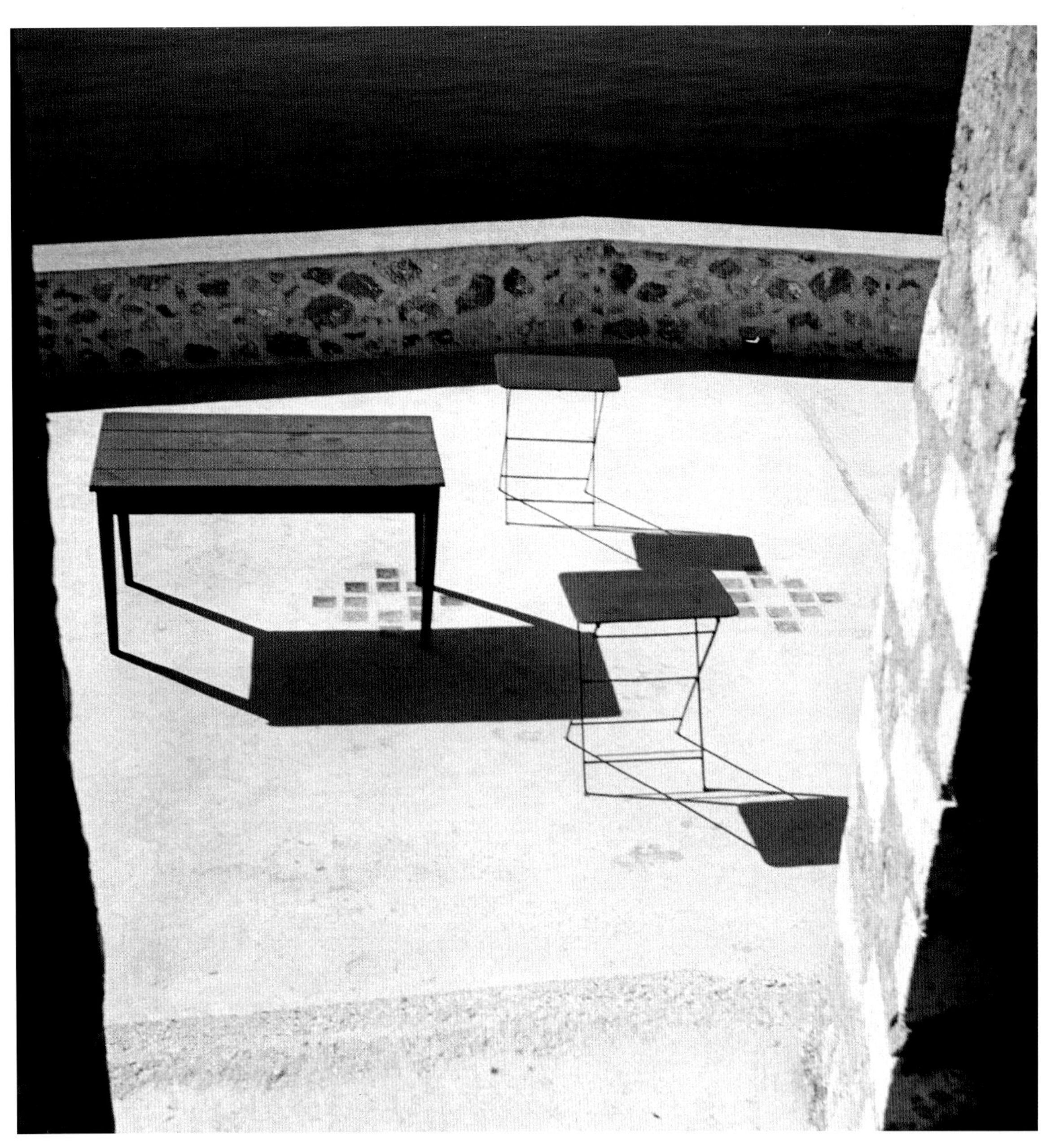

Terrazza sul mare, isola di Bourtzi, Peloponneso, Grecia, 1937
Terrace by the sea, Bourtzi Island, Peloponnese, Greece, 1937
Terrasse au bord de la mer, île de Bourtzi, Péloponnèse, Grèce, 1937

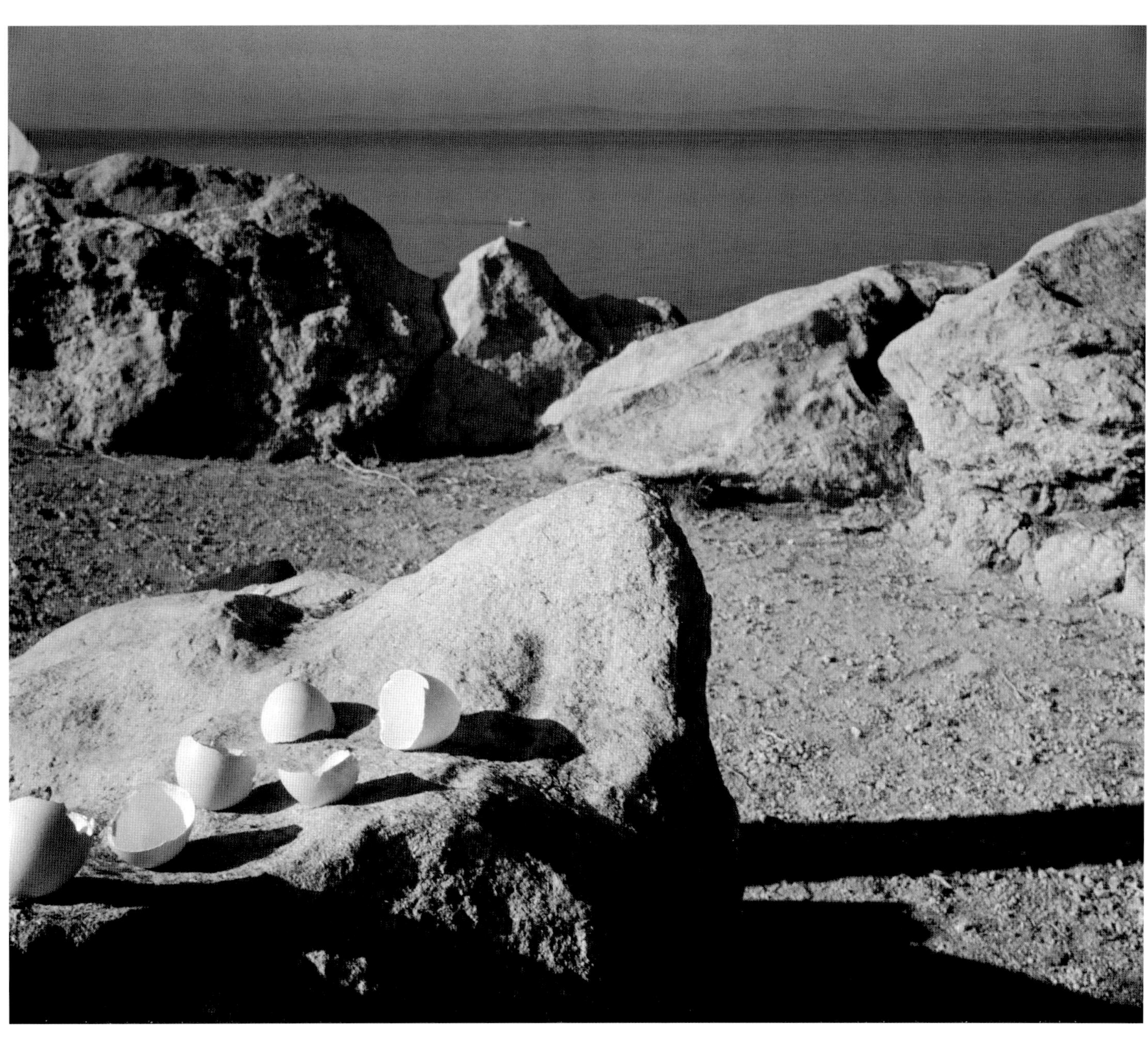

Uova a Spalato I, Jugoslavia, 1937
Eggs in Spalato I, Yugoslavia, 1937
Œufs à Split I, Yougoslavie, 1937

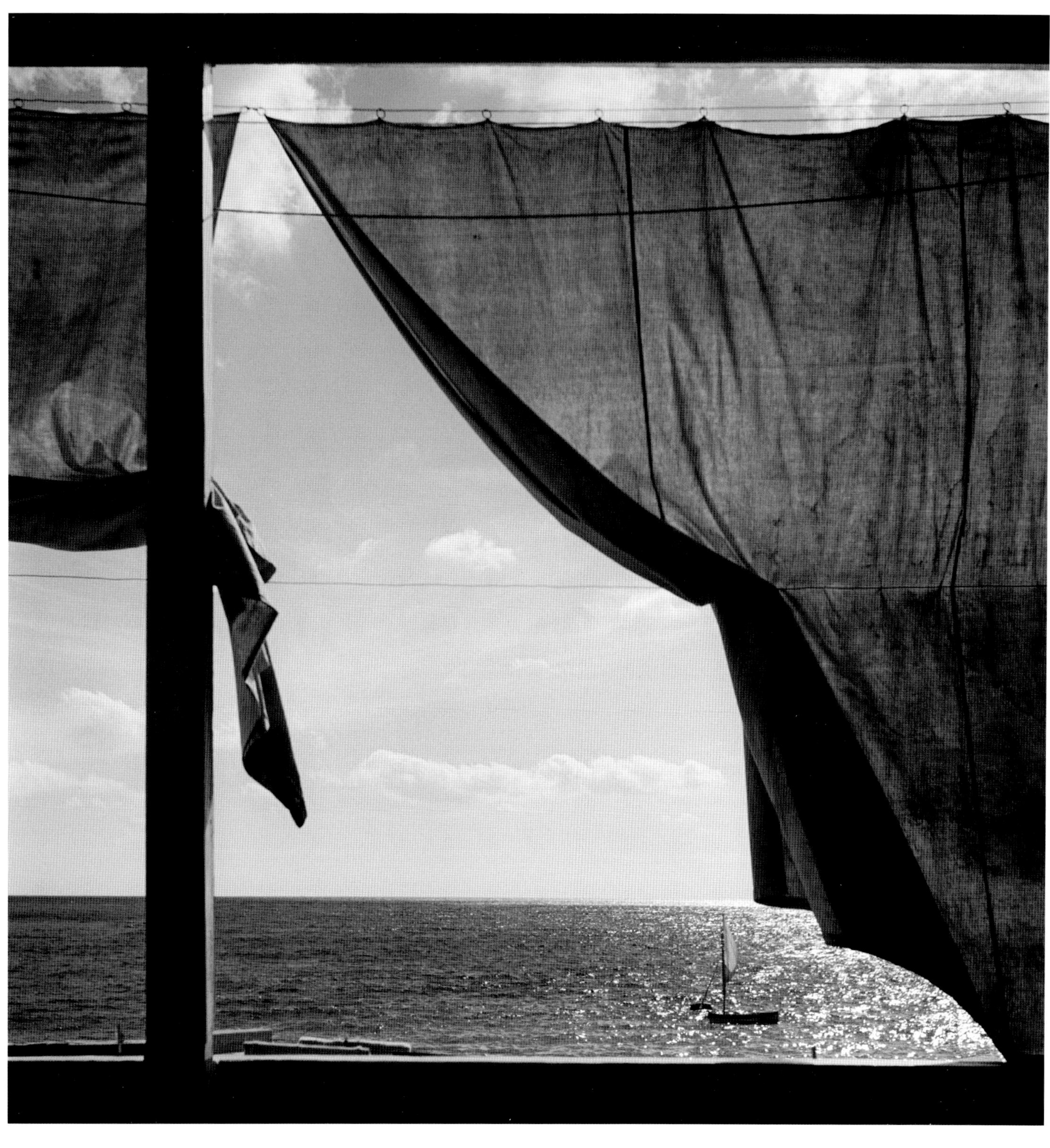

Sul Mediterraneo, Liguria, Italia, 1936
At the Mediterranean, Liguria, Italy, 1936
Au bord de la Méditerranée, Ligurie, Italie, 1936

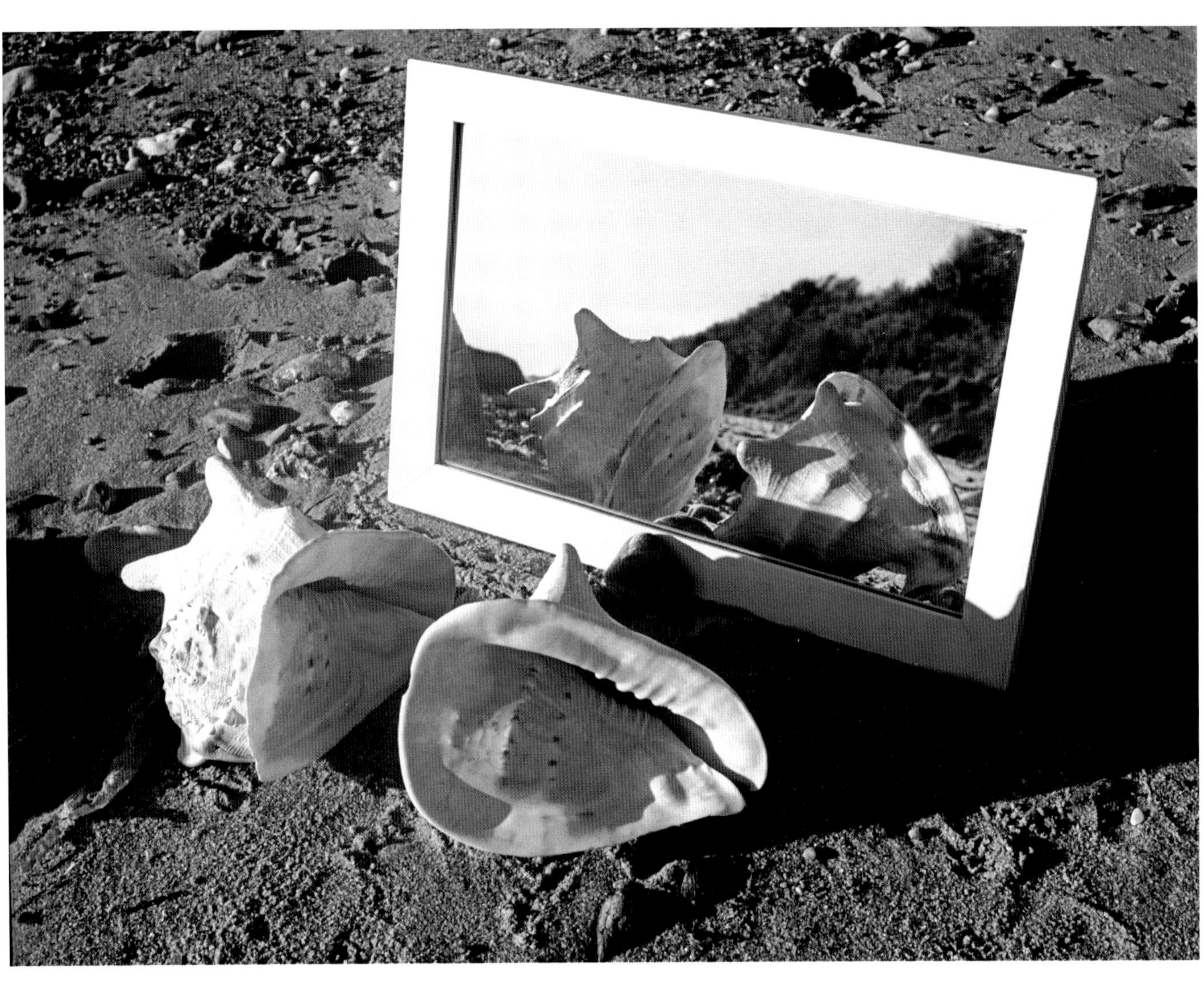

Ampliamento nell'irreale, mar Baltico, Germania, 1934
Extension into the unreal, Baltic Sea, Germany, 1934
Extension dans l'irréel, mer Baltique, Allemagne, 1934

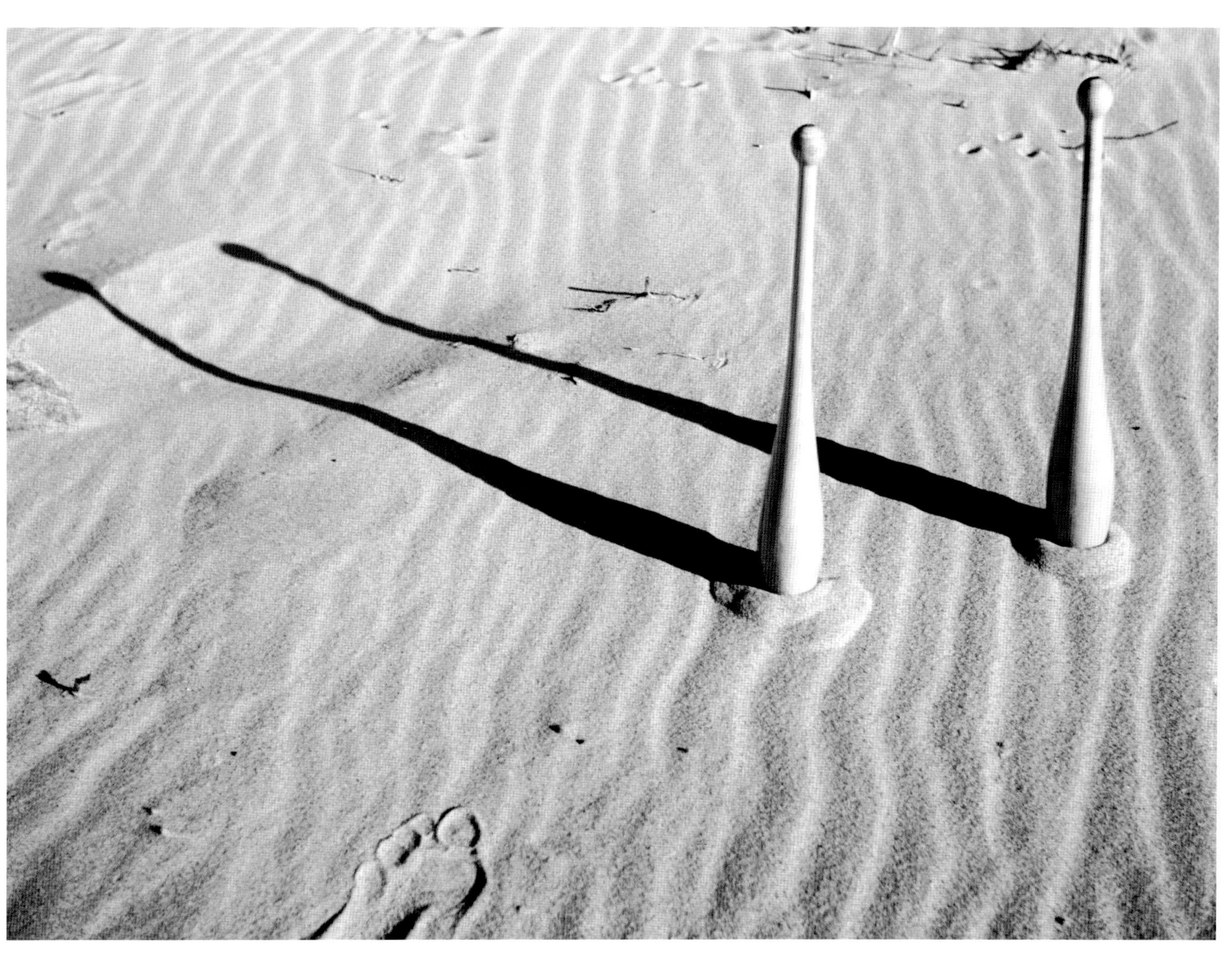

La coppia, mar Baltico, Germania, 1933
The couple, Baltic Sea, Germany, 1933
Le couple, mer Baltique, Allemagne, 1933

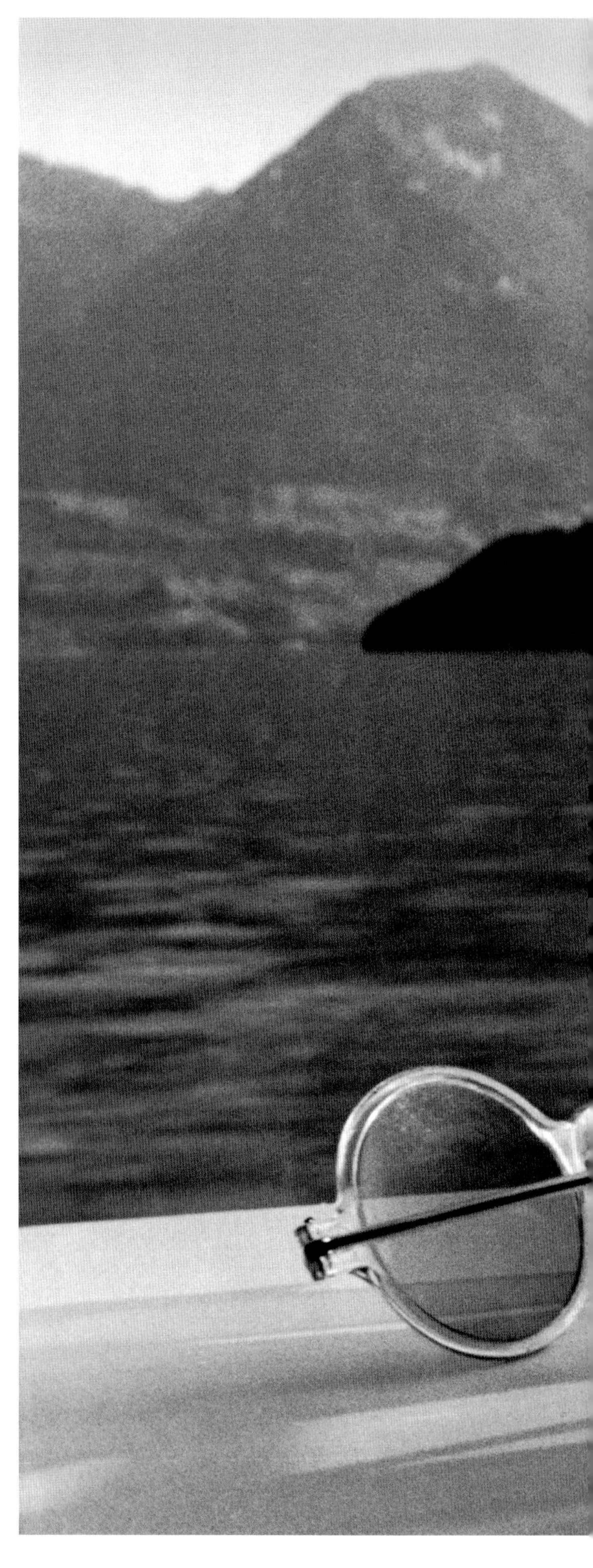

Occhiali da sole, lago di Lucerna, Svizzera, 1936
Sunglasses, Lake Lucerne, Switzerland, 1936
Lunettes de soleil, lac de Lucerne, Suisse, 1936

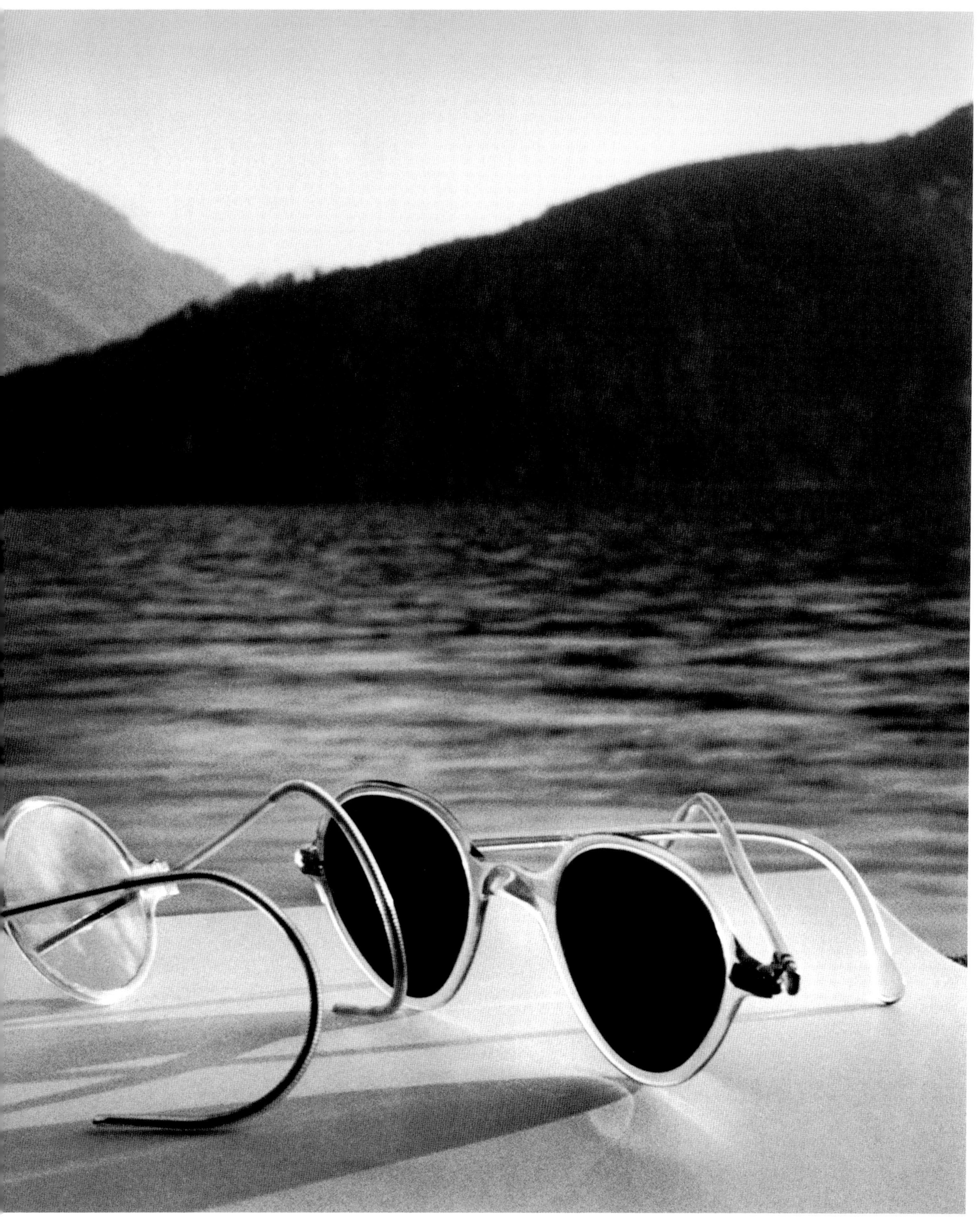

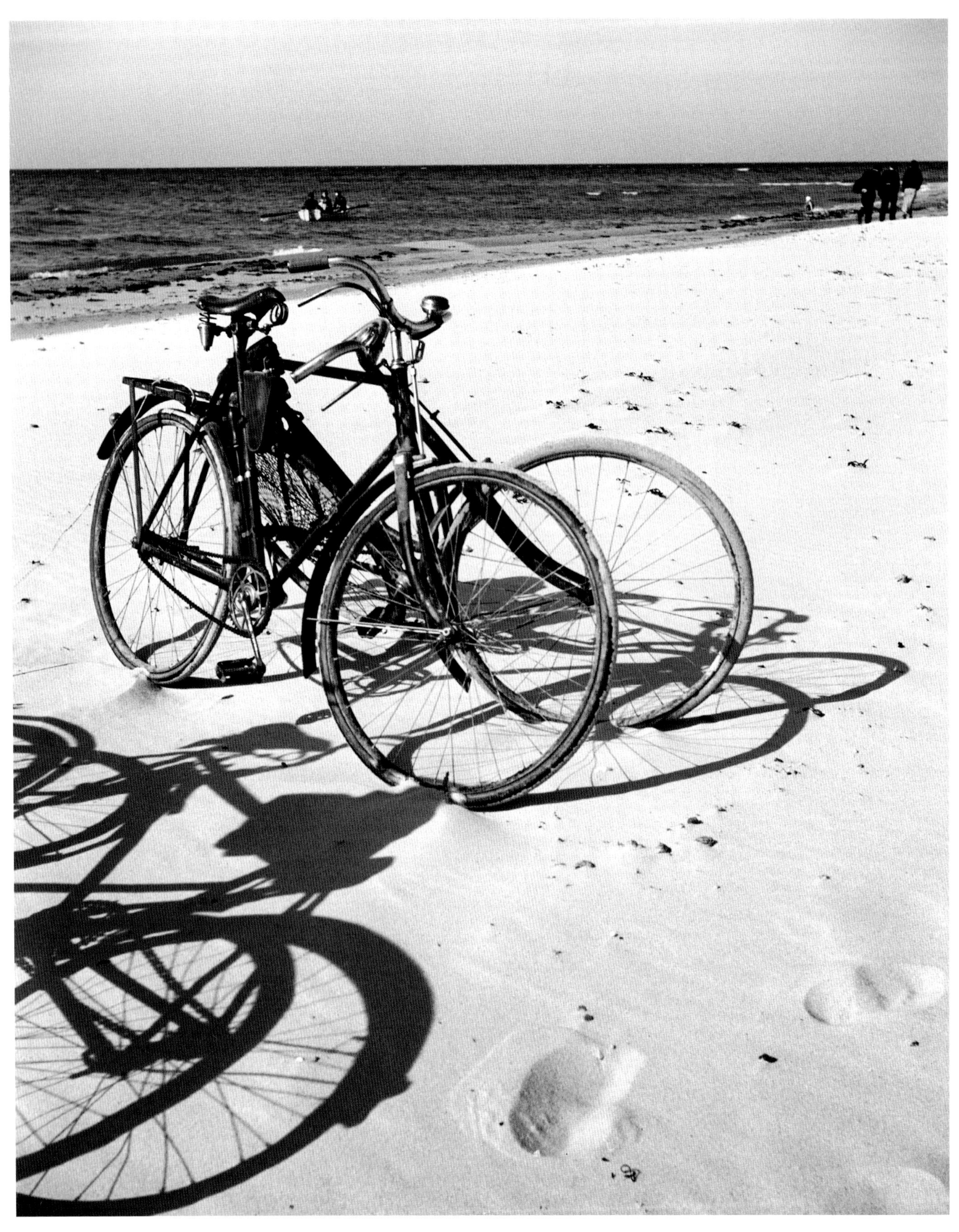

Biciclette, mar Baltico, Germania, 1930
Bicycles, Baltic Sea, Germany, 1930
Bicyclettes, mer Baltique, Allemagne, 1930

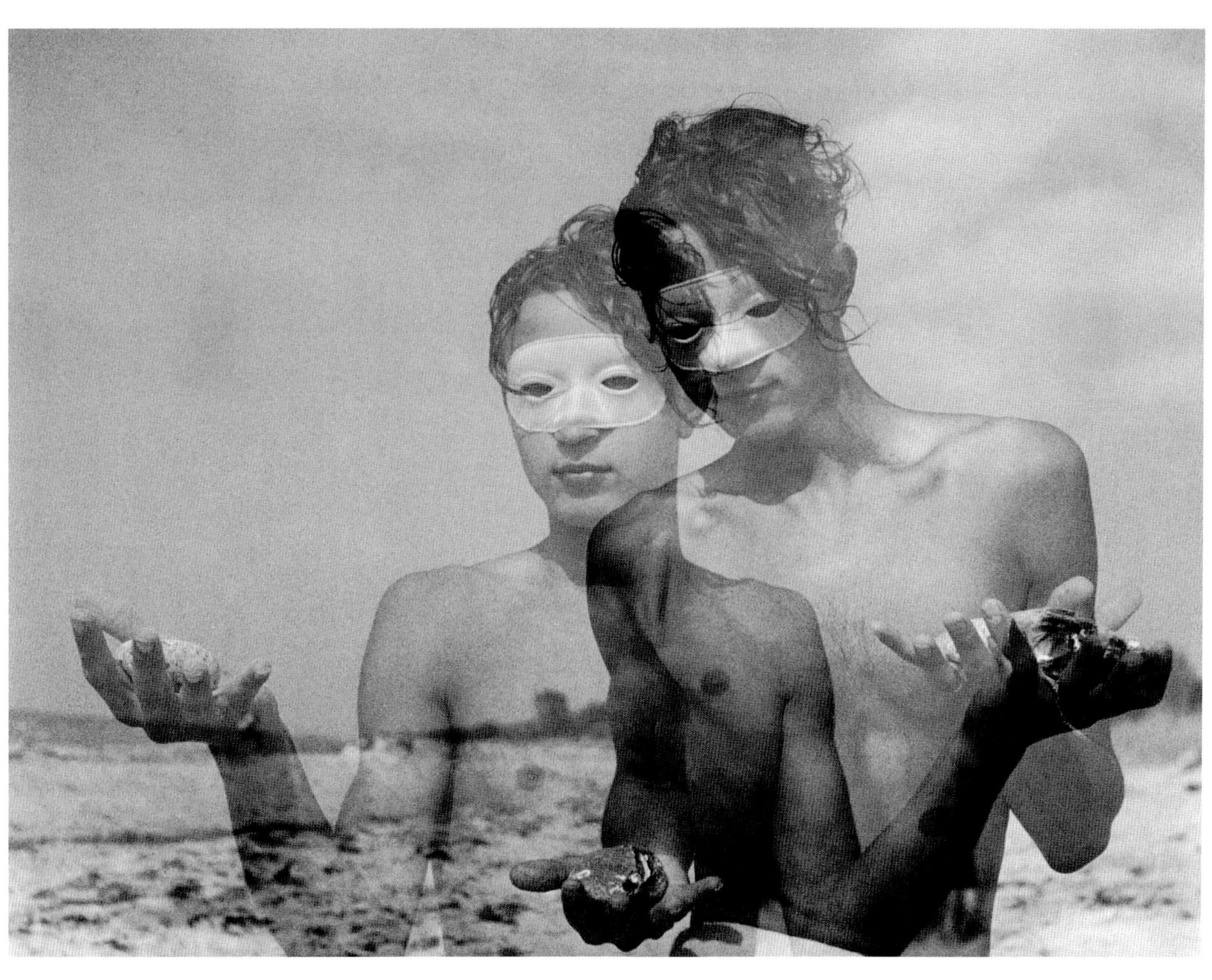

Vagabondo sulla spiaggia, mar Baltico, Germania, 1933
Beach-roamer, Baltic Sea, Germany, 1933
Vagabond de plage, mer Baltique, Allemagne, 1933

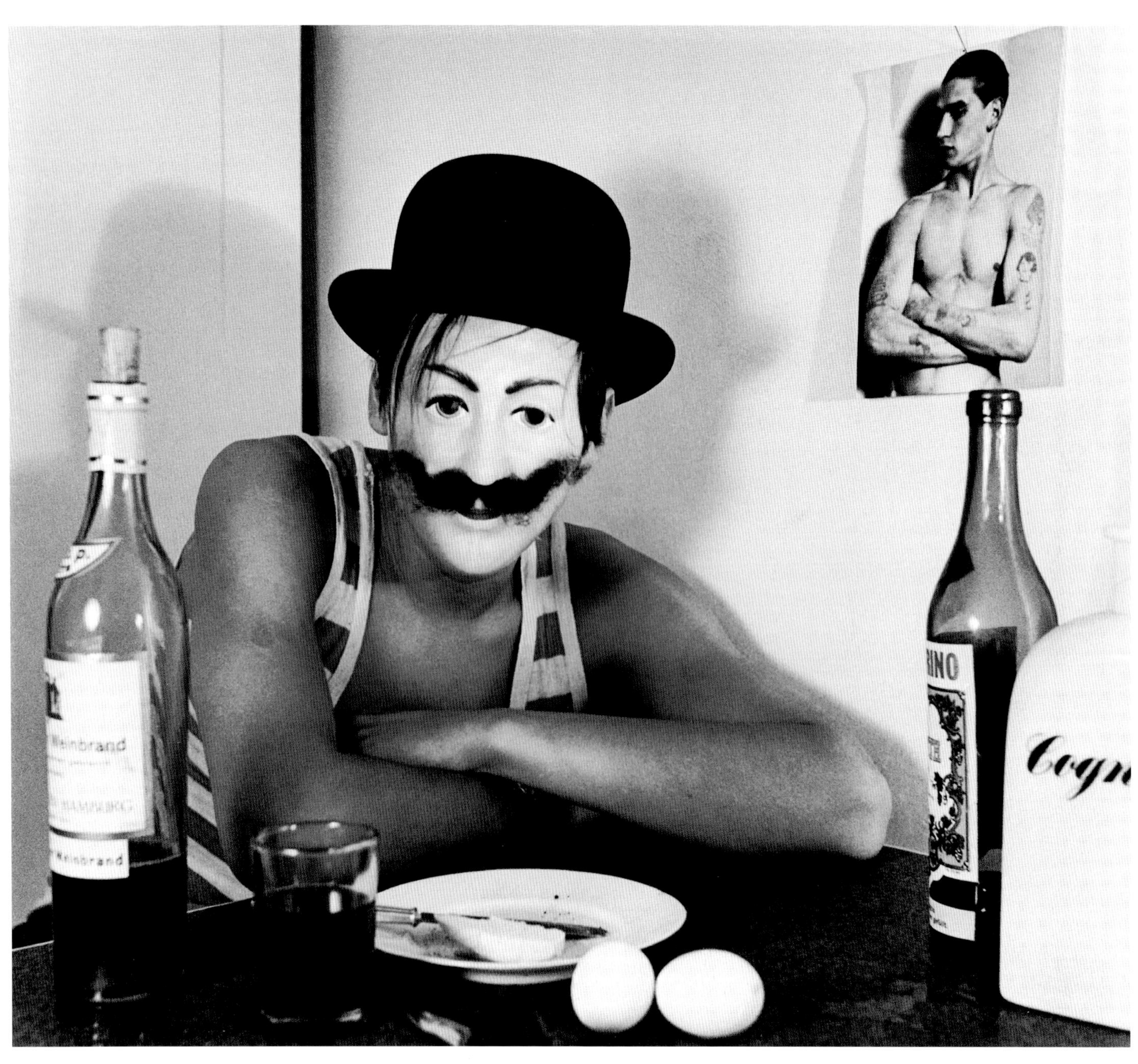

Uomo che disprezza le uova, Amburgo, Germania, 1931
Egg-despiser, Hamburg, Germany, 1931
Le contempteur des œufs, Hambourg, Allemagne, 1931

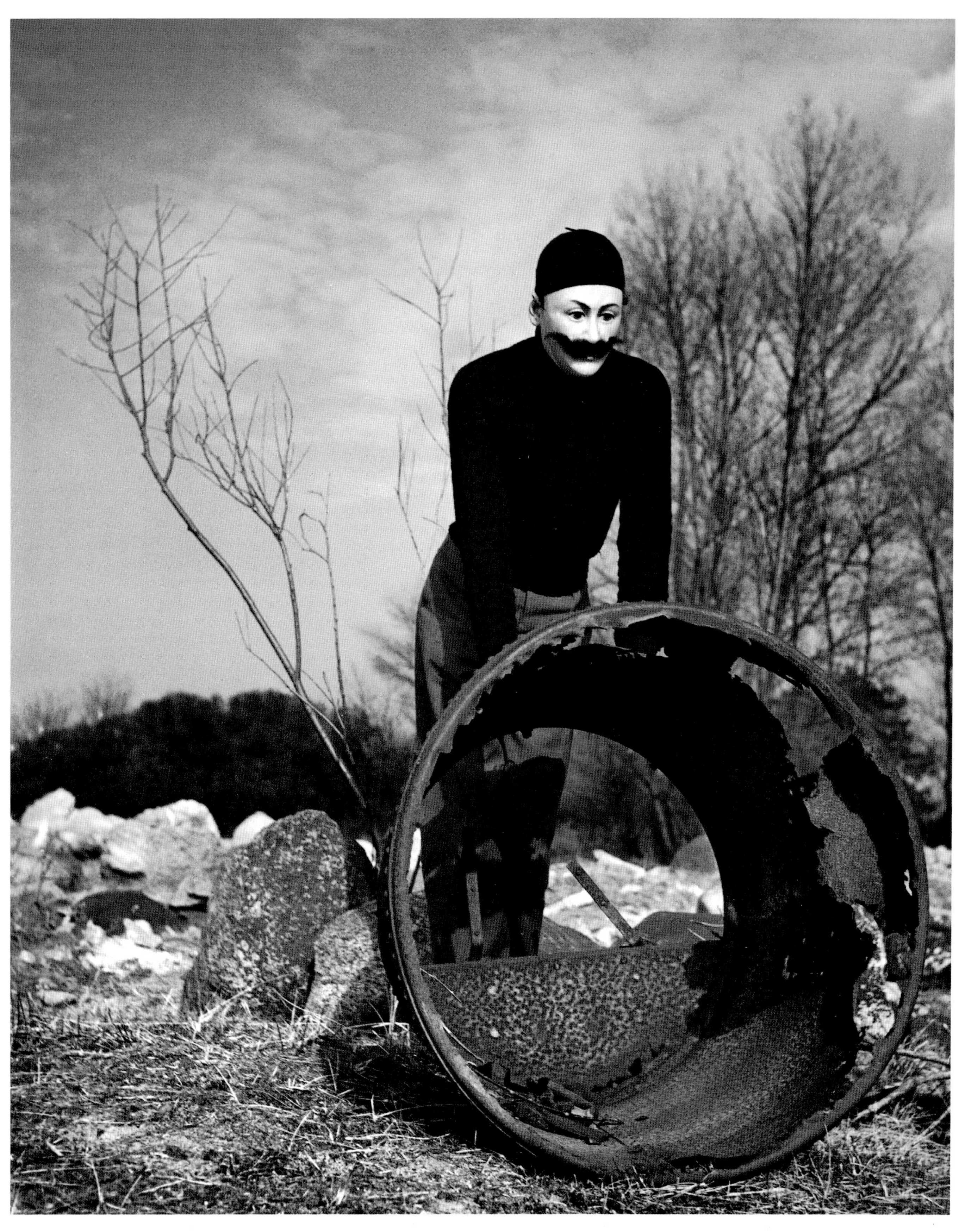

Uomo mascherato con barile, nei pressi di Amburgo, Germania, 1931
Masked man with barrel, near Hamburg, Germany, 1931
Homme masqué avec un tonneau, près de Hambourg, Allemagne, 1931

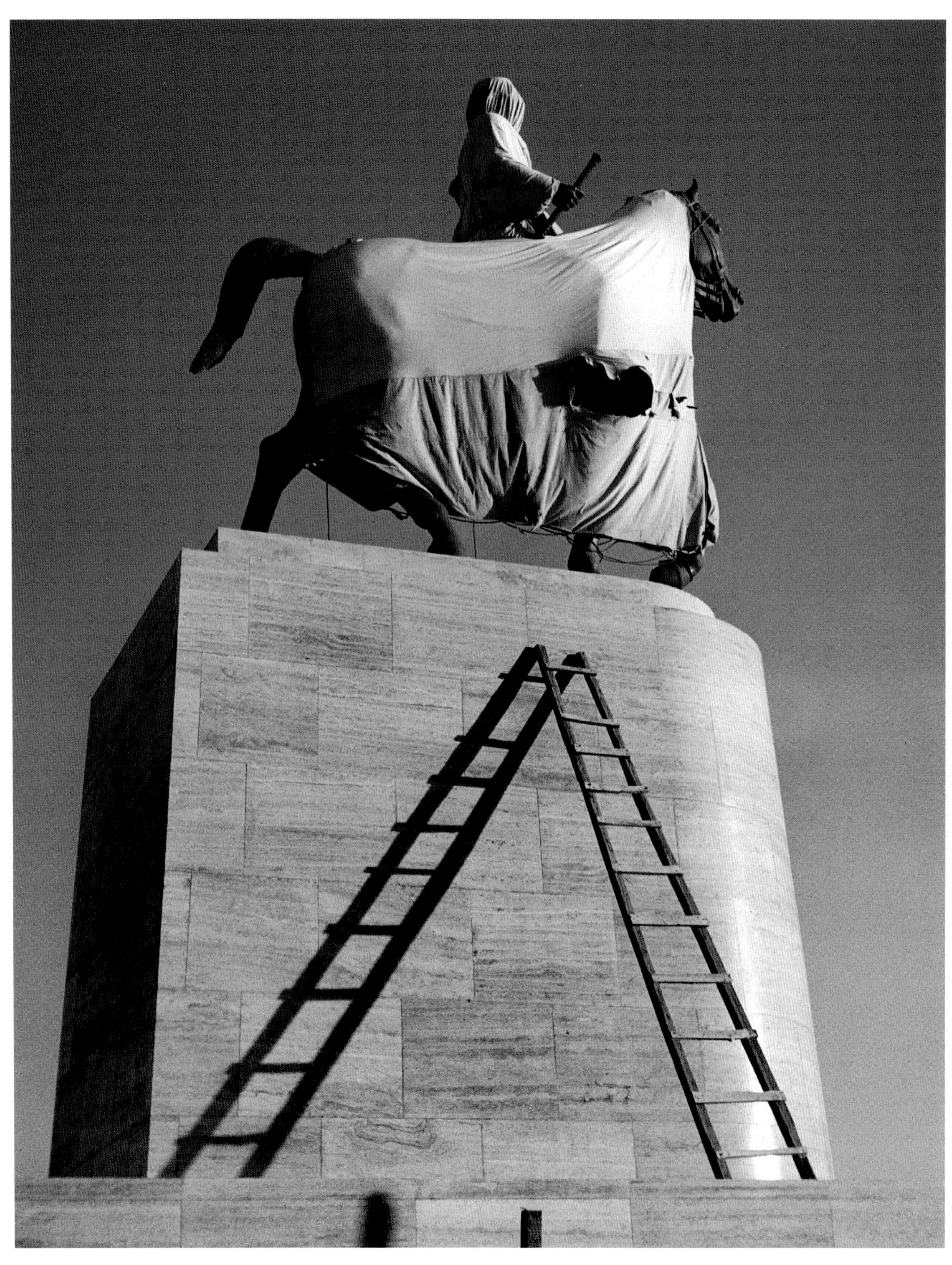

Monumento velato al re Costantino, Atene, Grecia, 1937
Veiled monument of king Constantine, Athens, Greece, 1937
Monument voilé du roi Constantin, Athènes, Grèce, 1937

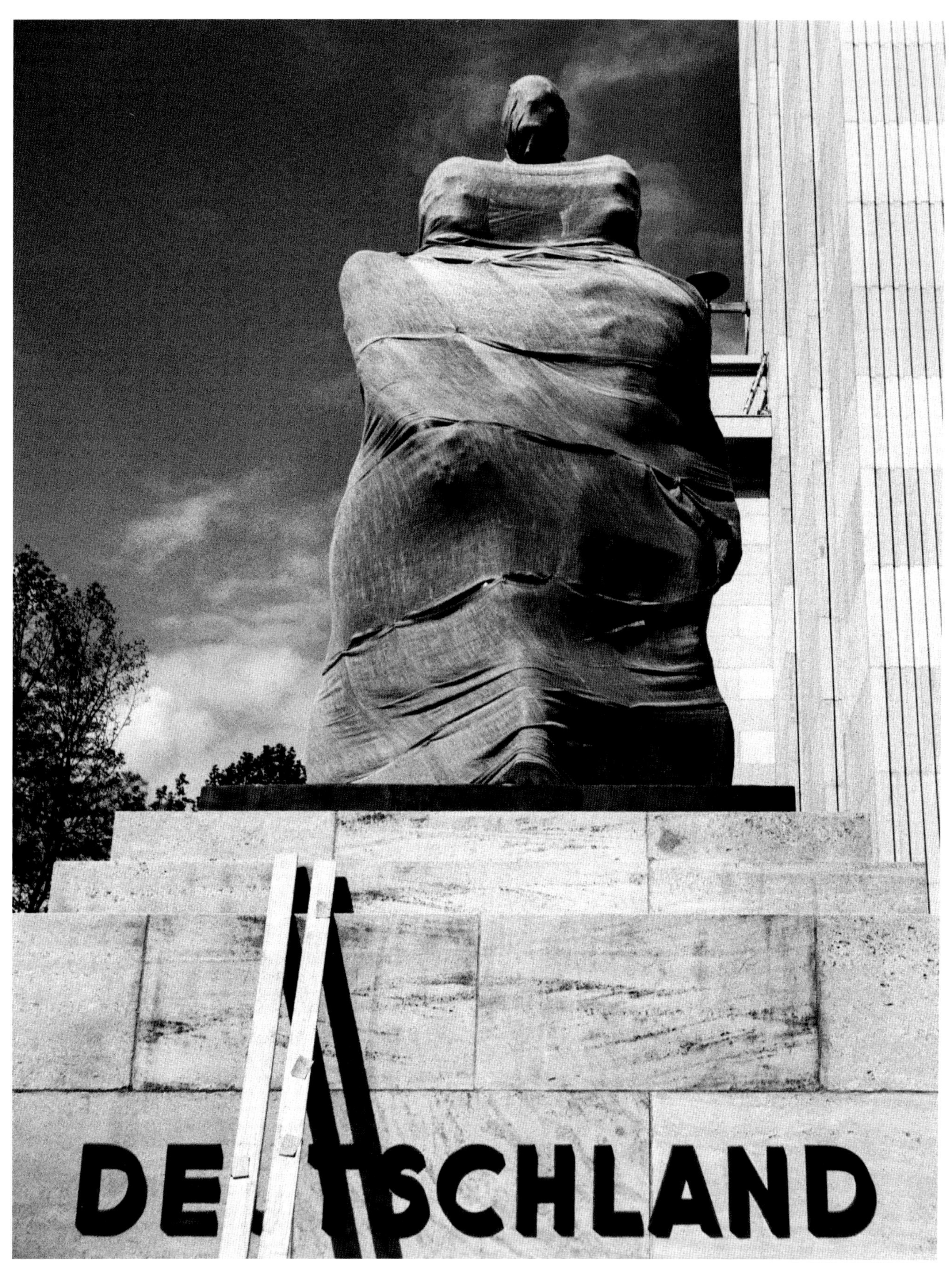

La Germania è in marcia, Parigi, Francia, 1937
Germany is marching, Paris, France, 1937
L'Allemagne est en marche, Paris, France, 1937

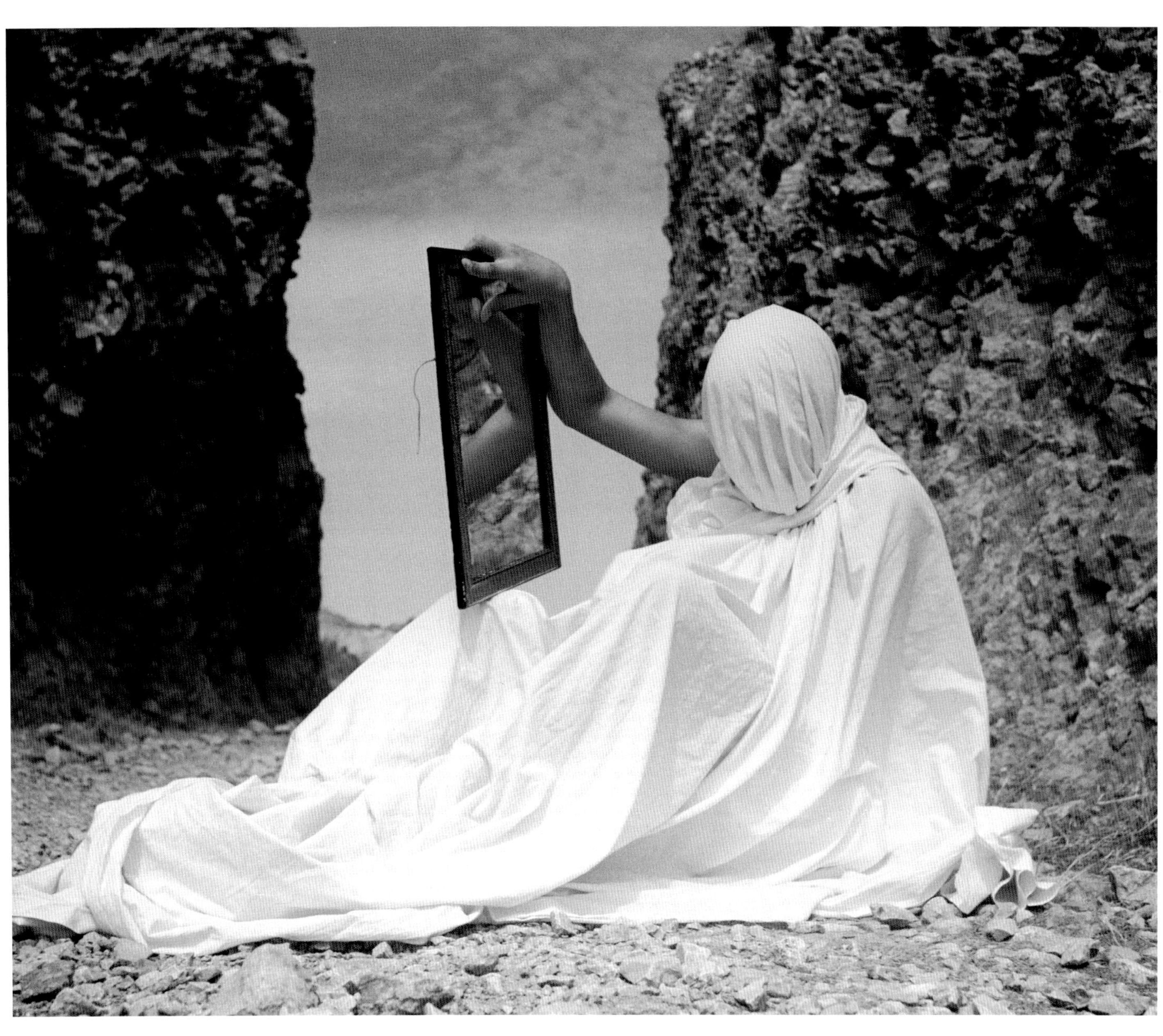

Spirito di Licabetto, Atene, Grecia, 1937
Spirit of Lycabettus, Athens, Greece, 1937
Esprit de Lycabète, Athènes, Grèce, 1937

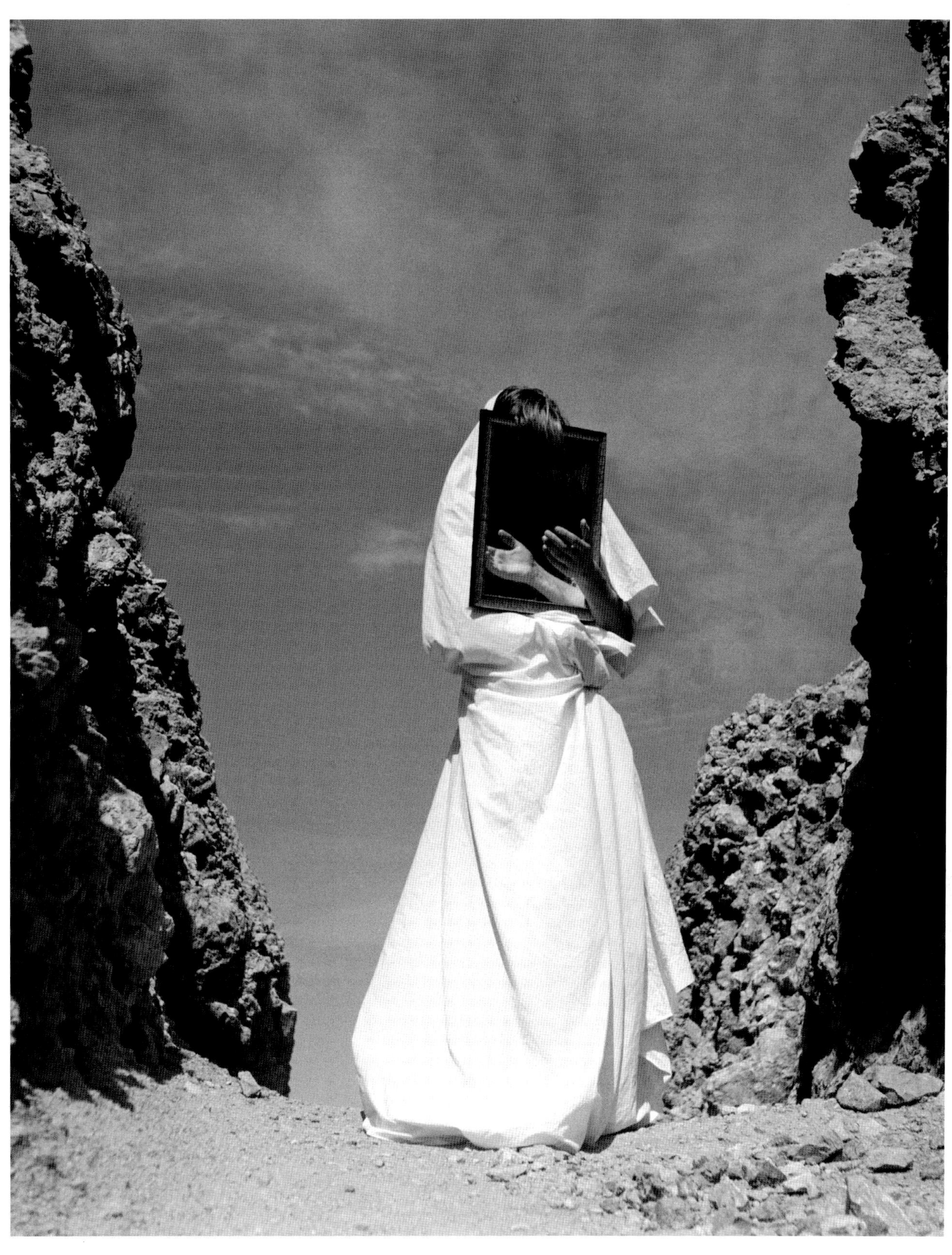

Spirito di Licabetto I, Monte Licabetto (Lykabettos), Atene, Grecia, 1937
Spirit of Lycabettus I, Mount Lycabettus (Lykabettos), Athens, Greece, 1937
Esprit de Lycabète I, Mont Lycabète (Lykabettos), Athènes, Grèce, 1937

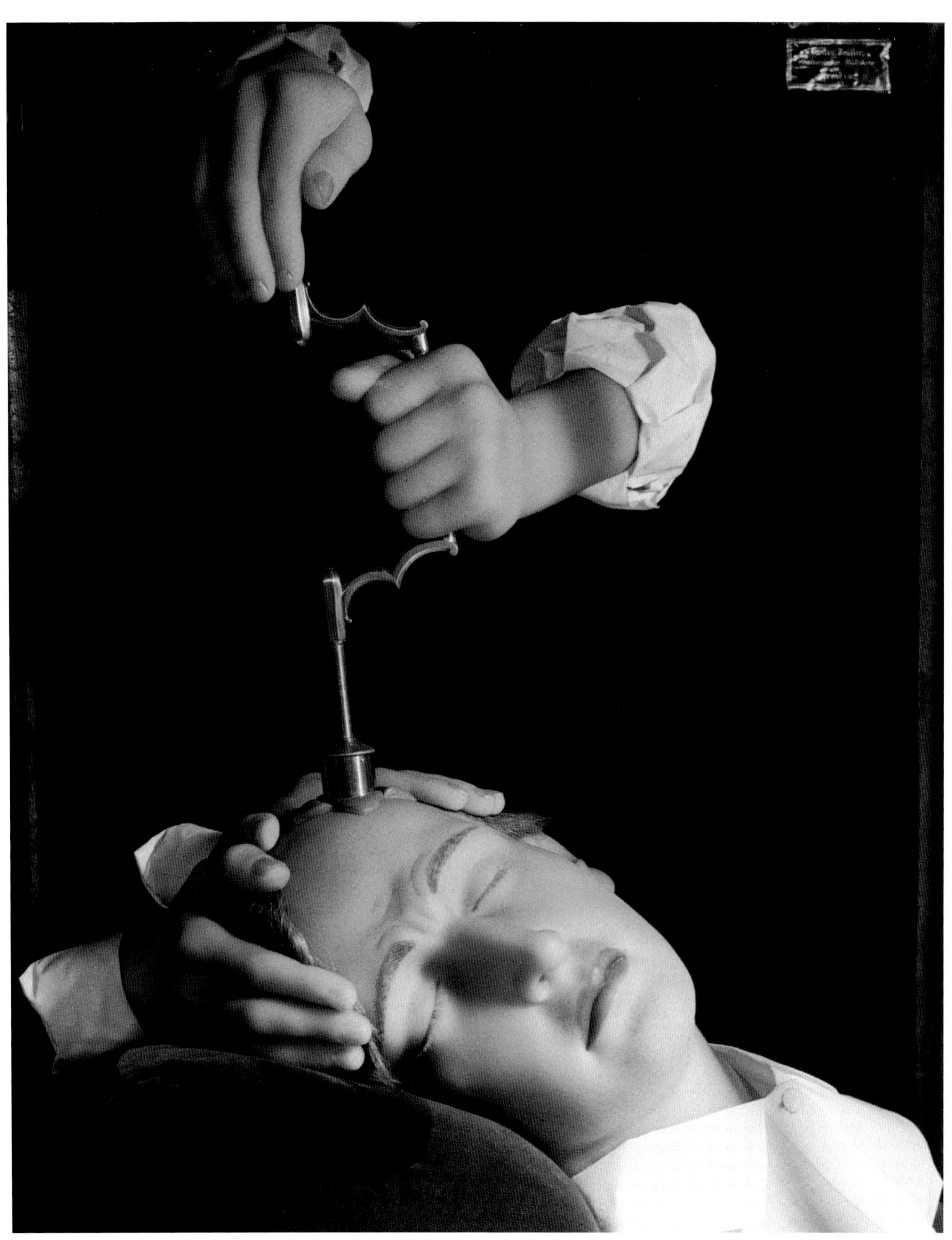

Trapanazione, Vienna, Austria, 1944
Trepanation, Vienna, Austria, 1944
Trépanation, Vienne, Autriche, 1944

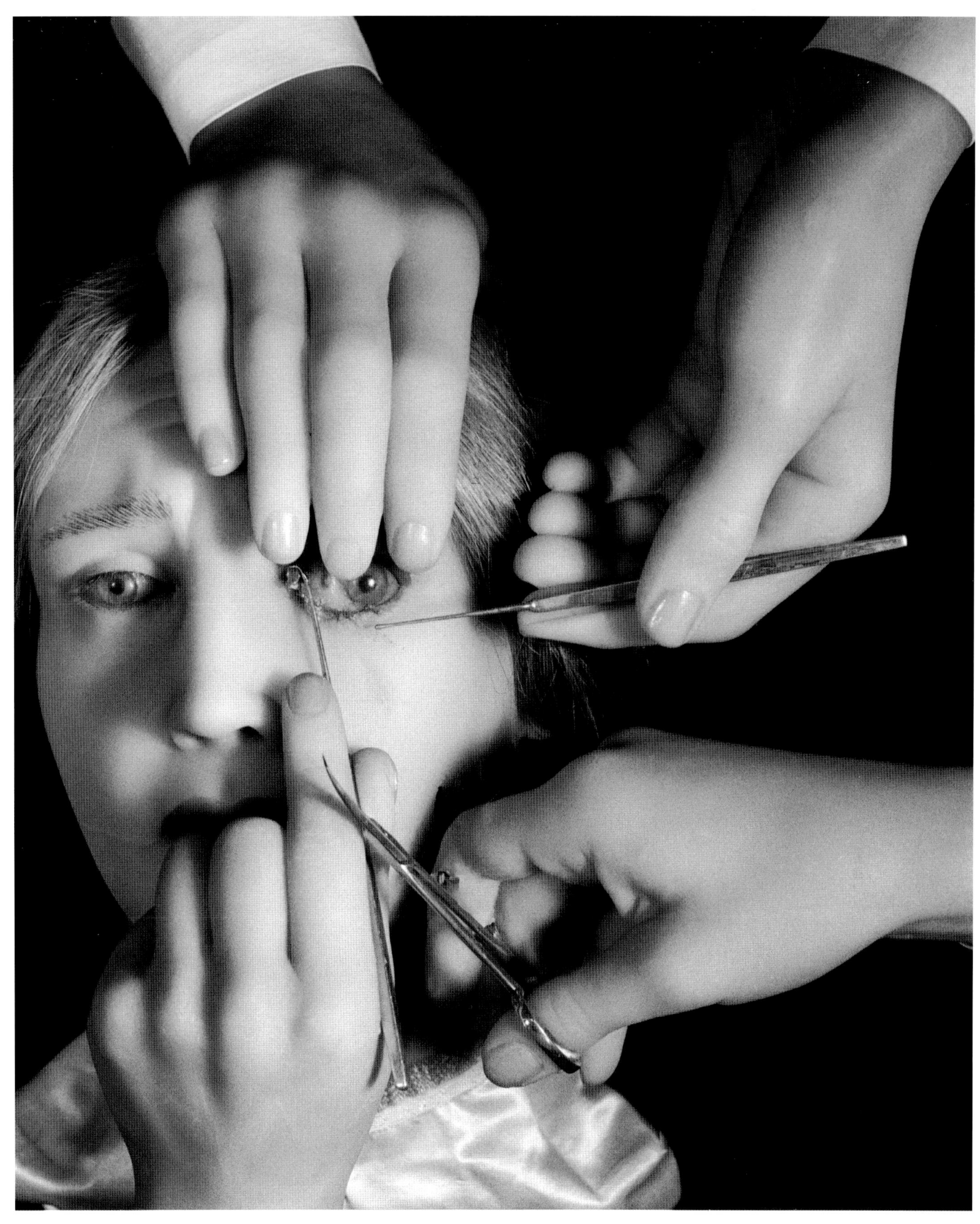

Operazione per lo strabismo, Vienna, Austria, 1944
Operation of squinting, Vienna, Austria, 1944
Opération pour le strabisme, Vienne, Autriche, 1944

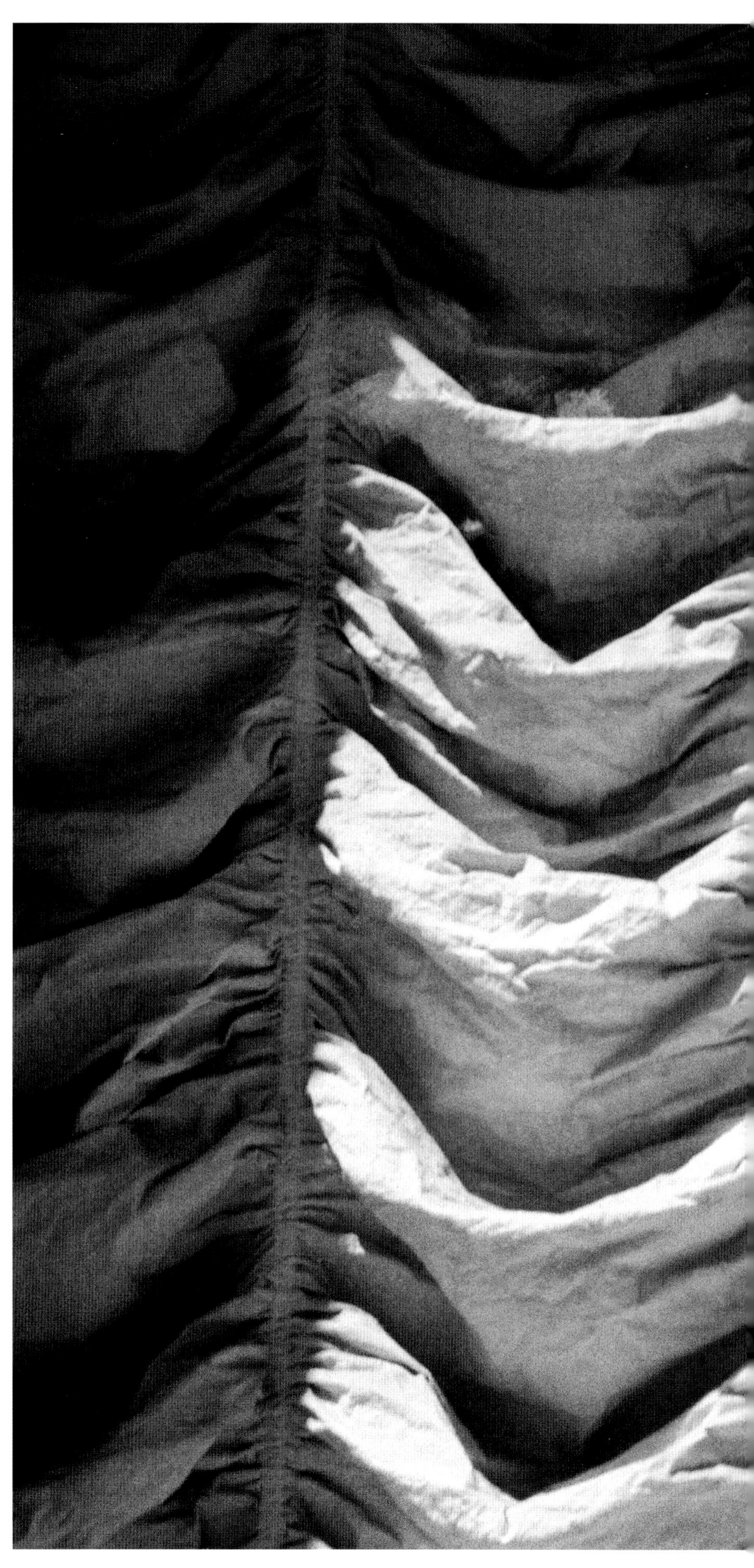

Vetrina di un ottico, Parigi, Francia, 1936
Optician's display, Paris, France, 1936
Vitrine d'un opticien, Paris, France, 1936

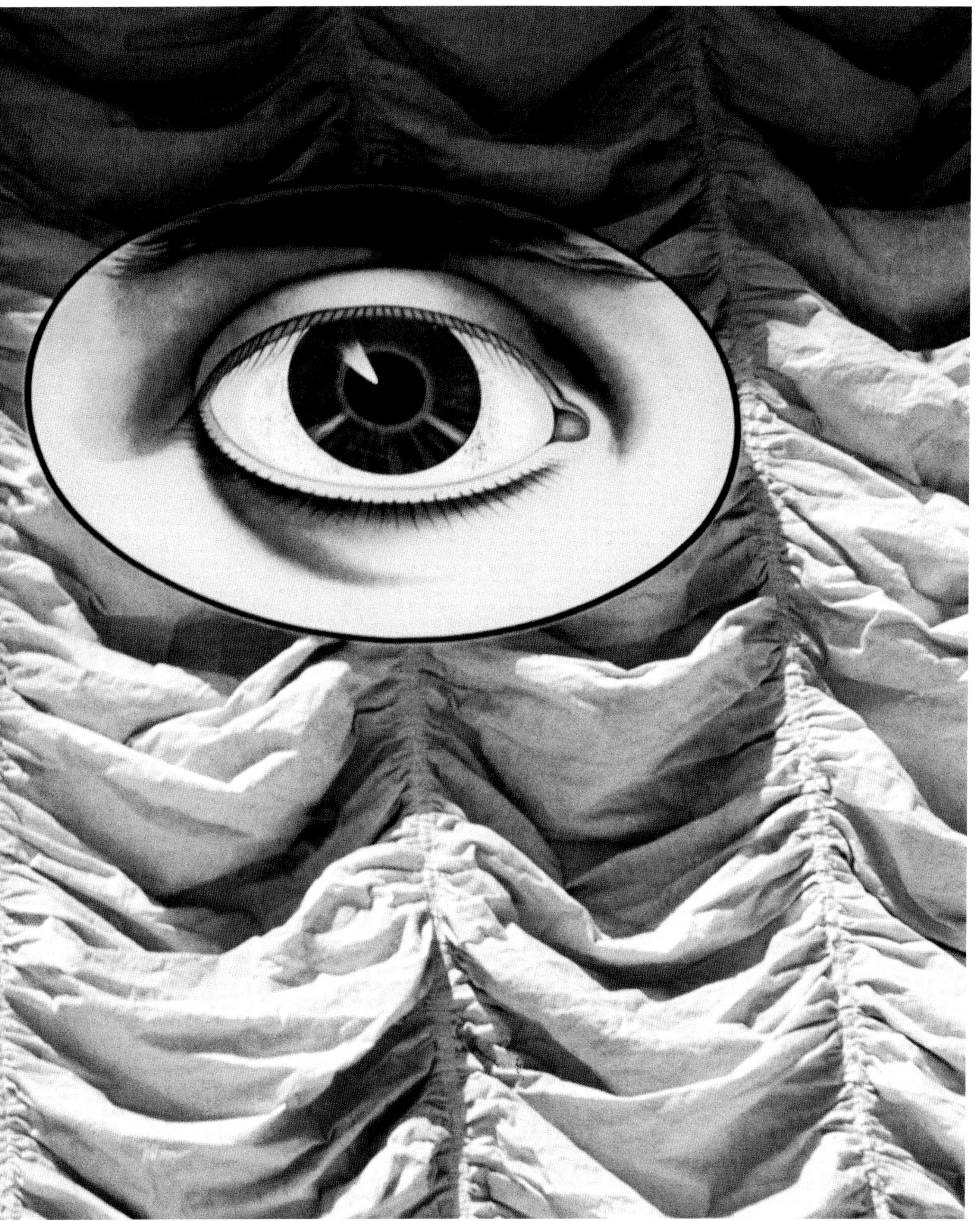

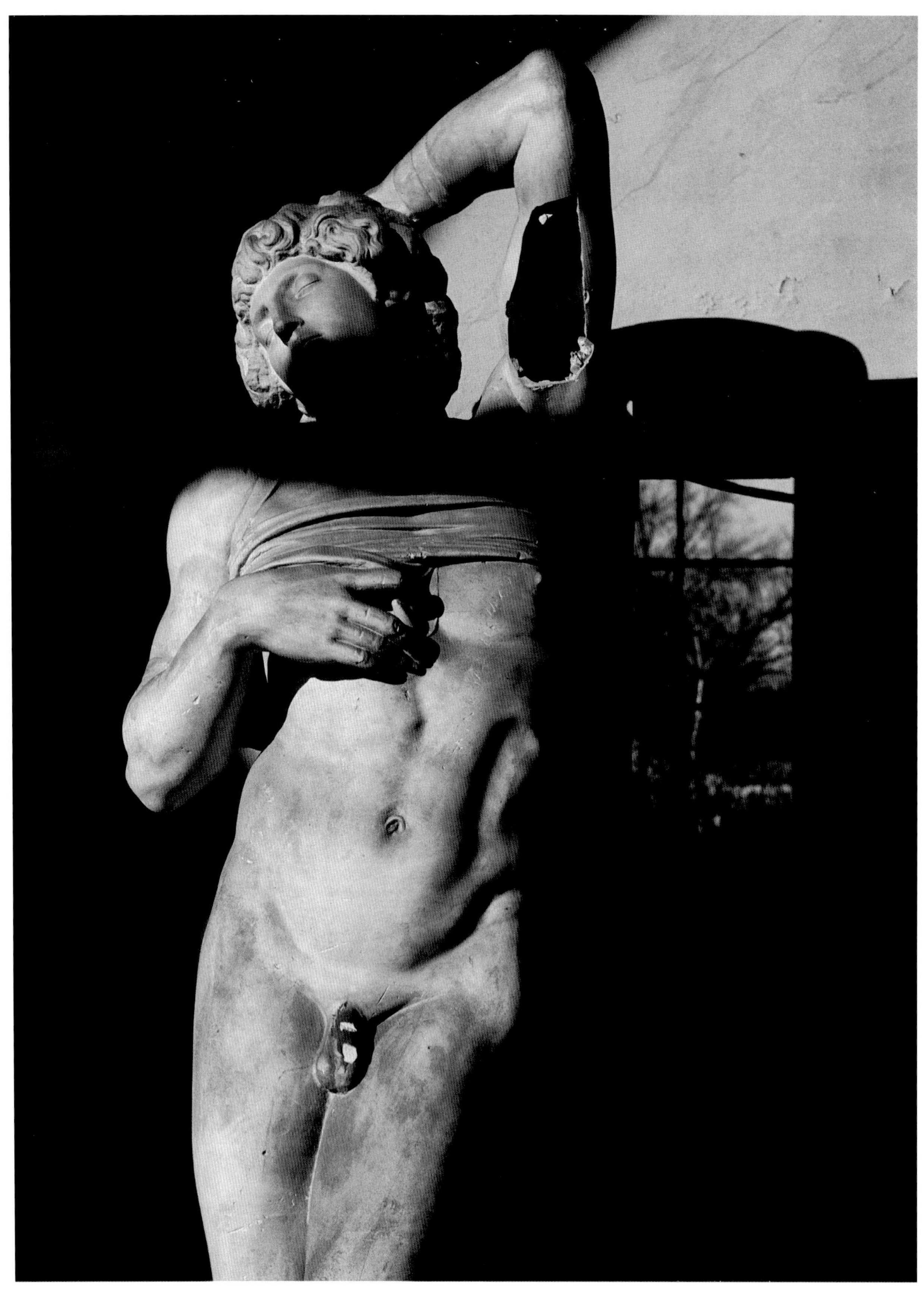

Accademia d'arte, lo Schiavo di Michelangelo, gesso, Monaco, Germania, 1946
Academy of Arts, Michelangelo's Slave, plaster cast, Munich, Germany, 1946
Académie des Beaux-arts, Esclave de Michel-Ange, moulage en plâtre, Munich, Allemagne, 1946

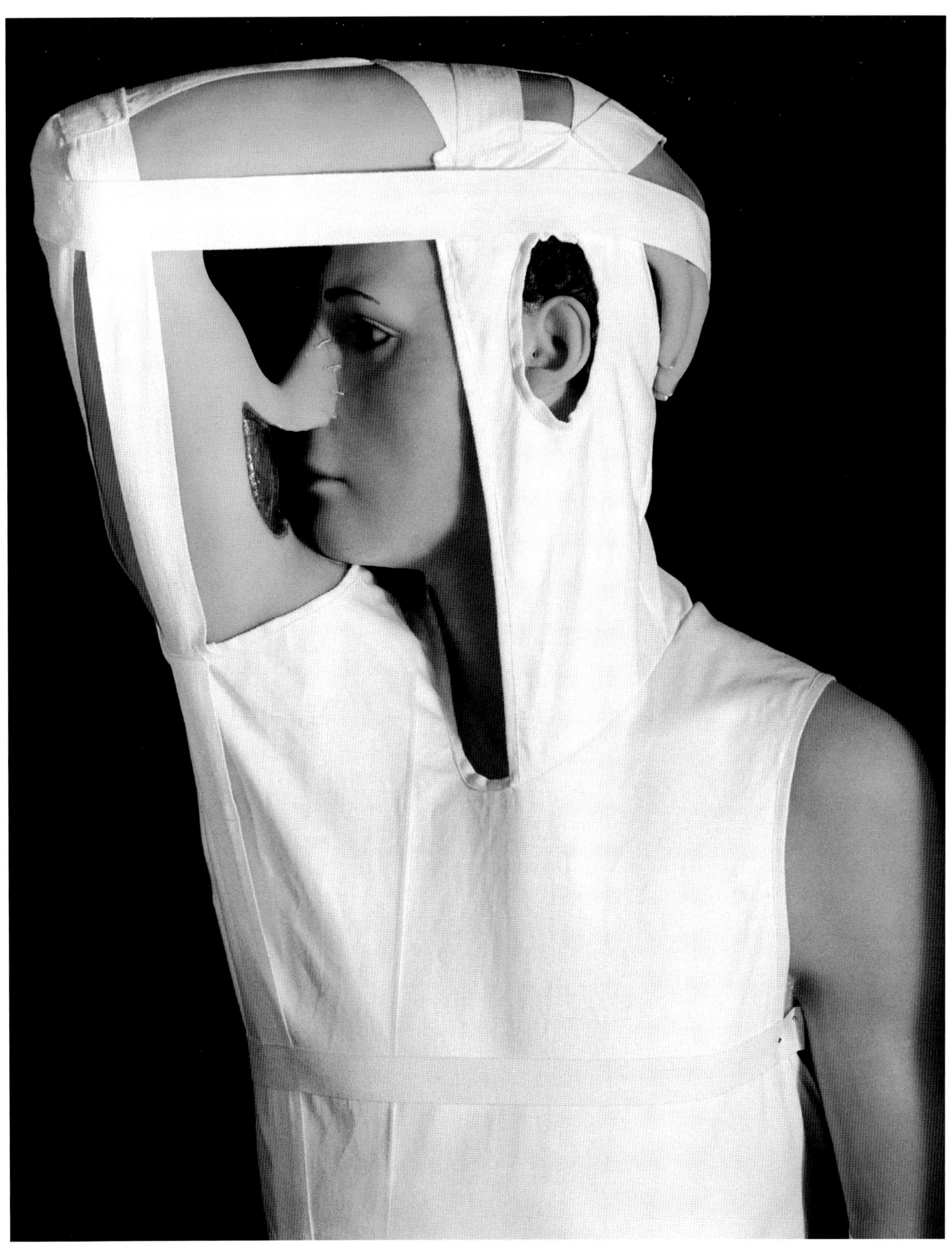

Trapianto, Vienna, Austria, 1944
Transplantation, Vienna, Austria, 1944
Transplantation, Vienne, Autriche, 1944

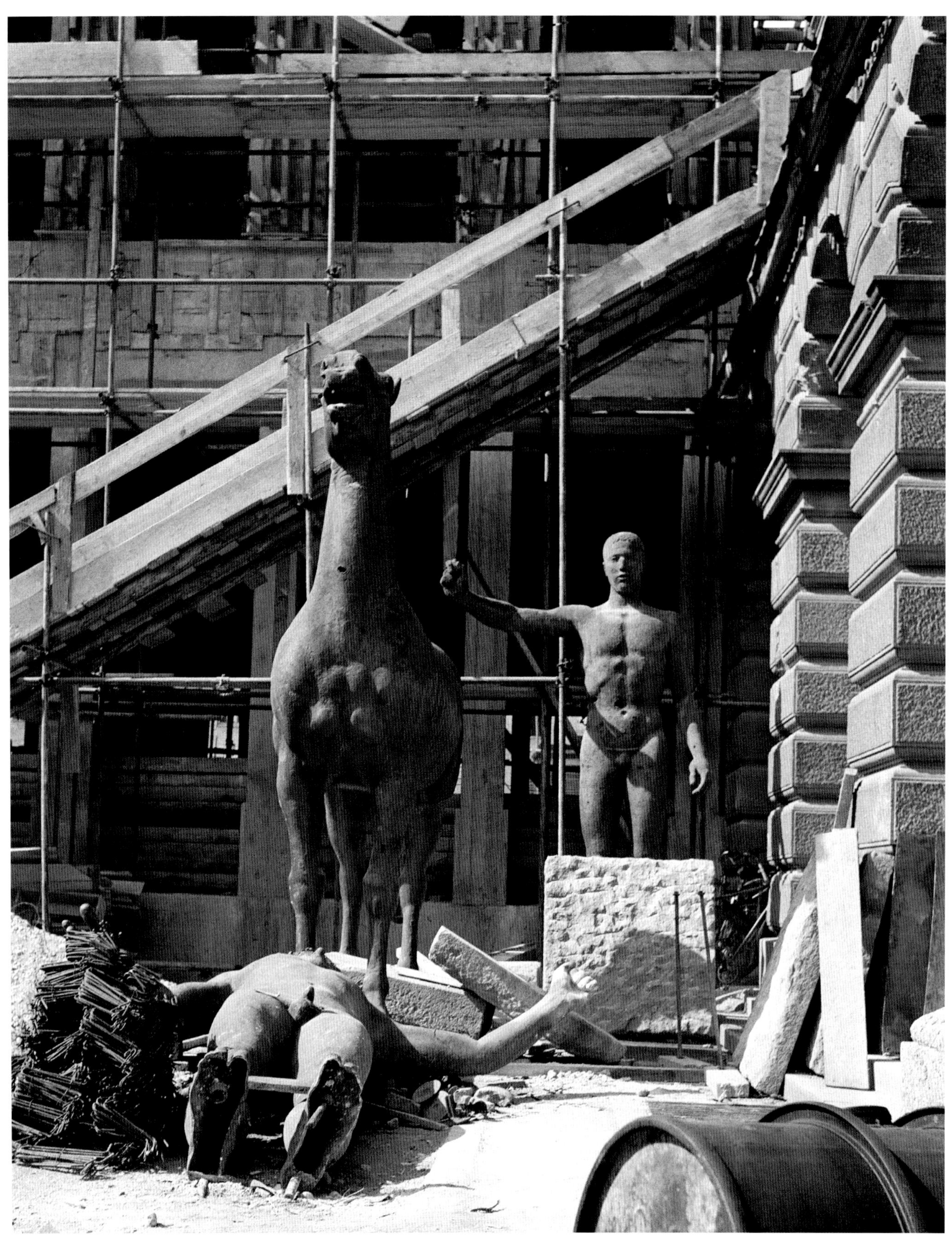

Uomo che conduce un cavallo, durante la ricostruzione, Monaco, Germania, 1952
Man leading horse, during reconstruction, Munich, Germany, 1952
Homme guidant un cheval, pendant la reconstruction, Munich, Allemagne, 1952

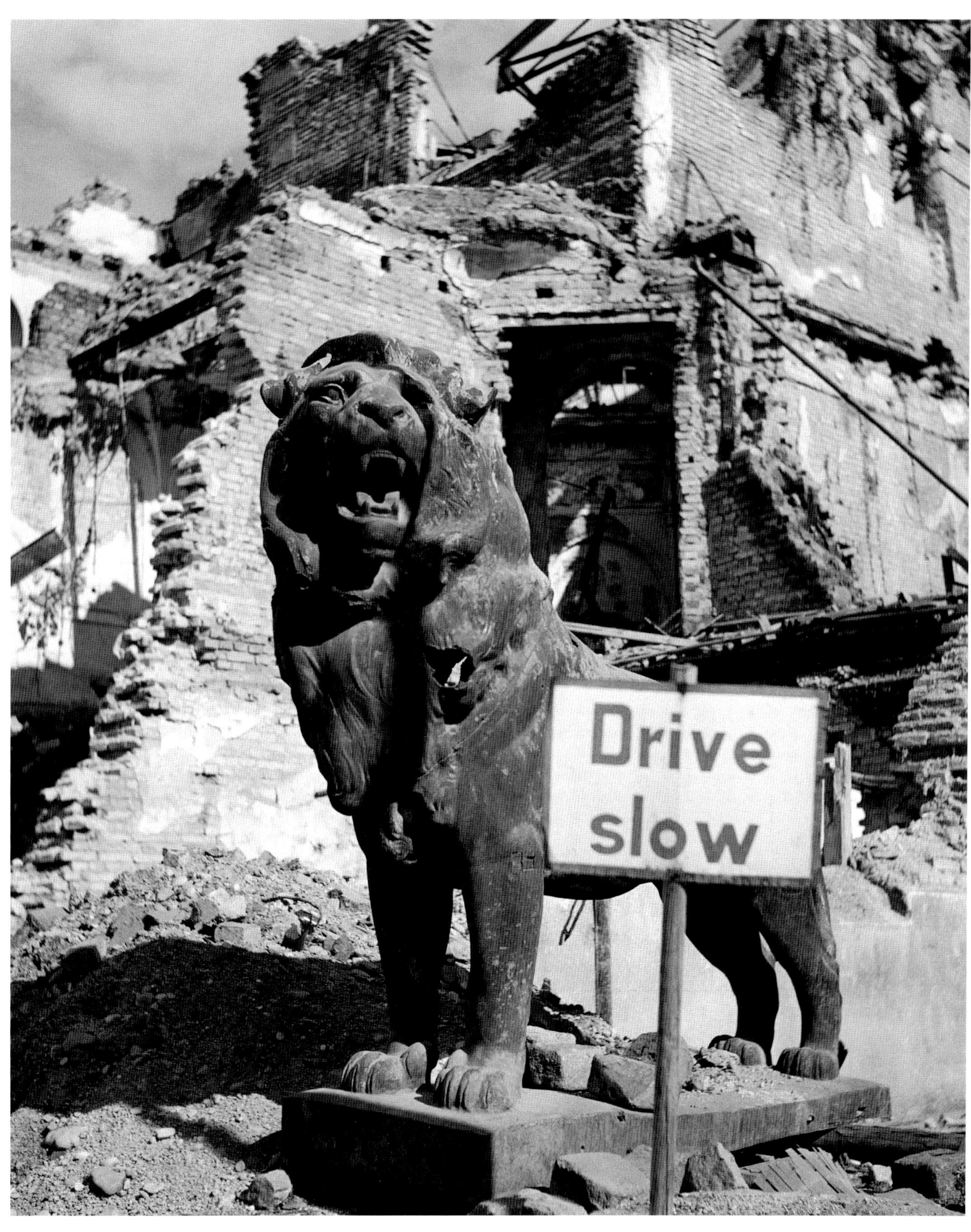

Cartello stradale, Löwenbräukeller, Monaco, Germania, 1945-1946
Traffic sign, Löwenbräukeller, Munich, Germany, 1945-1946
Panneau de signalisation, Löwenbräukeller, Munich, Allemagne, 1945-1946

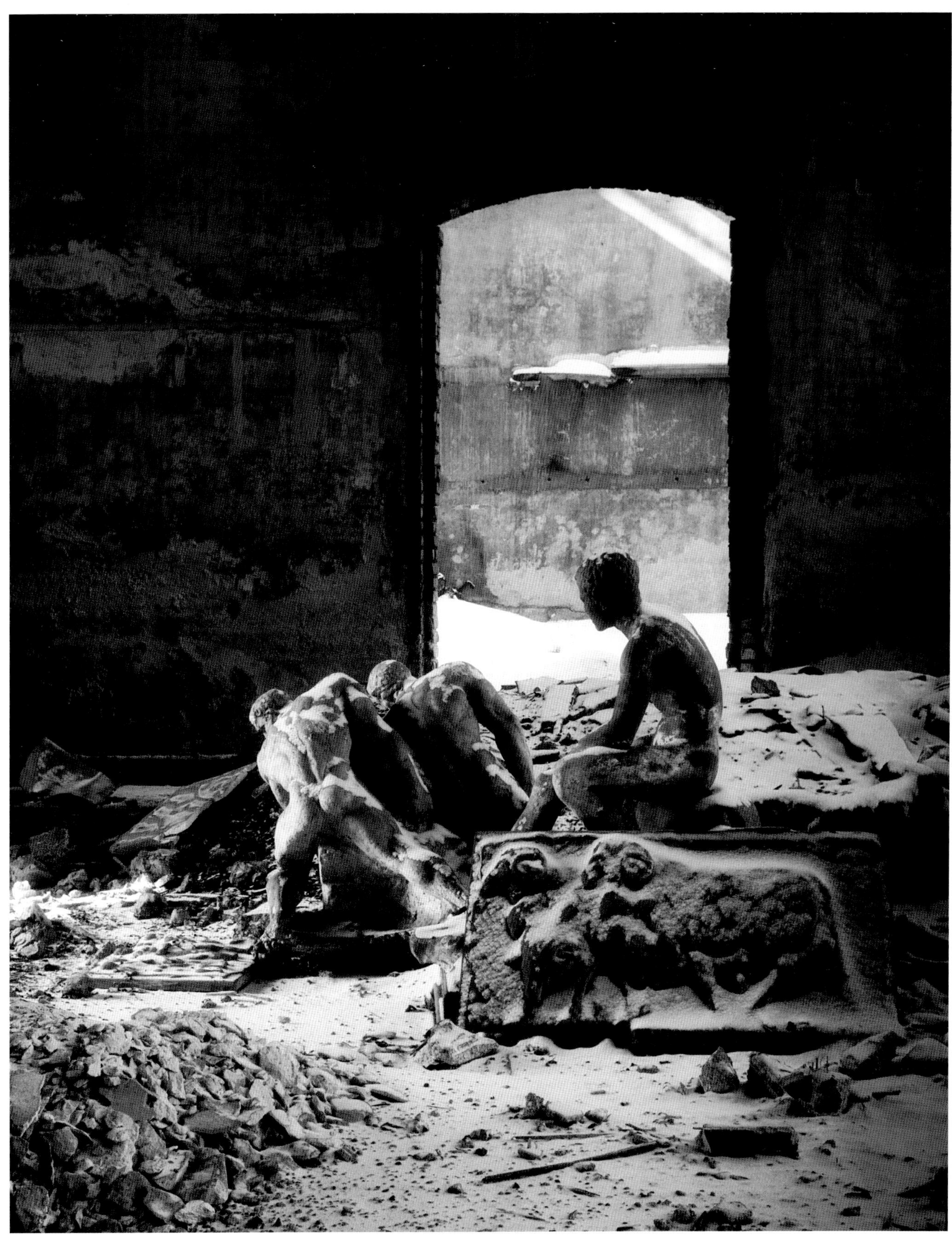

Gruppo scultoreo in gesso nel magazzino dell'Accademia d'arte devastato dalla guerra, Monaco, Germania, inverno 1945-1946
In the devasted Academy of Arts' storeroom, plaster-cast group, Munich, Germany, winter 1945-1946
Dans l'entrepôt dévasté de l'Académie des Beaux-arts, groupe de moulages en plâtre, Munich, Allemagne, hiver 1945-1946

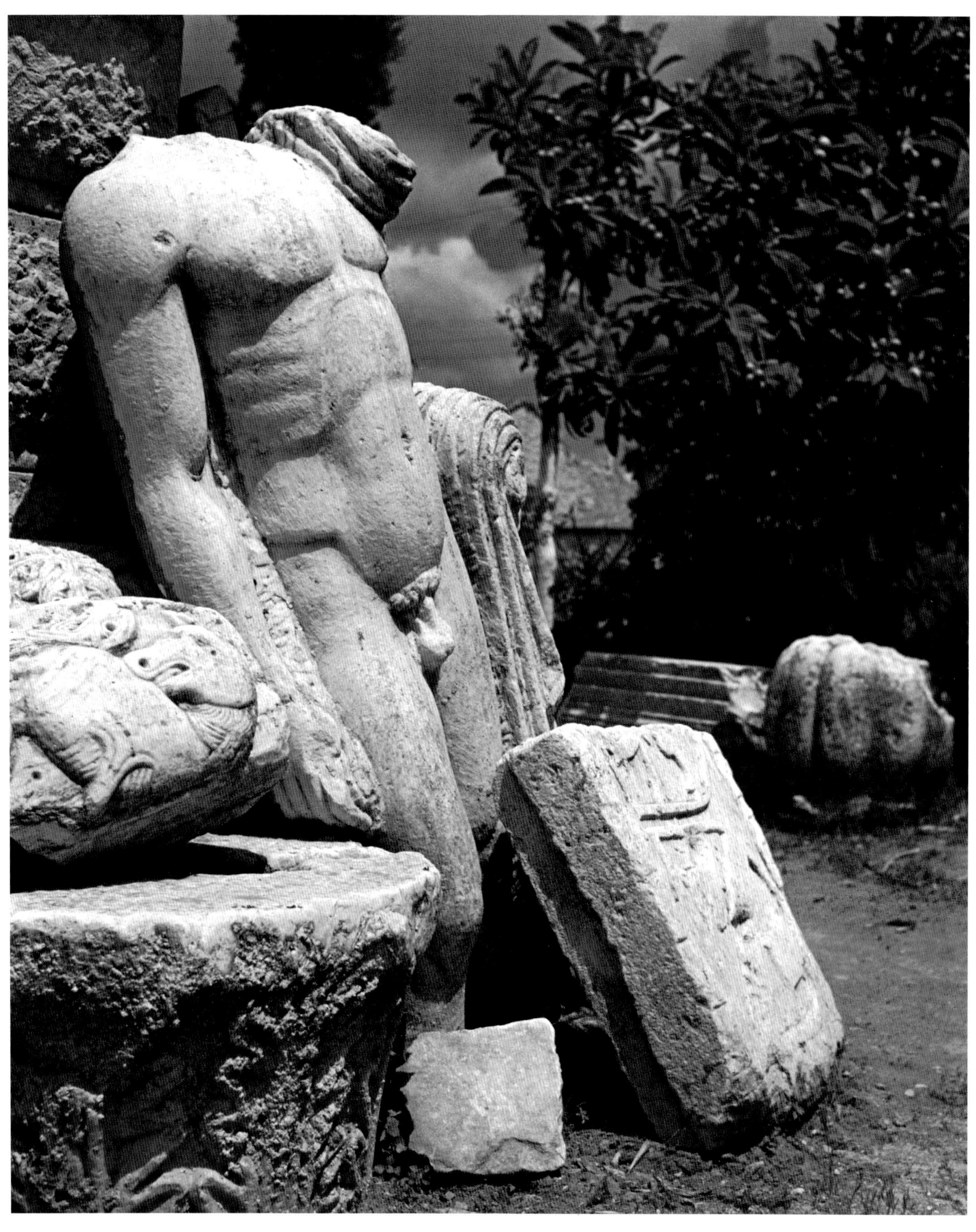

Torso nel giardino del museo di Ghalkis, isola di Evia, Grecia, 1937
Torso in museum garden, Ghalkis, Euboea Island, Greece, 1937
Torse dans le jardin du musée de Ghalkis, île d'Eubée, Grèce, 1937

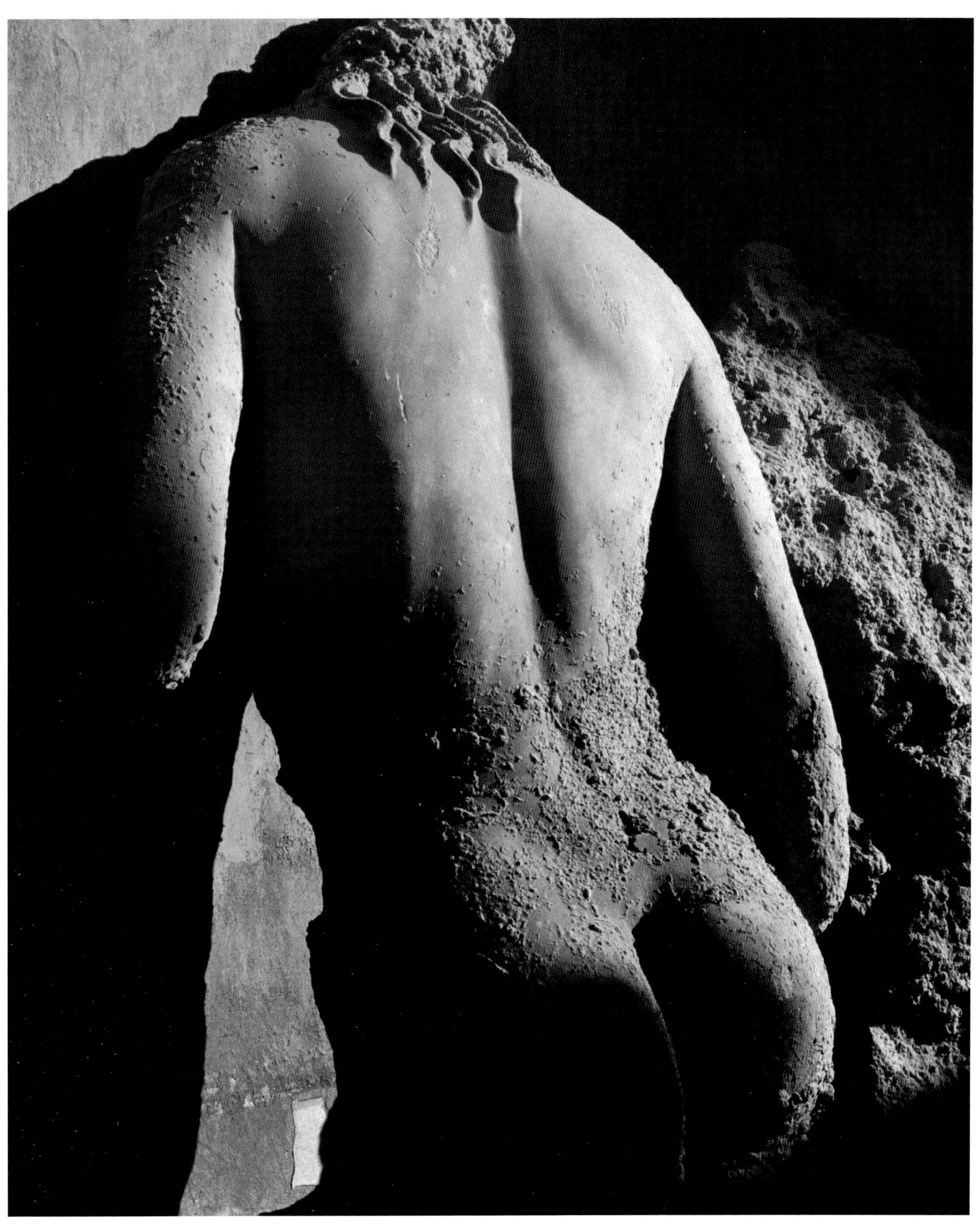

Statua in marmo da Antikythera I, Atene, Grecia, 1937
Marble statue from Antikythera I, Athens, Greece, 1937
Statue en marbre d'Anticythère I, Athènes, Grèce, 1937

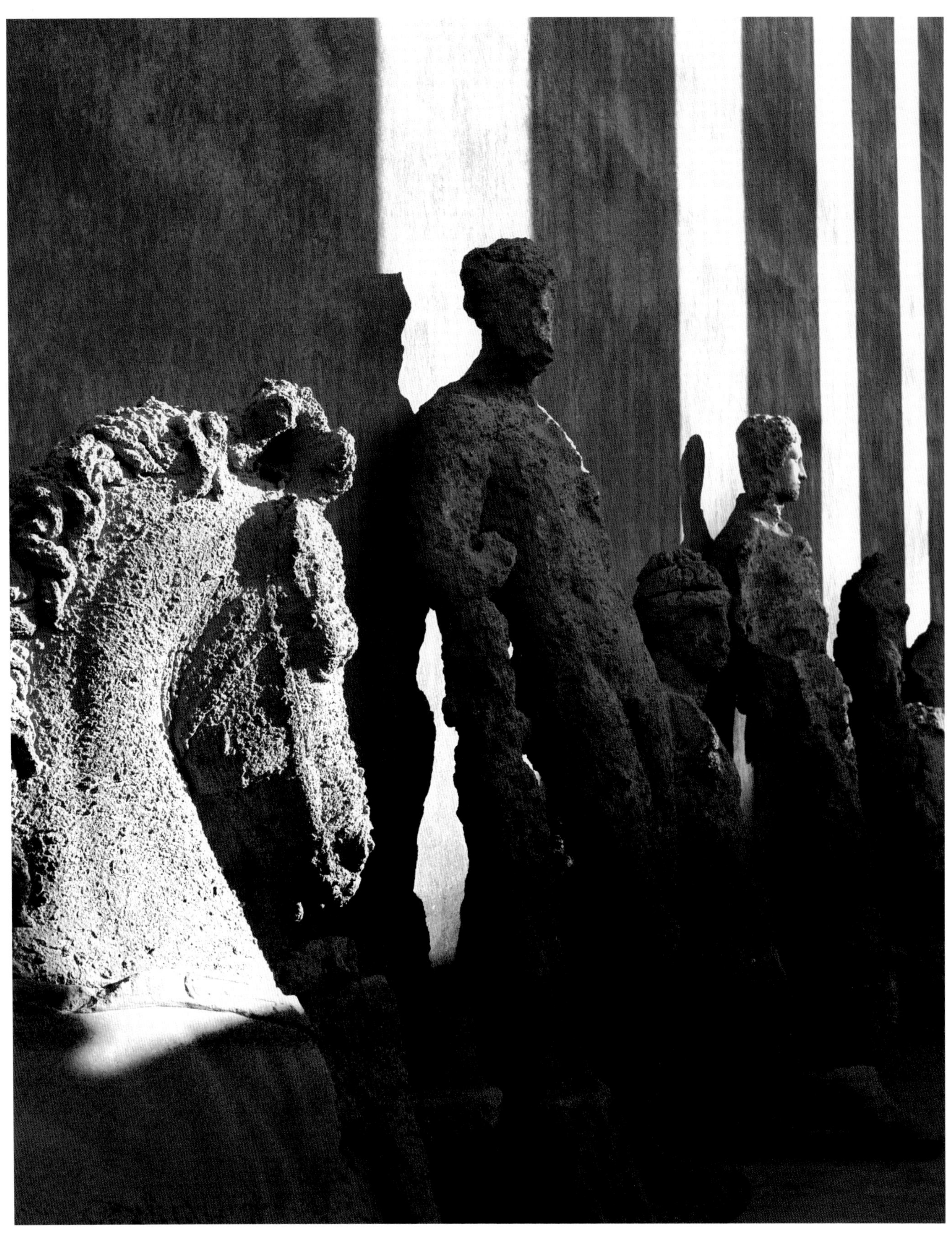

Statue recuperate dai pescatori presso l'isola di Antikythera, Museo nazionale, Atene, Grecia, 1937
Statues retrieved by fishermen near the island of Antikythera, National Museum, Athens, Greece, 1937
Statues récupérées par des pêcheurs près de l'île d'Anticythère, Musée national, Athènes, Grèce, 1937

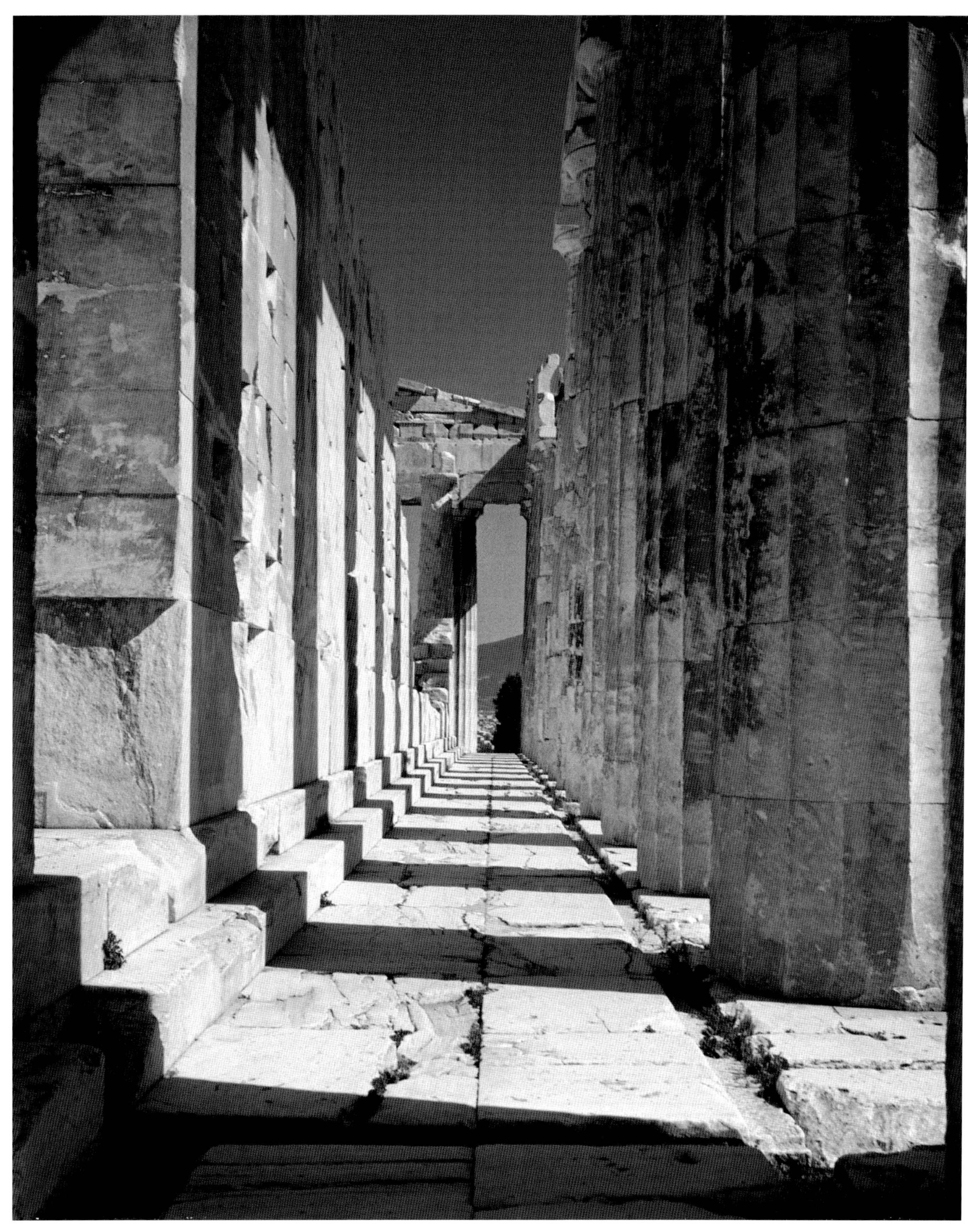

Portico del Partenone, Acropoli di Atene, Grecia, 1937
Parthenon portico, the Acropolis, Athens, Greece, 1937
Portique du Parthénon, L'Acropole, Athènes, Grèce, 1937

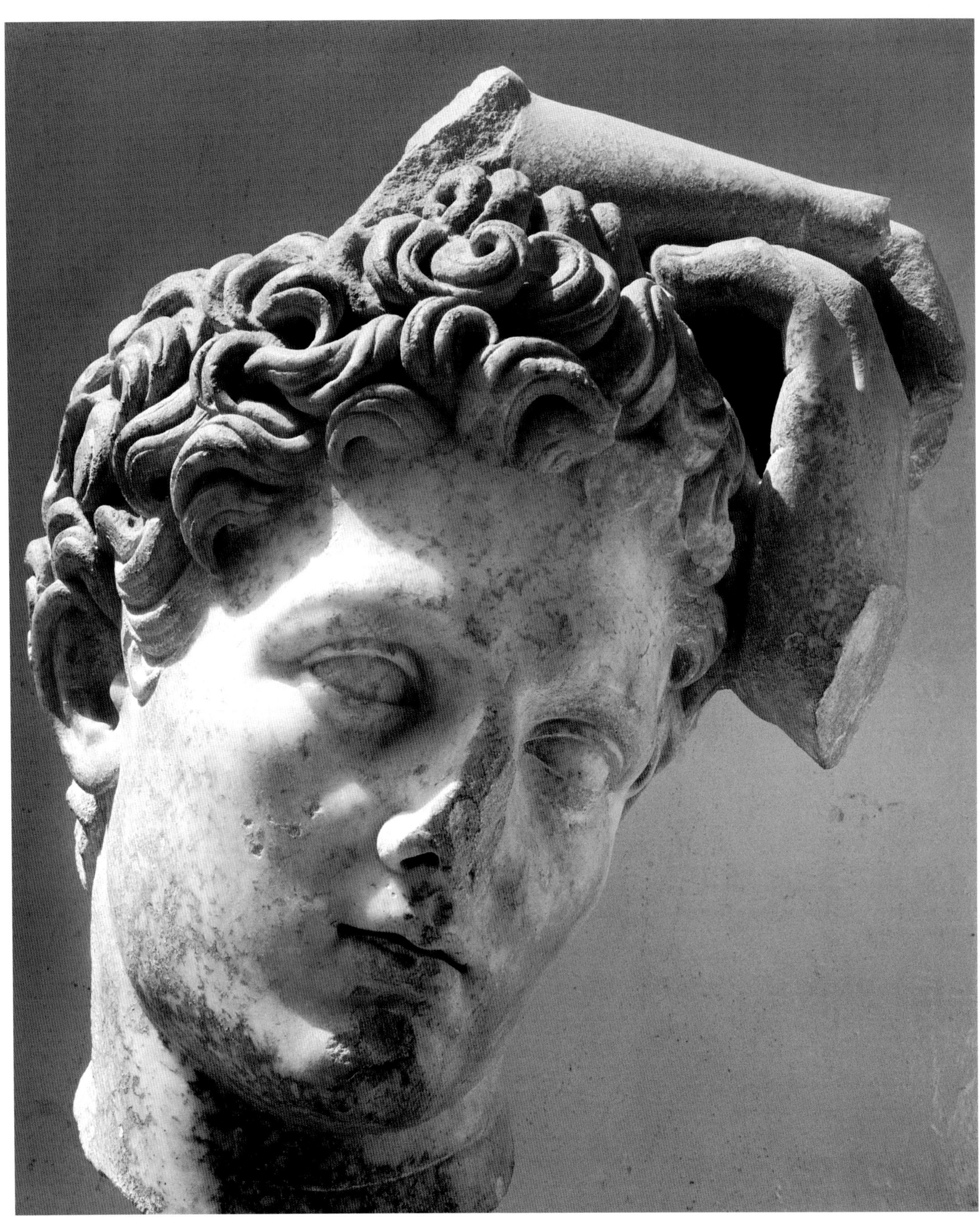

Testa classica di un giovane, Museo nazionale, Atene, Grecia, 1938 circa
Classical head of a youth, National Museum, Athens, Greece, circa 1938
Tête classique d'un jeune homme, Musée national, Athènes, Grèce, vers 1938

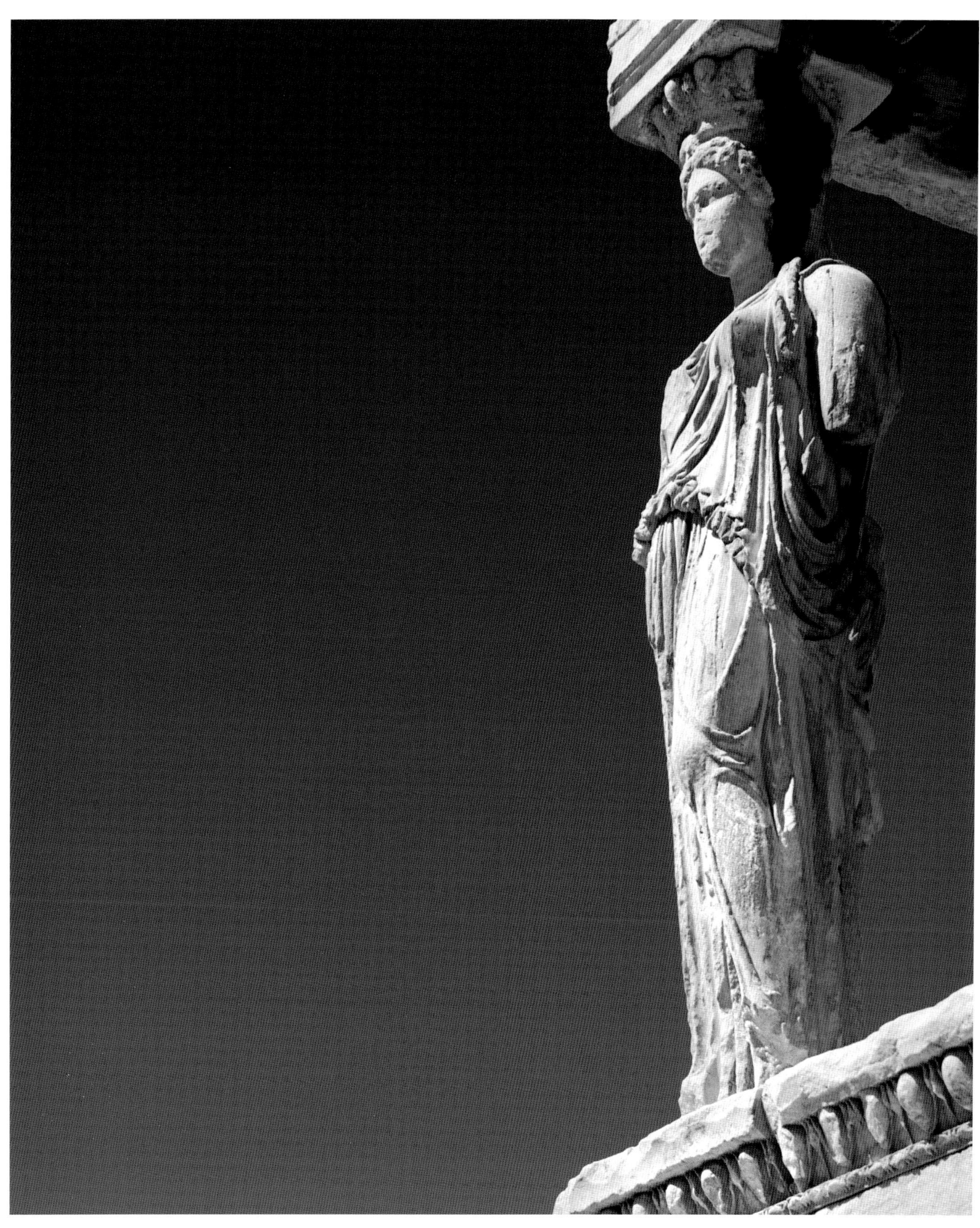

Cariatide dell'Eretteo, Acropoli di Atene, Grecia, 1937
Erechtheum caryatid, the Acropolis, Athens, Greece, 1937
Cariatide de l'Érechthéion, L'Acropole, Athènes, Grèce, 1937

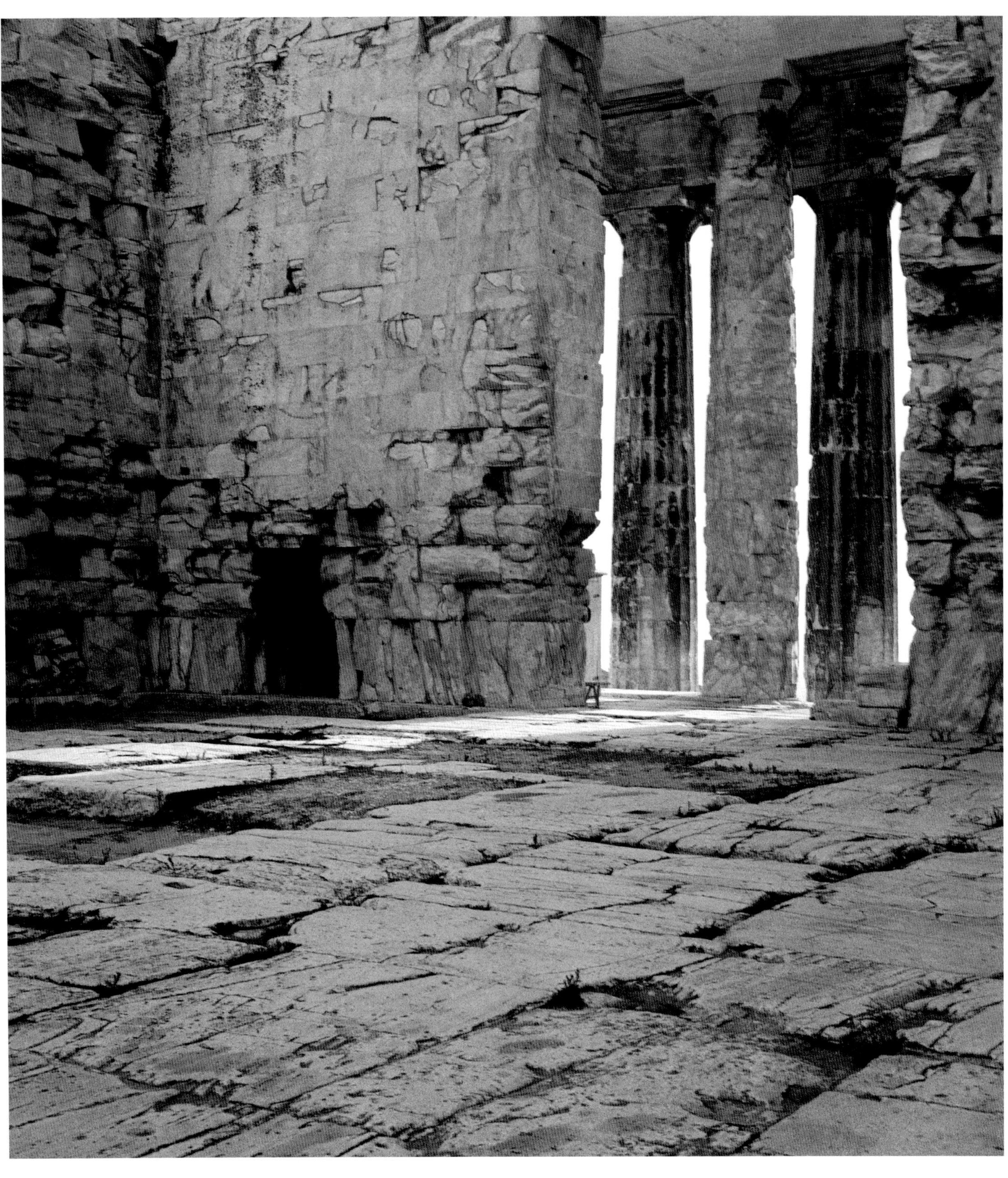

Interno del Partenone, Acropoli di Atene, Grecia, 1937
Parthenon interior, the Acropolis, Athens, Greece, 1937
Intérieur du Parthénon, L'Acropole, Athènes, Grèce, 1937

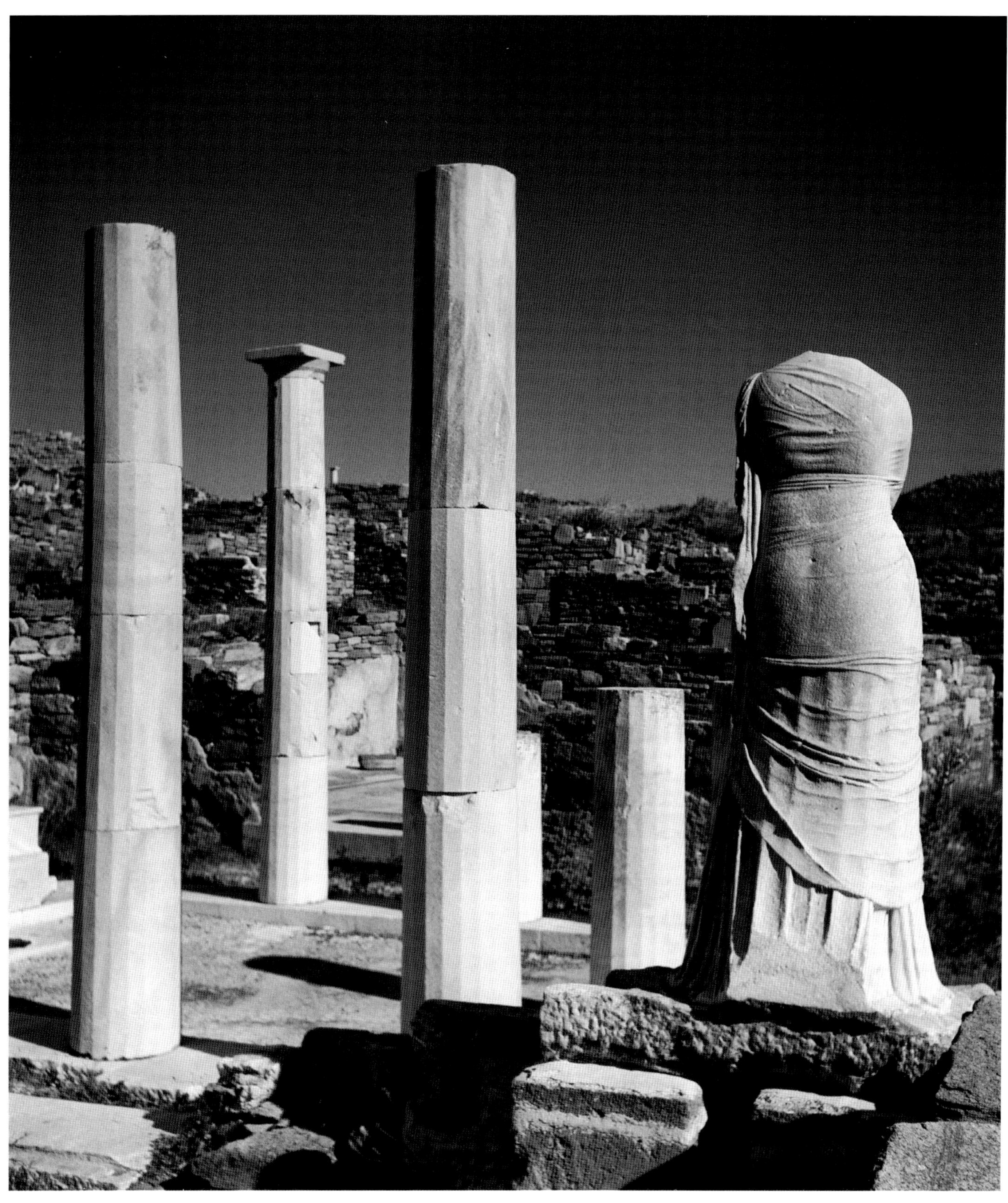

Casa e statua di Cleopatra, Delos, Grecia, 1937
House and statue of Cleopatra, Delos, Greece, 1937
Maison et statue de Cléopâtre, Délos, Grèce, 1937

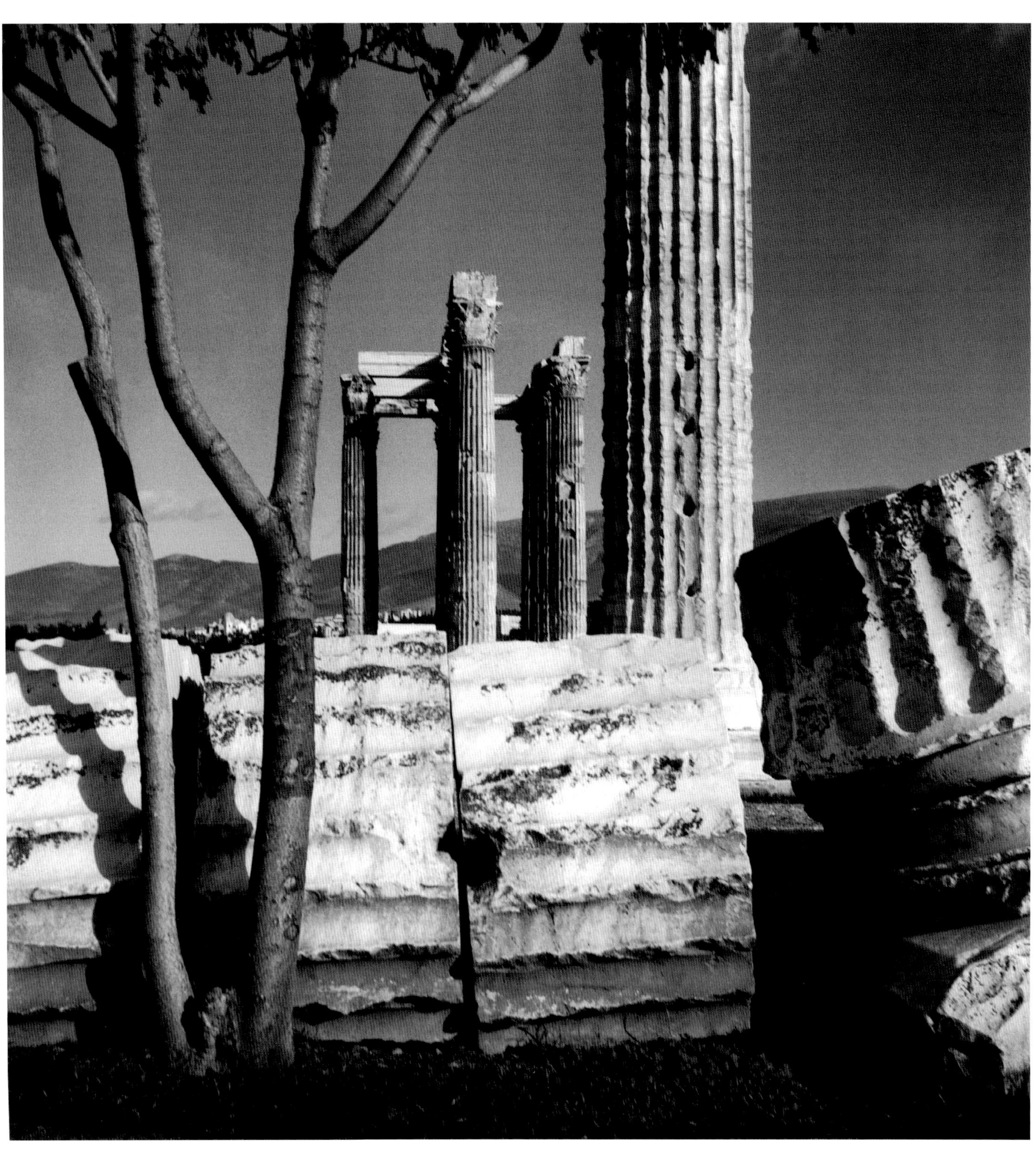

Tempio di Zeus Olimpio, Atene, Grecia, 1937
Temple of Olympian Zeus, Athens, Greece, 1937
Temple de Zeus Olympien, Athènes, Grèce, 1937

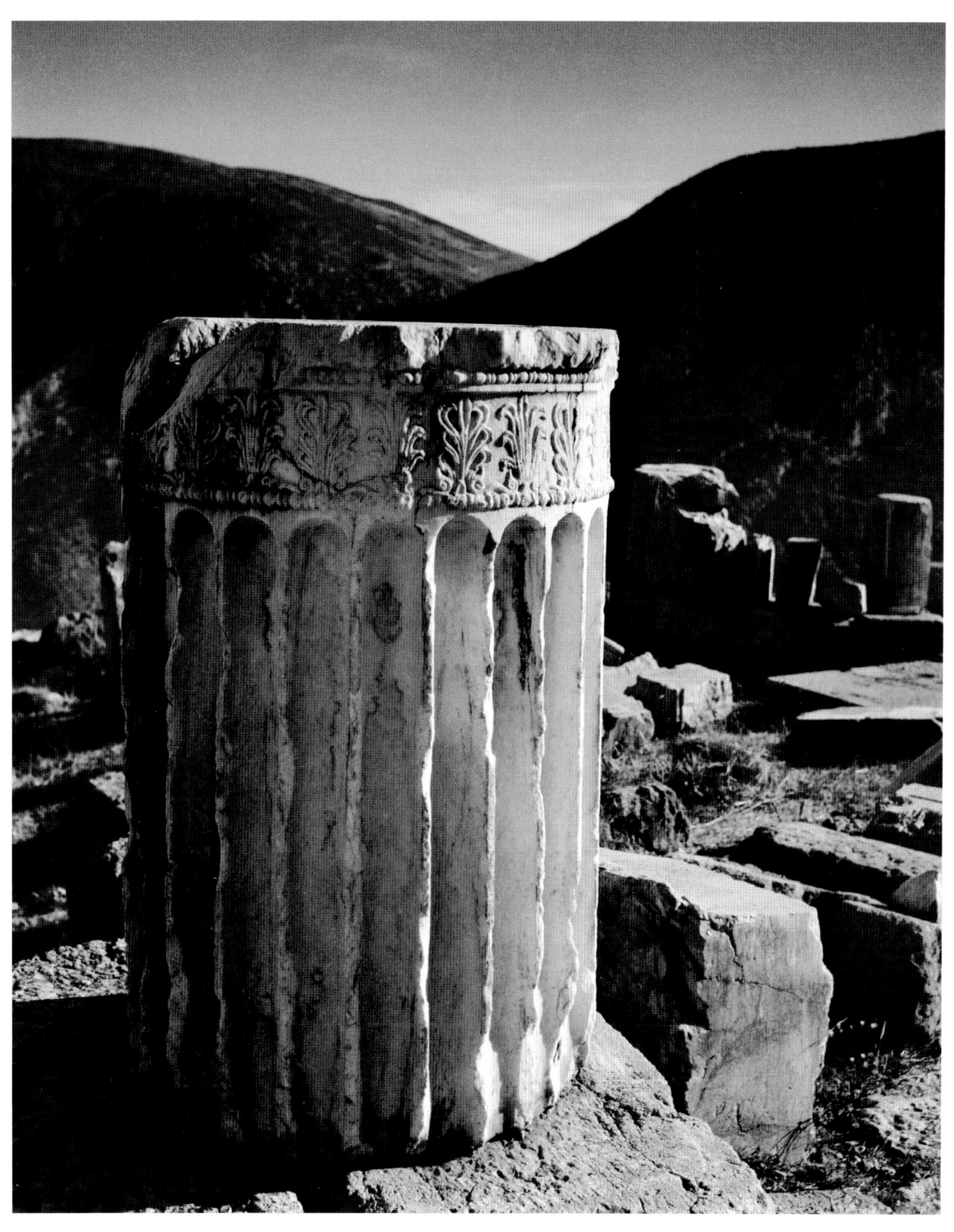

Tamburo di colonna, Delfi, Peloponneso, Grecia, 1937
Column drum, Delphi, Peloponnese, Greece, 1937
Tambour de colonne, Delphes, Péloponnèse, Grèce, 1937

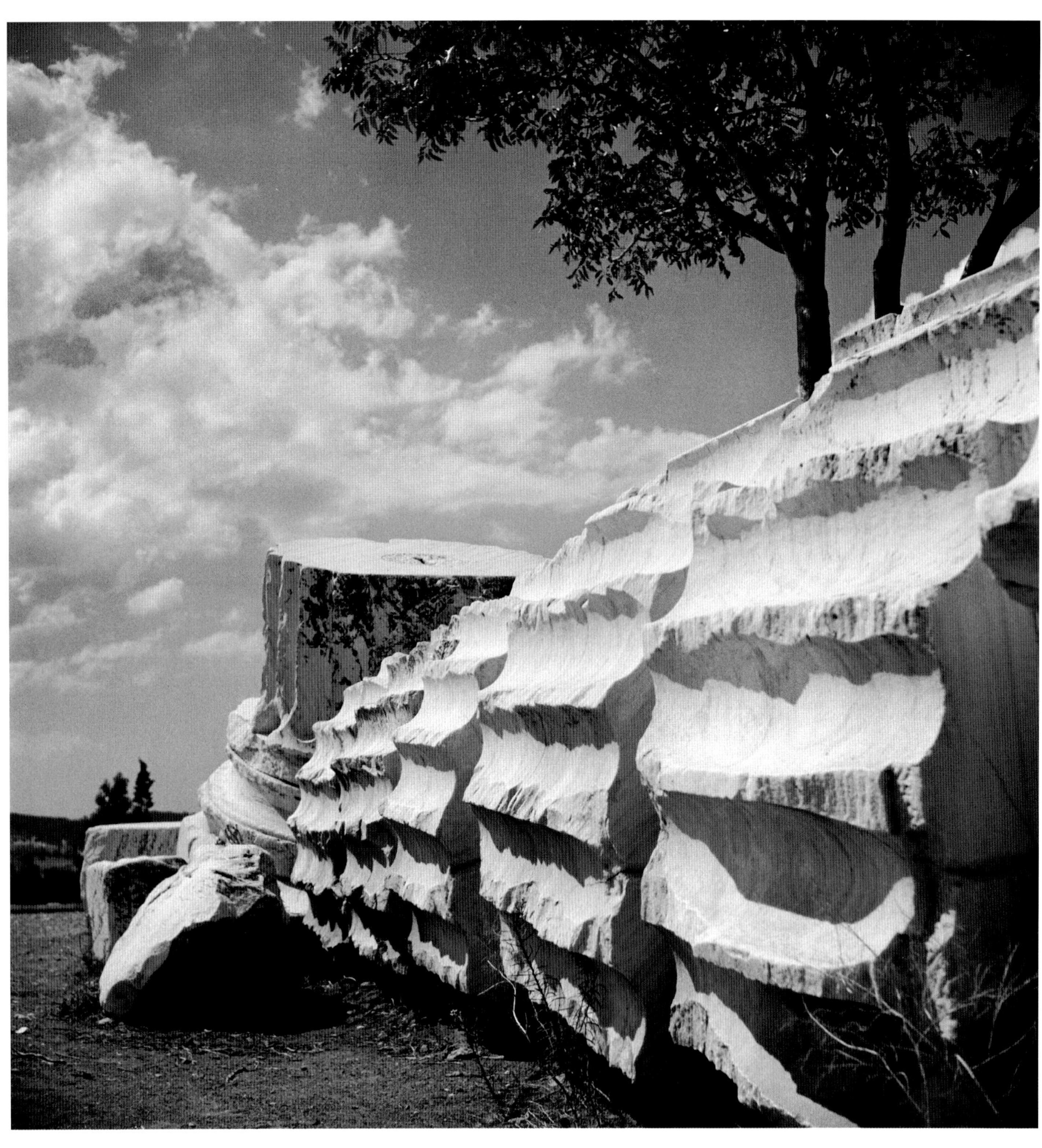

Tamburi di colonna, Tempio di Zeus Olimpio, Atene, Grecia, 1937
Column drums, Temple of Olympian Zeus, Athens, Greece, 1937
Tambours de colonnes, Temple de Zeus Olympien, Athènes, Grèce, 1937

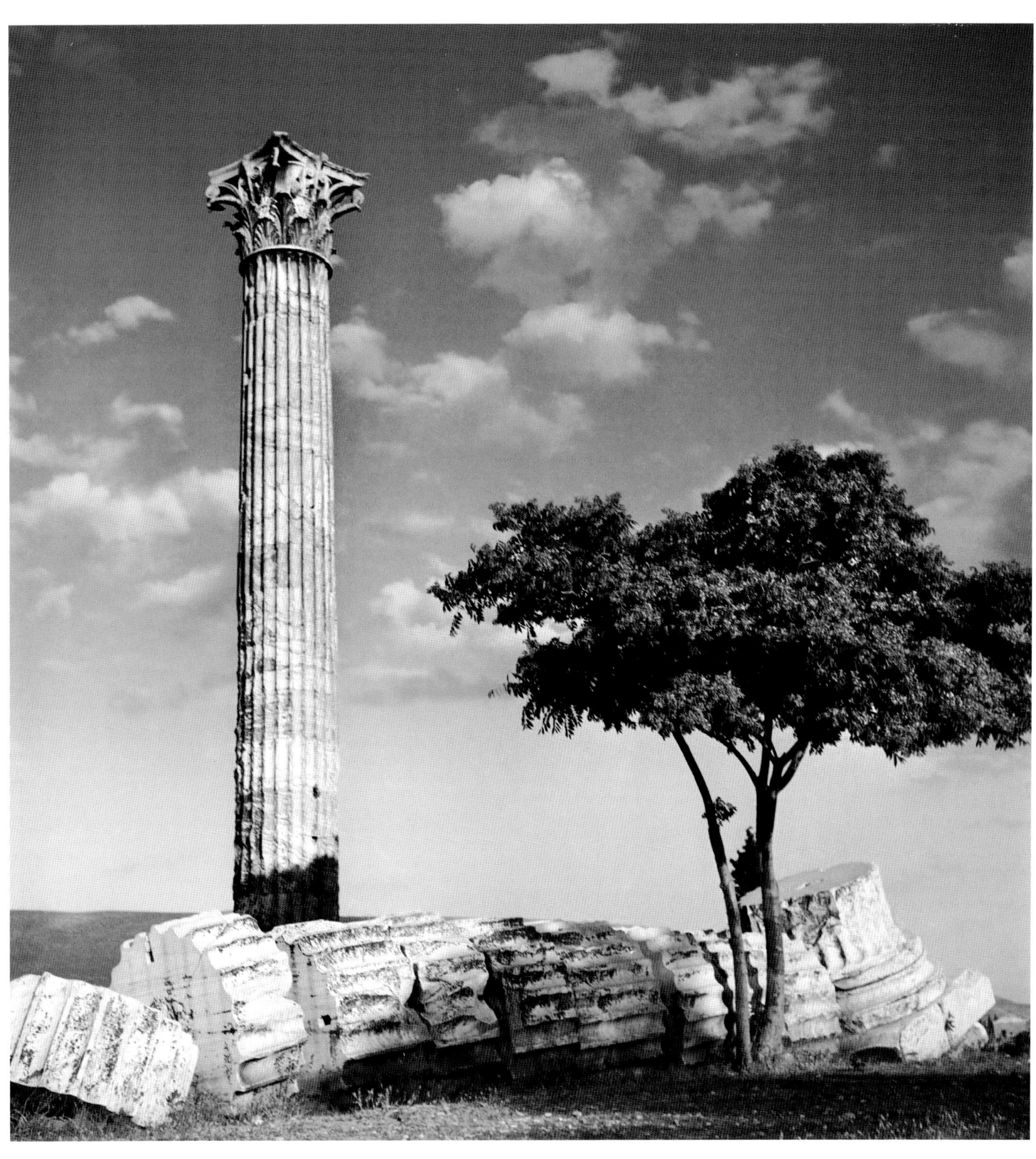

Tempio di Zeus Olimpio, Atene, Grecia, 1937
Temple of Olympian Zeus, Athens, Greece, 1937
Temple de Zeus Olympien, Athènes, Grèce, 1937

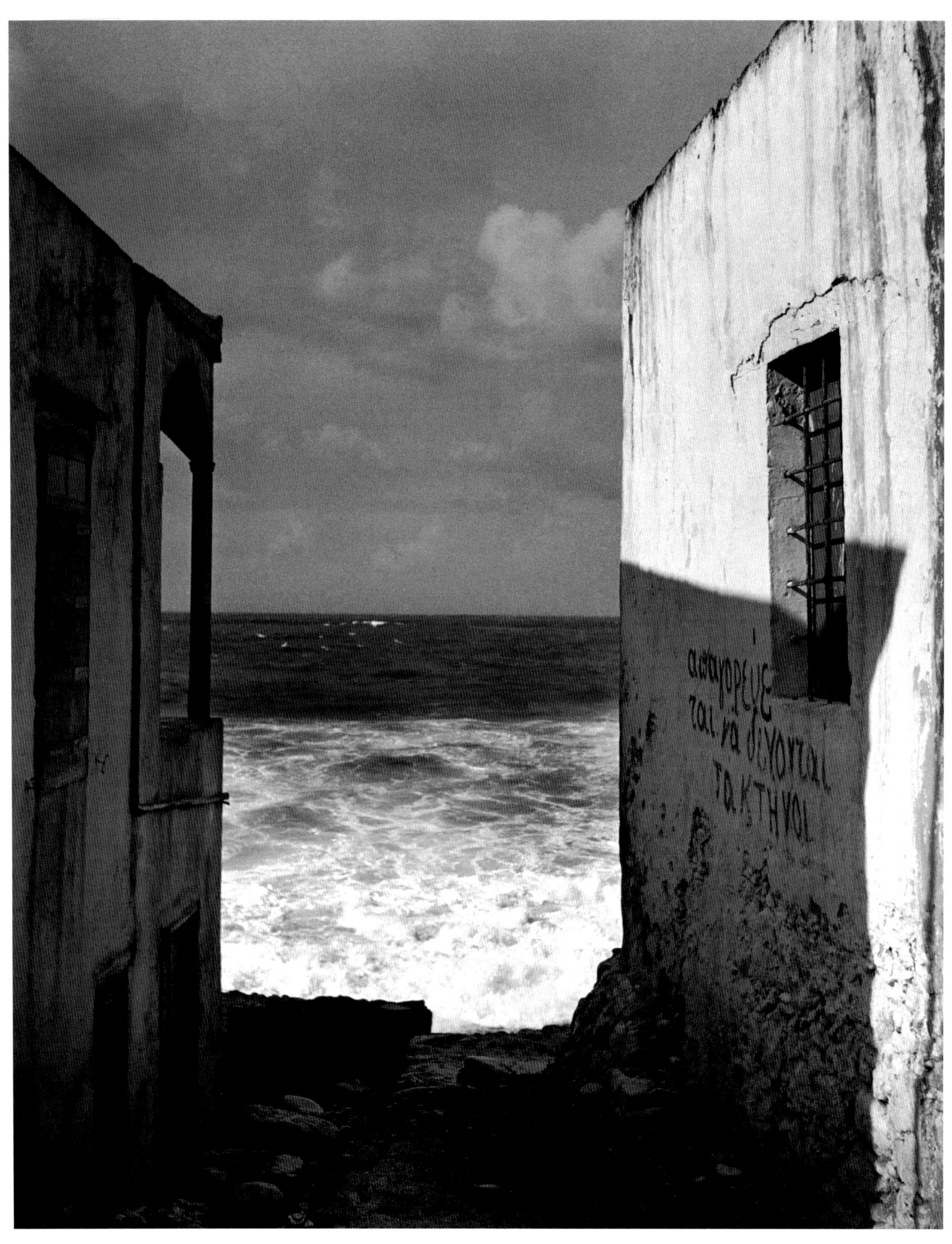

Nei pressi di Heraklion, Creta, Grecia, 1937
Near Heraklion, Crete, Greece, 1937
Près d'Héraklion, Crète, Grèce, 1937

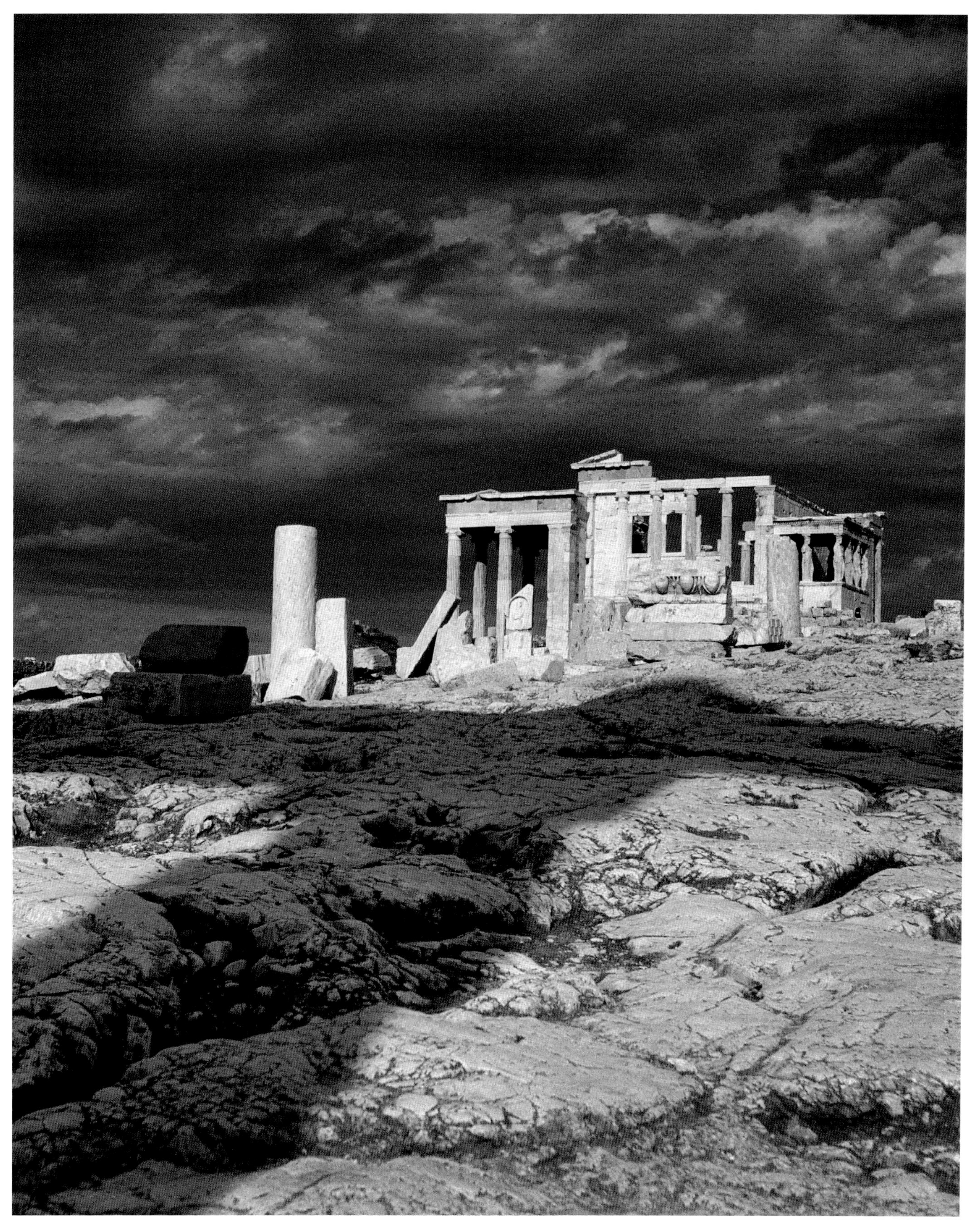

Eretteo con l'ombra dei Propilei, Acropoli di Atene, Grecia, 1937
Erechtheum with shadows of Propylaea, the Acropolis, Athens, Greece, 1937
L'Érechthéion avec l'ombre des Propylées, L'Acropole, Athènes, Grèce, 1937

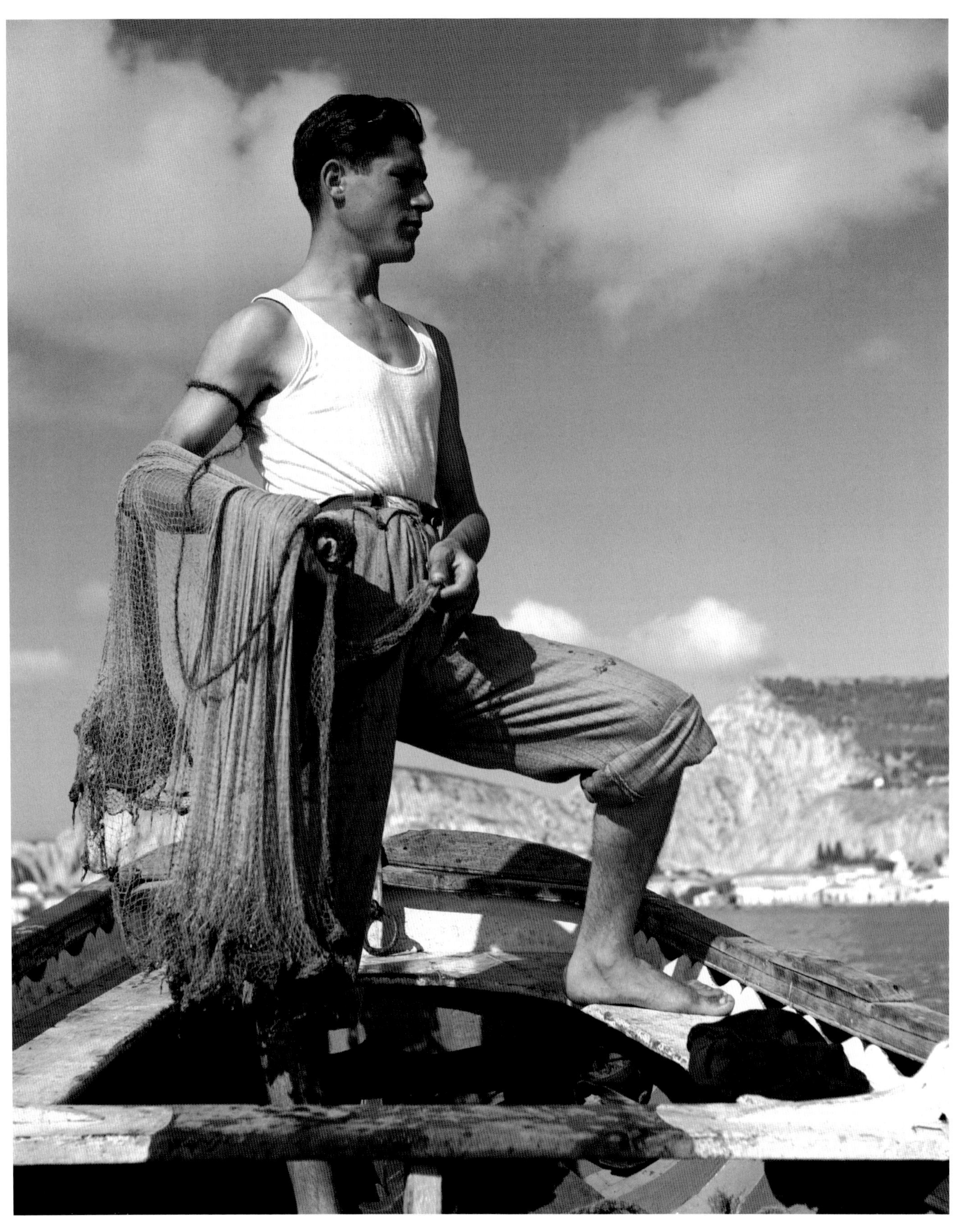

Pescatore, isola di Naxos, Cicladi, Grecia, 1938
Fisherman, Island of Naxos, Cyclades, Greece, 1938
Pêcheur, île de Naxos, Cyclades, Grèce, 1938

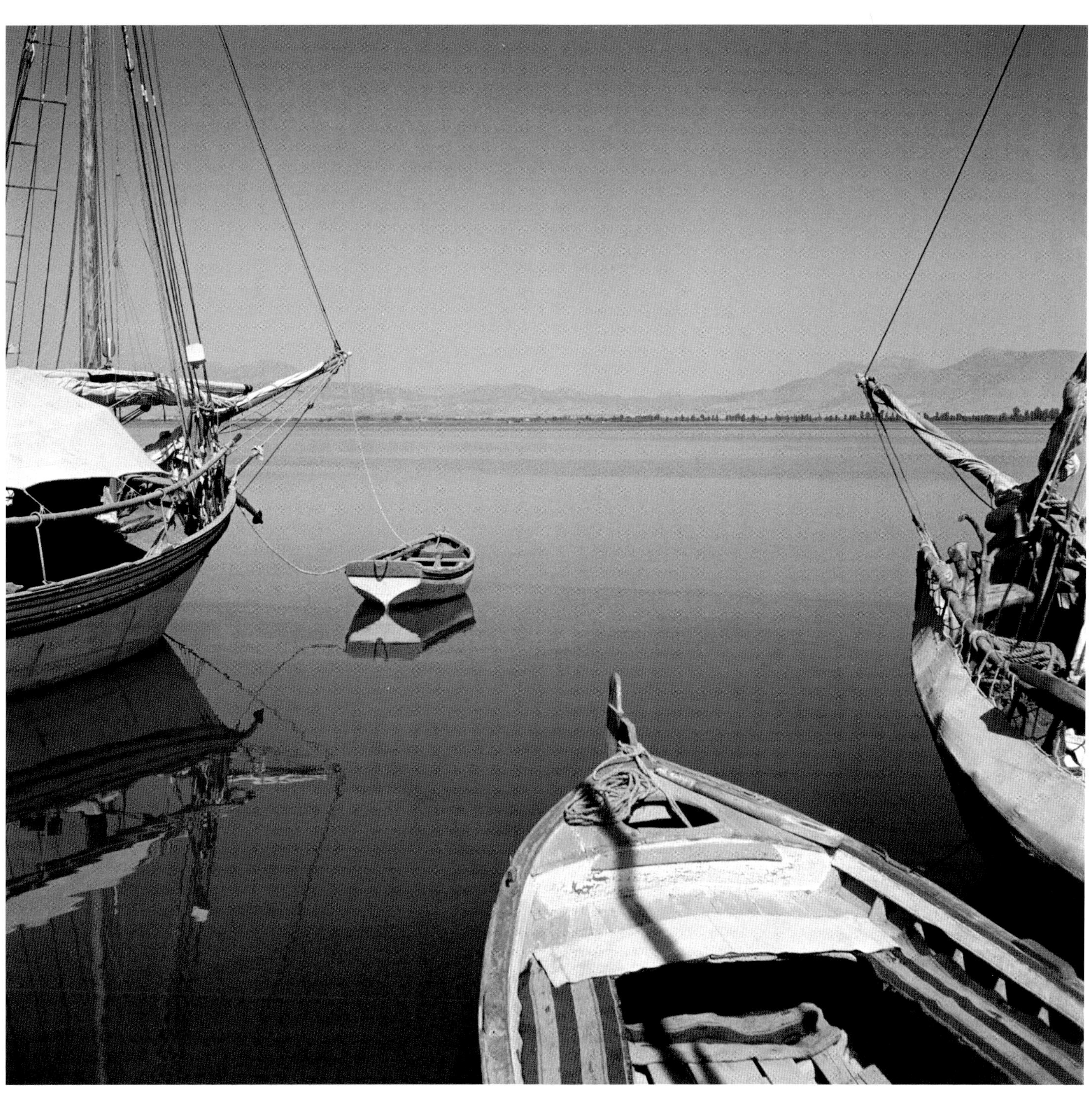

Nauplia, Peloponneso, Grecia, 1938
Nauplie, Peloponnese, Greece, 1938
Nauplie, Péloponnèse, Grèce, 1938

Ritti con la canna da pesca, lago di Lucerna, Svizzera, 1937
Ritti with fishing rod, Lake Lucerne, Switzerland, 1937
Ritti avec une canne à pêche, lac de Lucerne, Suisse, 1937

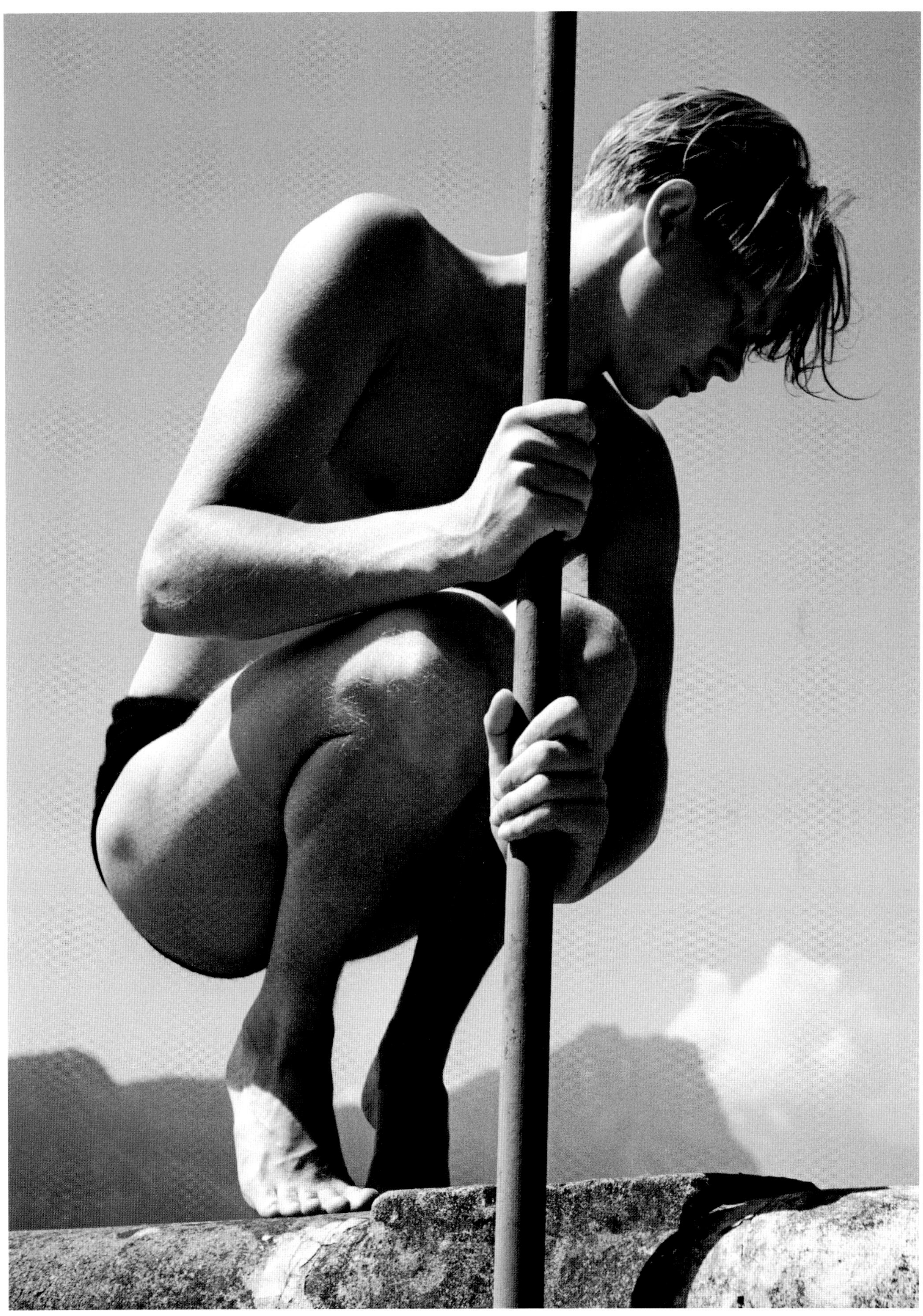

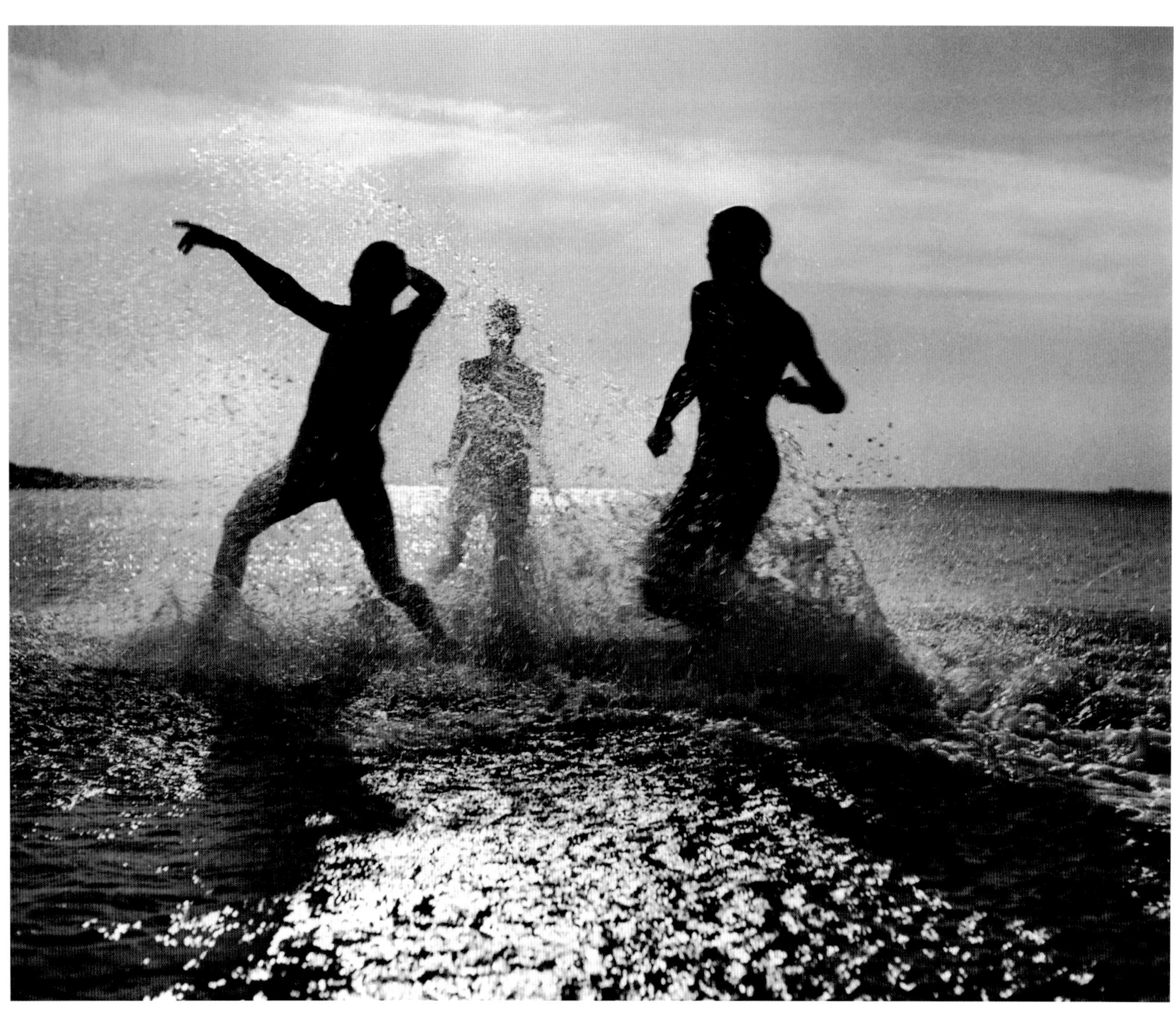

Giochi d'acqua I, mare del Nord, Germania, 1934
Water games I, North Sea, Germany, 1934
Jeux d'eau I, mer du Nord, Allemagne, 1934

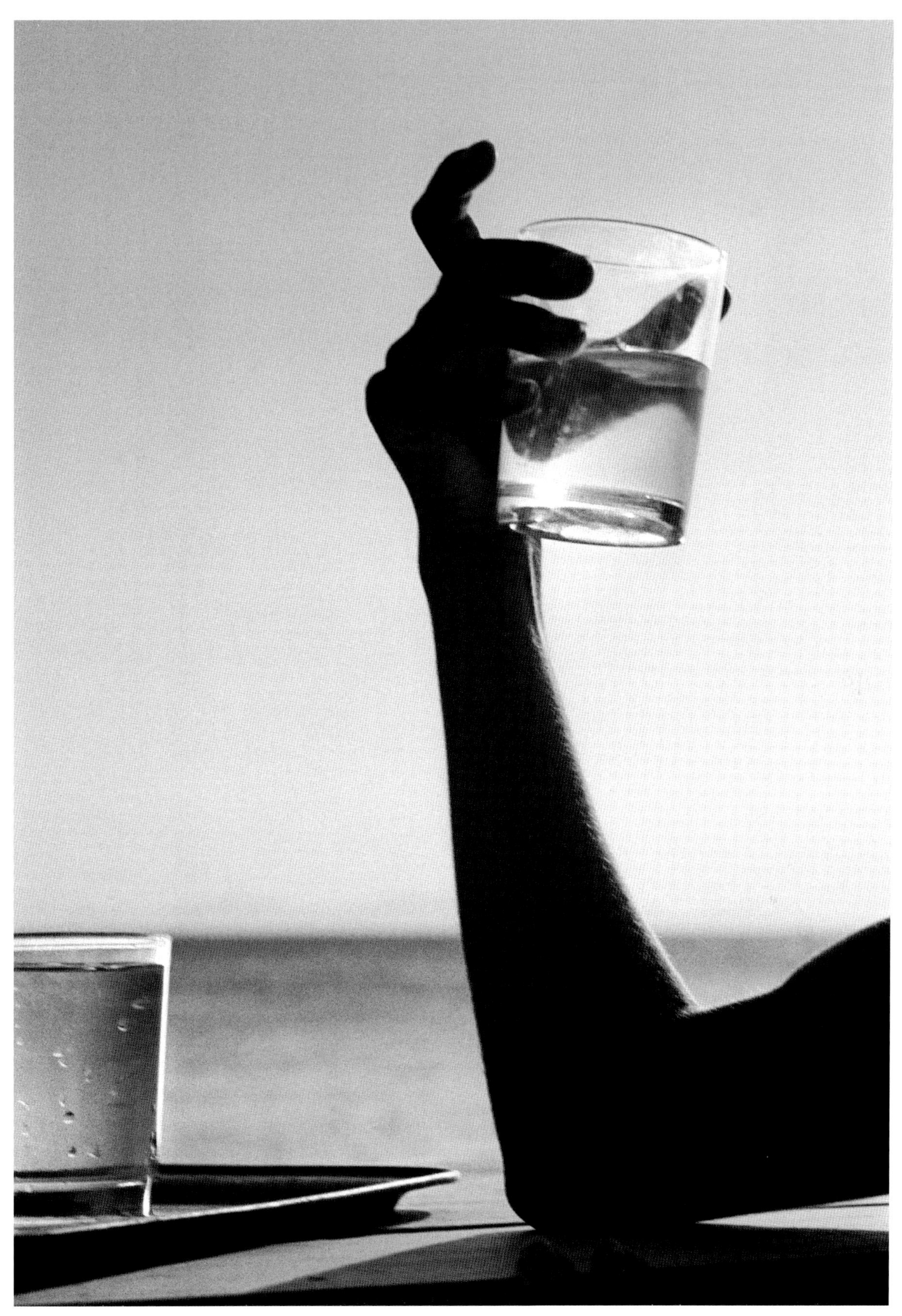

Sete, Phaleron, Peloponneso, Grecia, 1939
Thirst, Phaleron, Peloponnese, Greece, 1939
Soif, Phaléron, Péloponnèse, Grèce, 1939

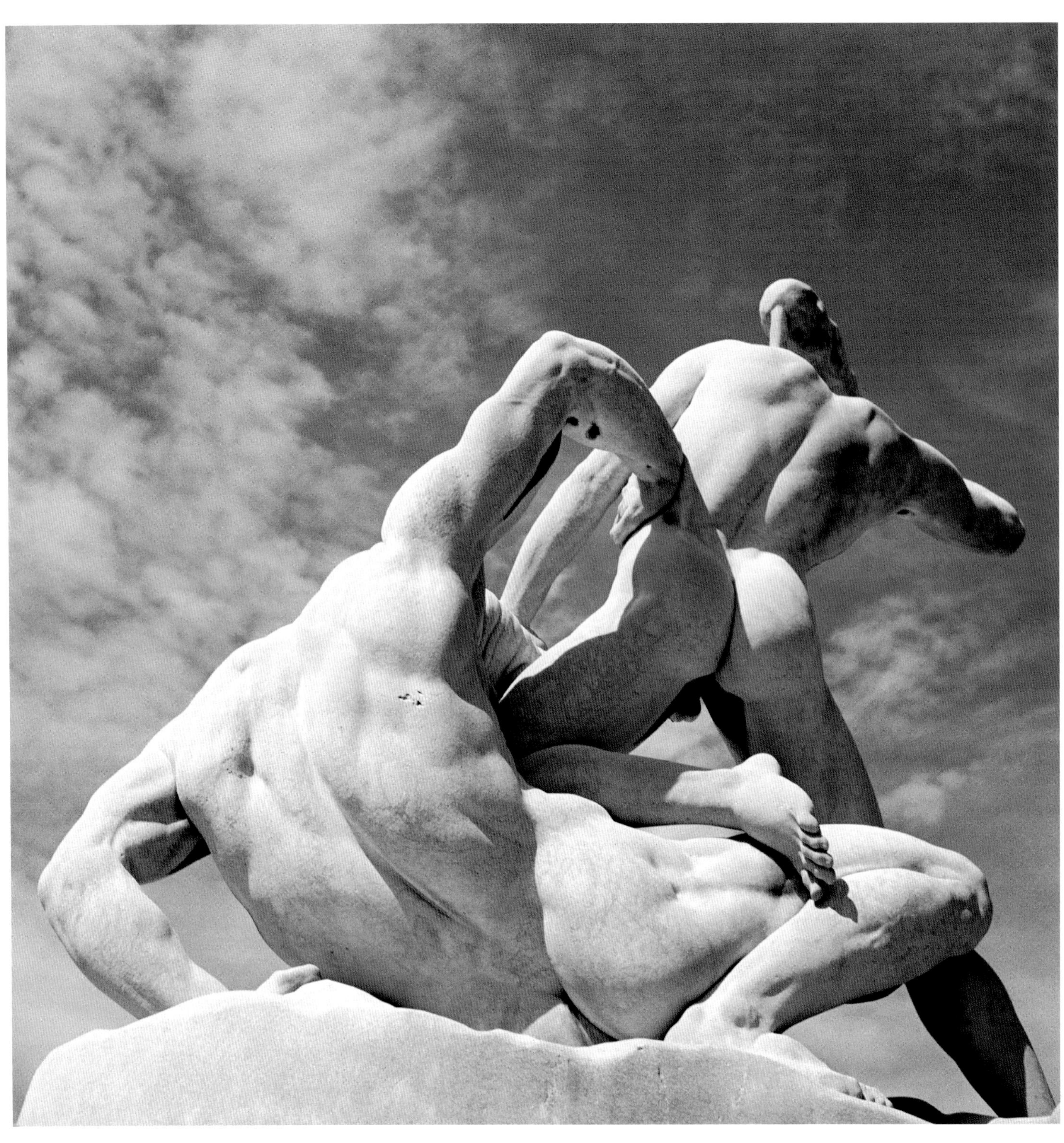

Teseo e il Minotauro, giardini delle Tuileries, Parigi, Francia, 1936
Theseus and the Minotaur, The Tuileries garden, Paris, France, 1936
Thésée et le Minotaure, Jardin des Tuileries, Paris, France, 1936

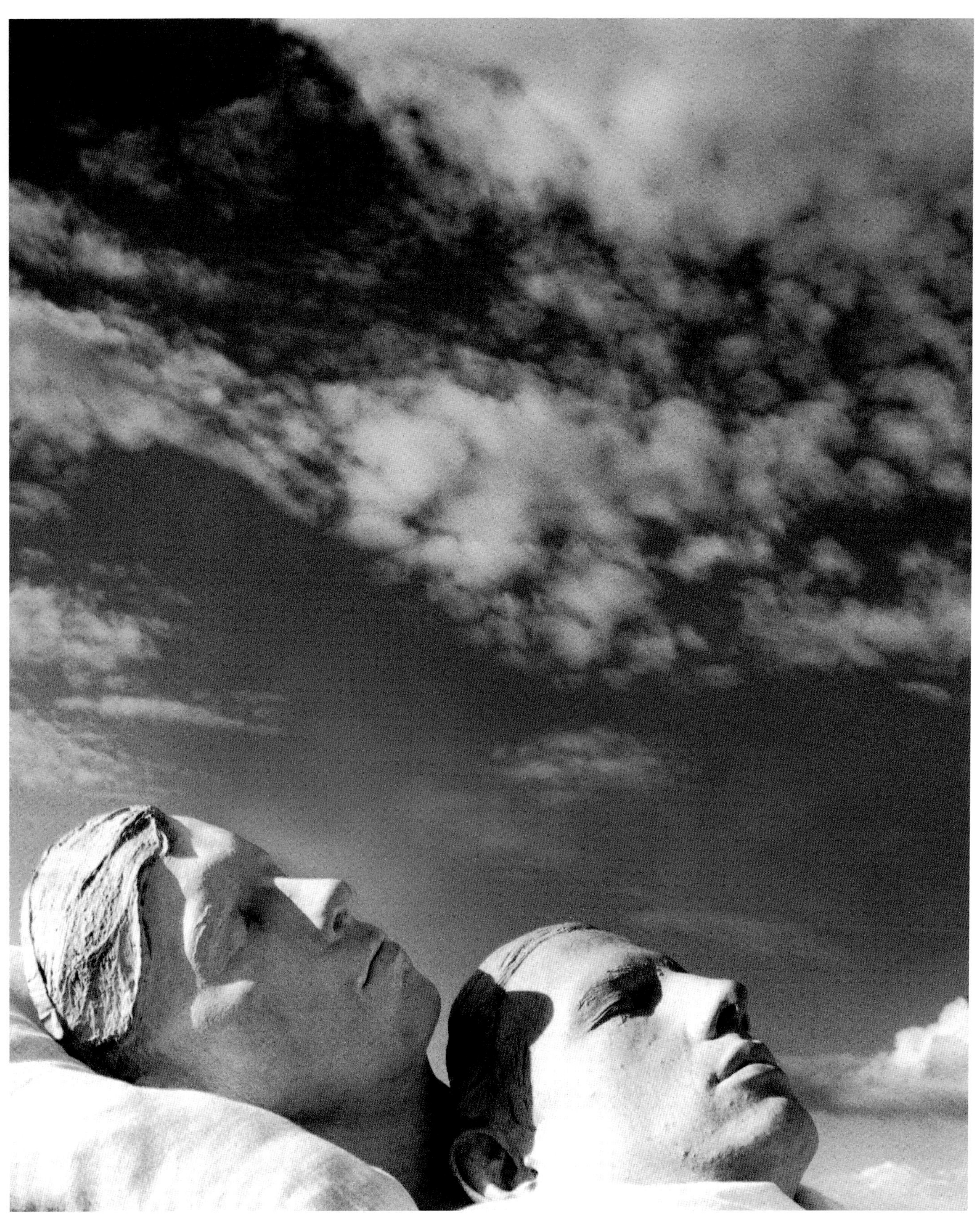

Maschere di gesso I, isola di Santorini, Cicladi, Grecia, 1937
Plaster masks I, Cyclades, Santorini Island, Greece, 1937
Masques en plâtre I, Cyclades, île de Santorin, Grèce, 1937

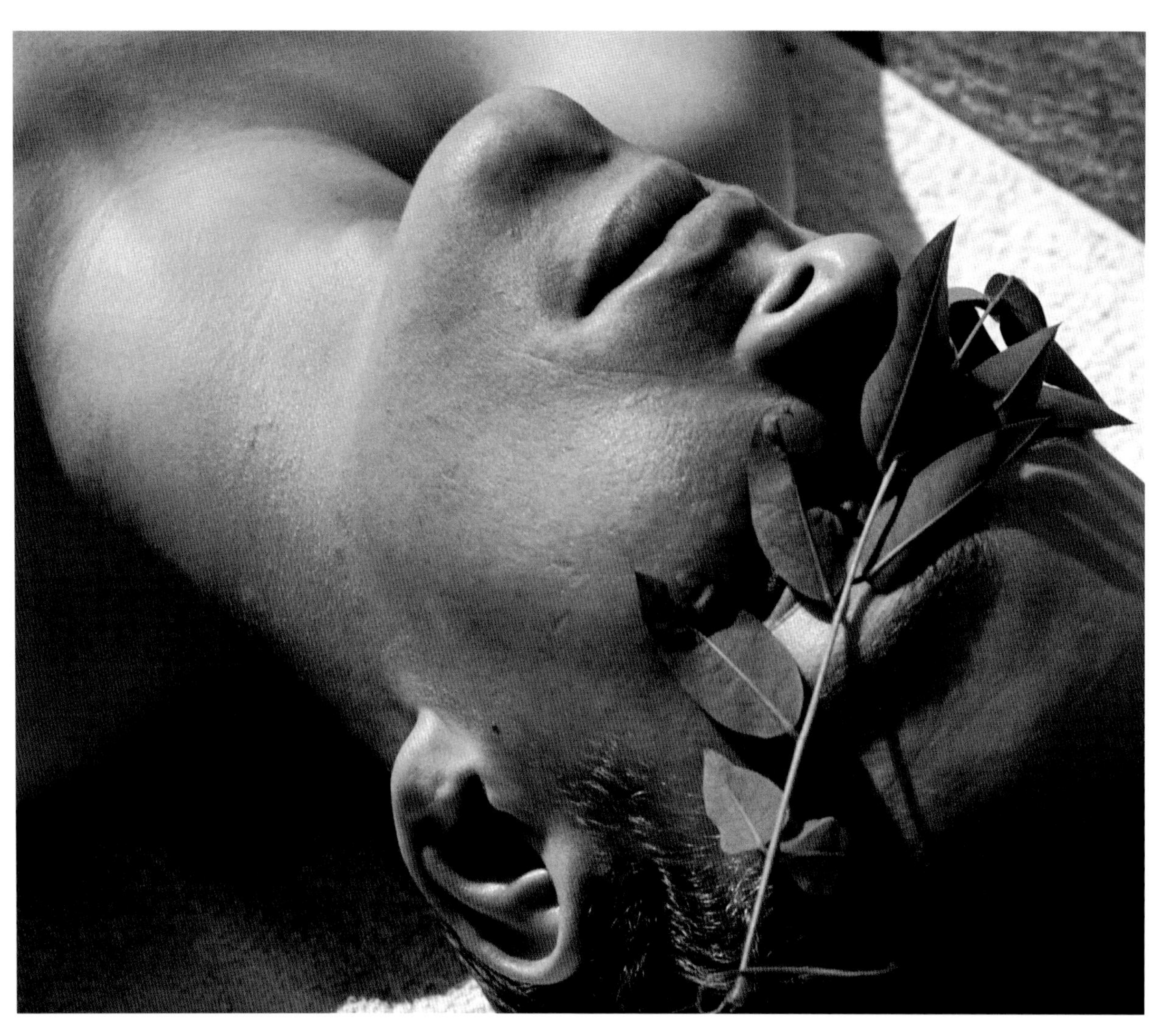

Giovane con un ramo d'alloro sugli occhi, Atene, Grecia, 1936 circa
Young man with laurel over the eyes, Athens, Greece, circa 1936
Jeune homme avec une branche de laurier sur les yeux, Athènes, Grèce, vers 1936

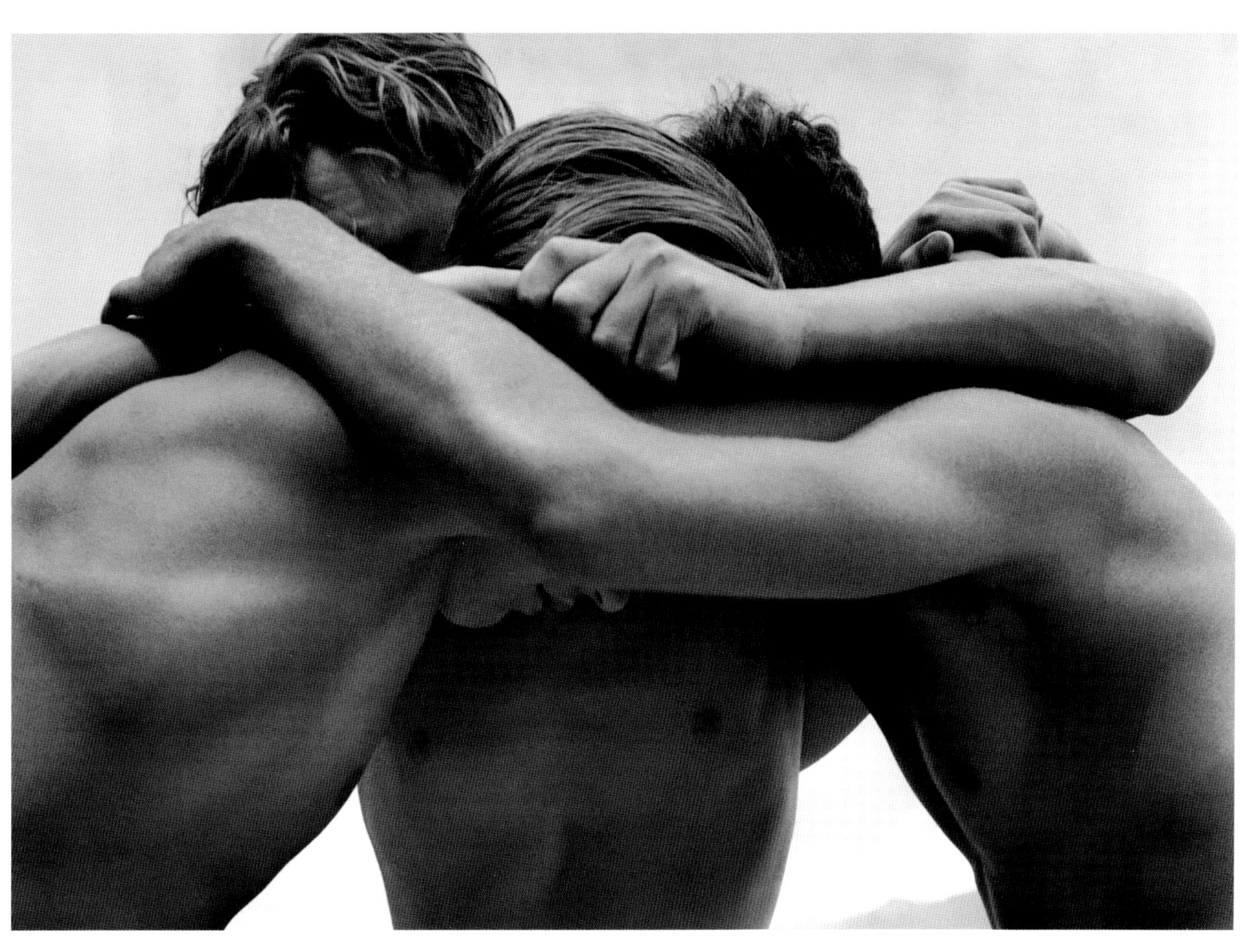

Lotta di giovani I, mar Baltico, Germania, 1933
Wrestling youths I, Baltic Sea, Germany, 1933
Garçons luttant I, mer Baltique, Allemagne, 1933

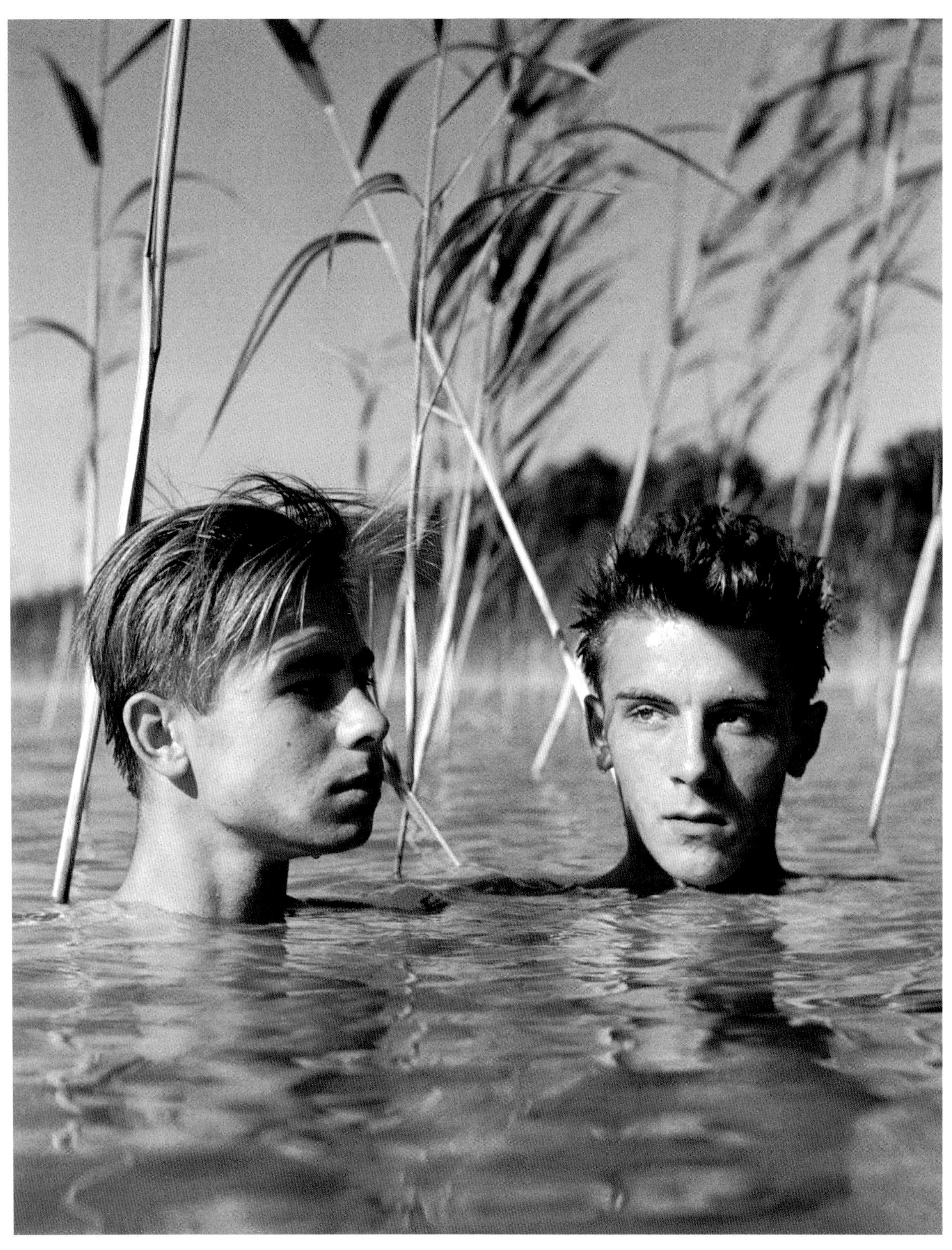

Bagno rinfrescante, Sankt Heinrich, Germania, 1950
Cooling off, Sankt Heinrich, Germany, 1950
Apaisement, Sankt Heinrich, Allemagne, 1950

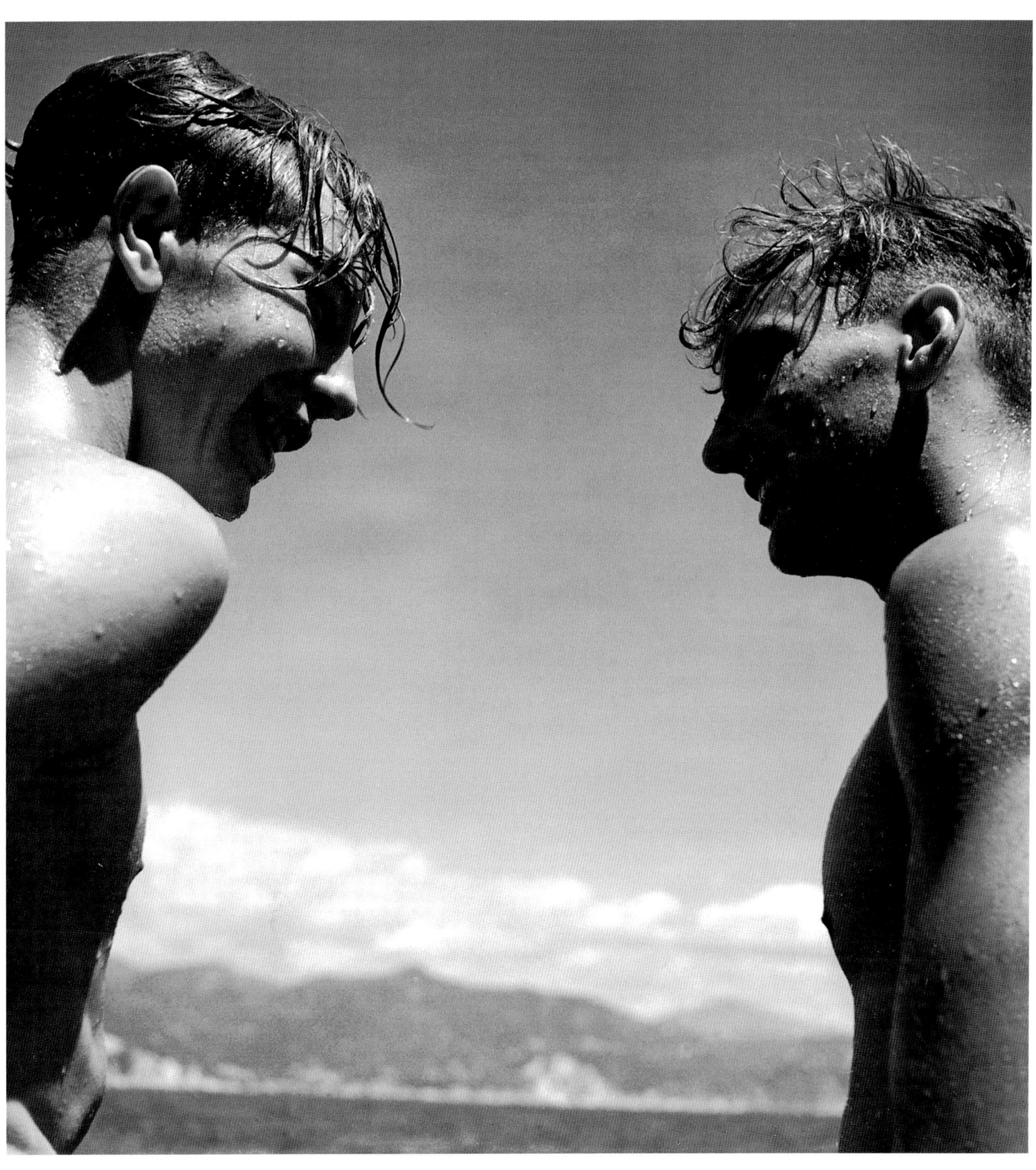

Buoni amici, Liguria, Italia, 1936
Good friends, Liguria, Italy, 1936
Bons amis, Ligurie, Italie, 1936

Flirt a Capri I, Capri, Italia, 1935
Capri flirt I, Capri, Italy, 1935
Flirt à Capri I, Capri, Italie, 1935

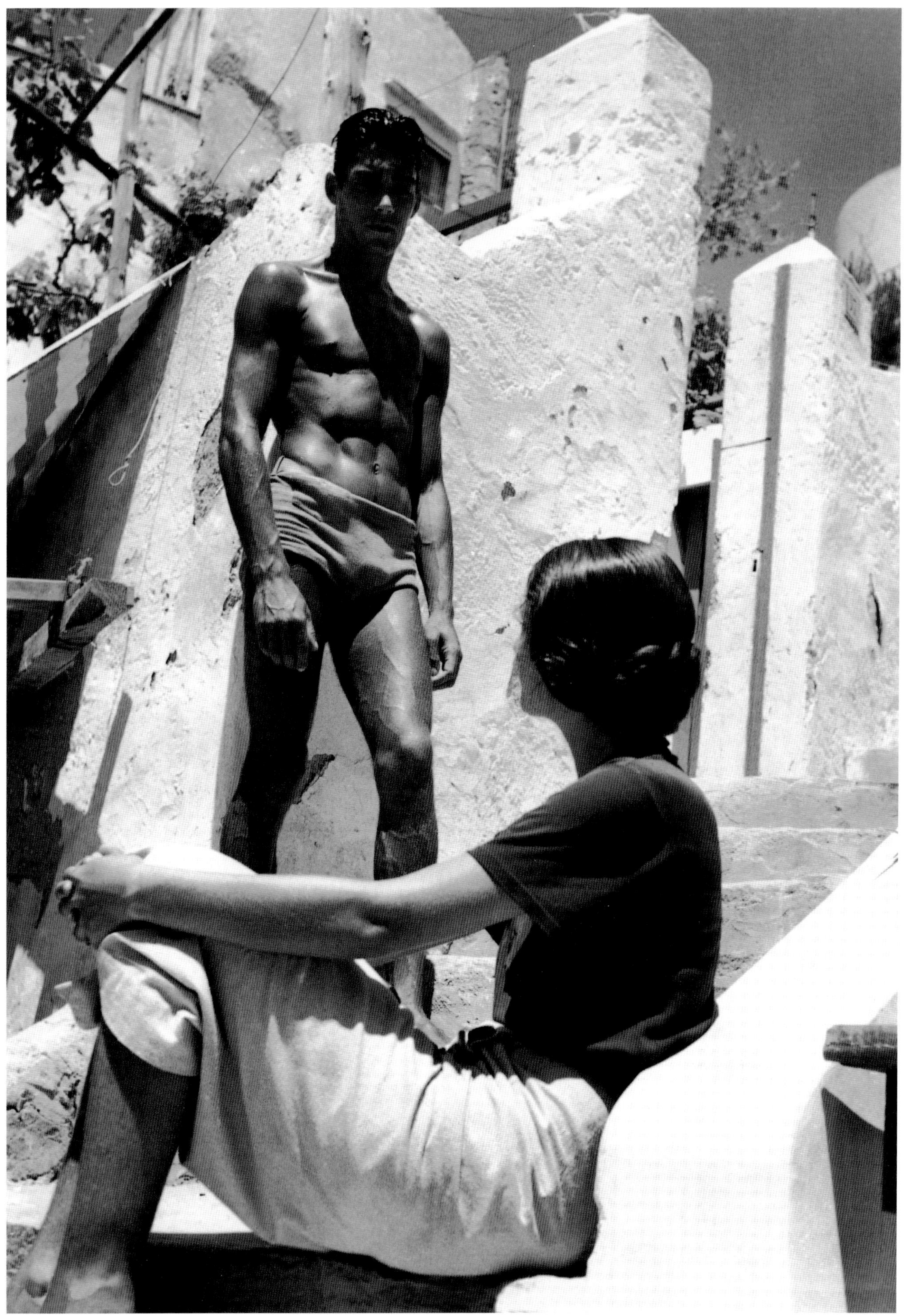

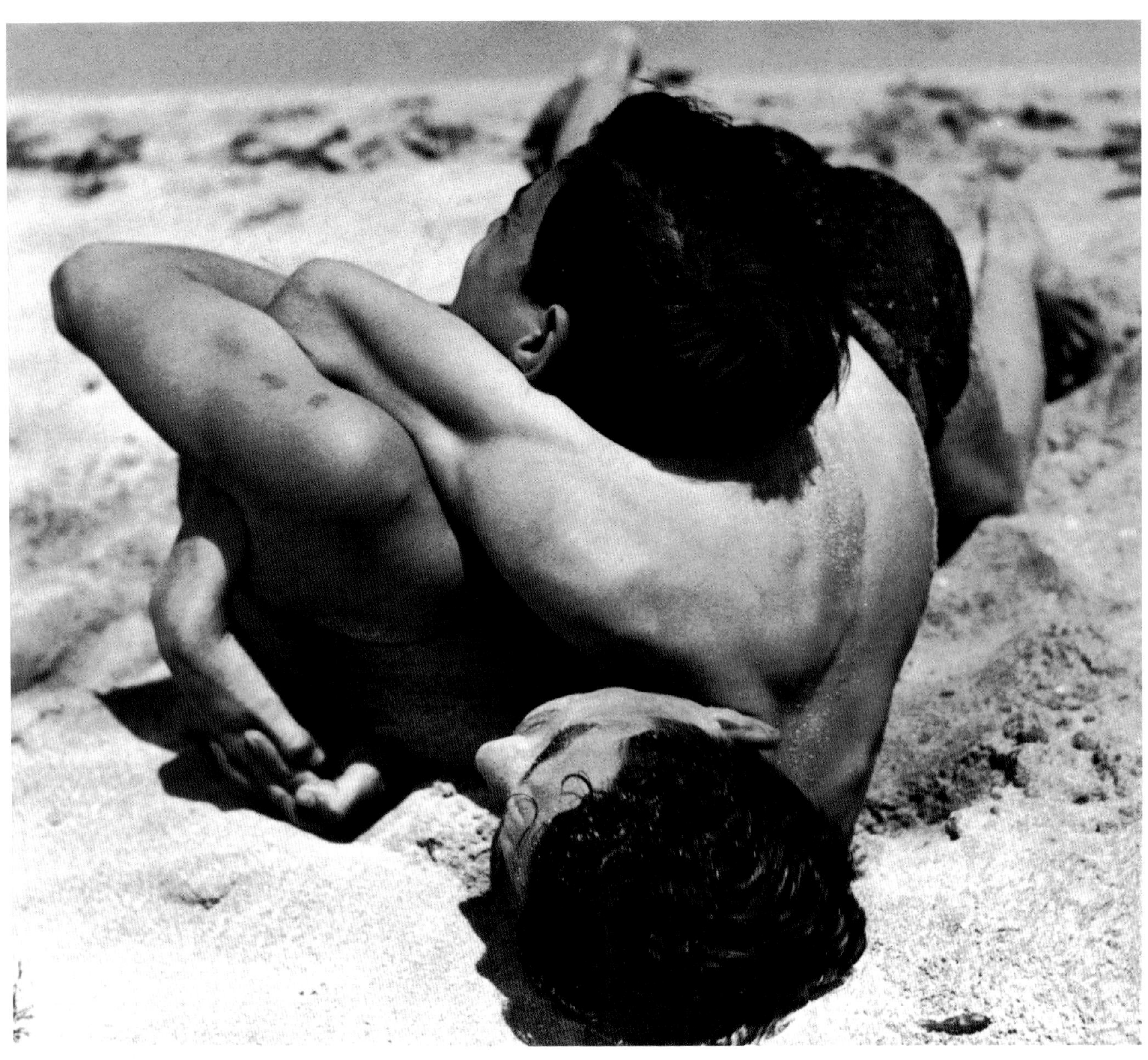

Lotta di giovani II, mar Baltico, Germania, 1933
Wrestling youths II, Baltic Sea, Germany, 1933
Garçons luttant II, mer Baltique, Allemagne, 1933

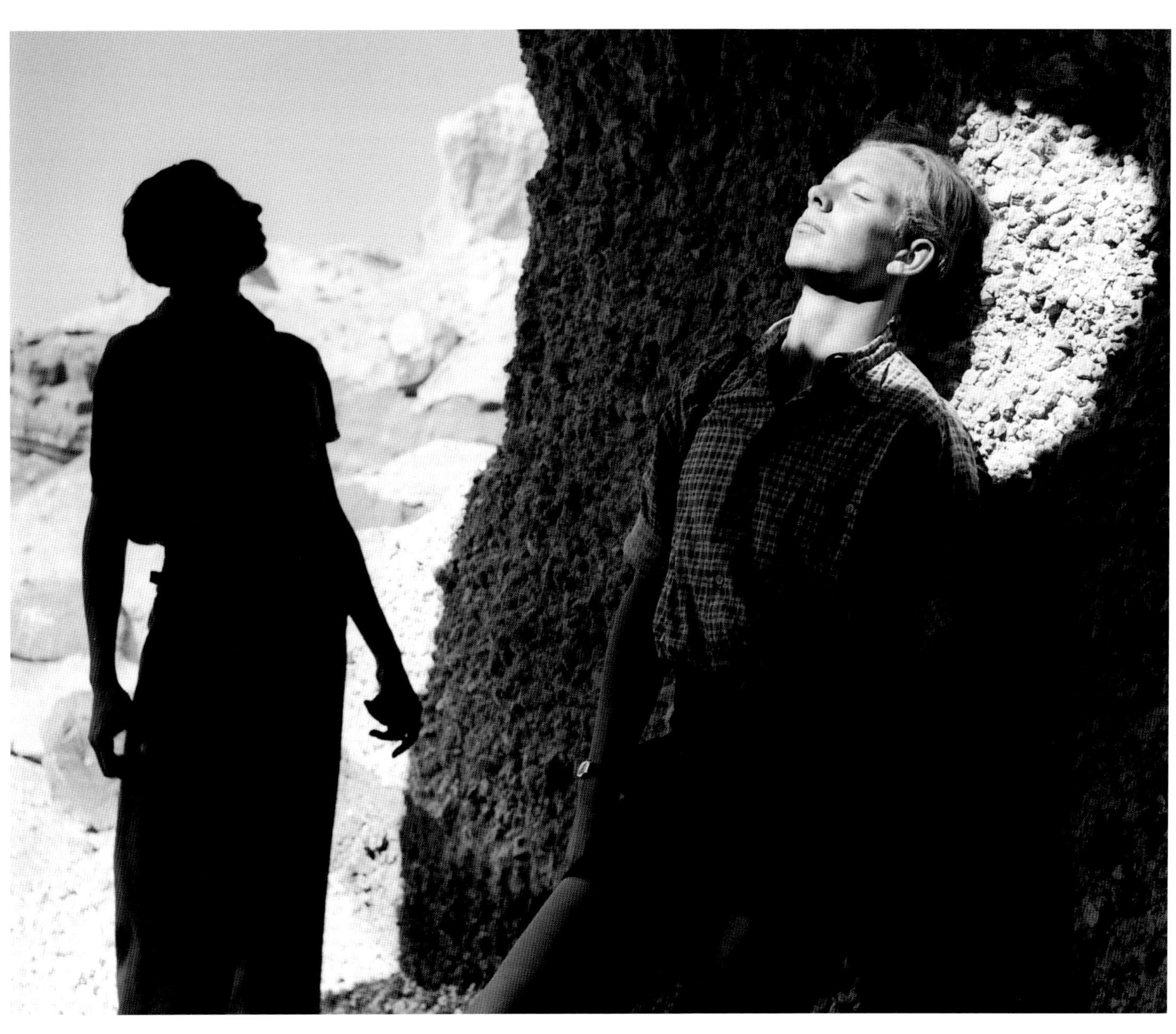

Luce e ombra, Liguria, Italia, 1936
Light and shadow, Liguria, Italy, 1936
Lumière et ombre, Ligurie, Italie, 1936

Uomo e cane, Portofino, Liguria, Italia, 1936
Man and dog, Portofino, Liguria, Italy, 1936
Homme et chien, Portofino, Ligurie, Italie, 1936

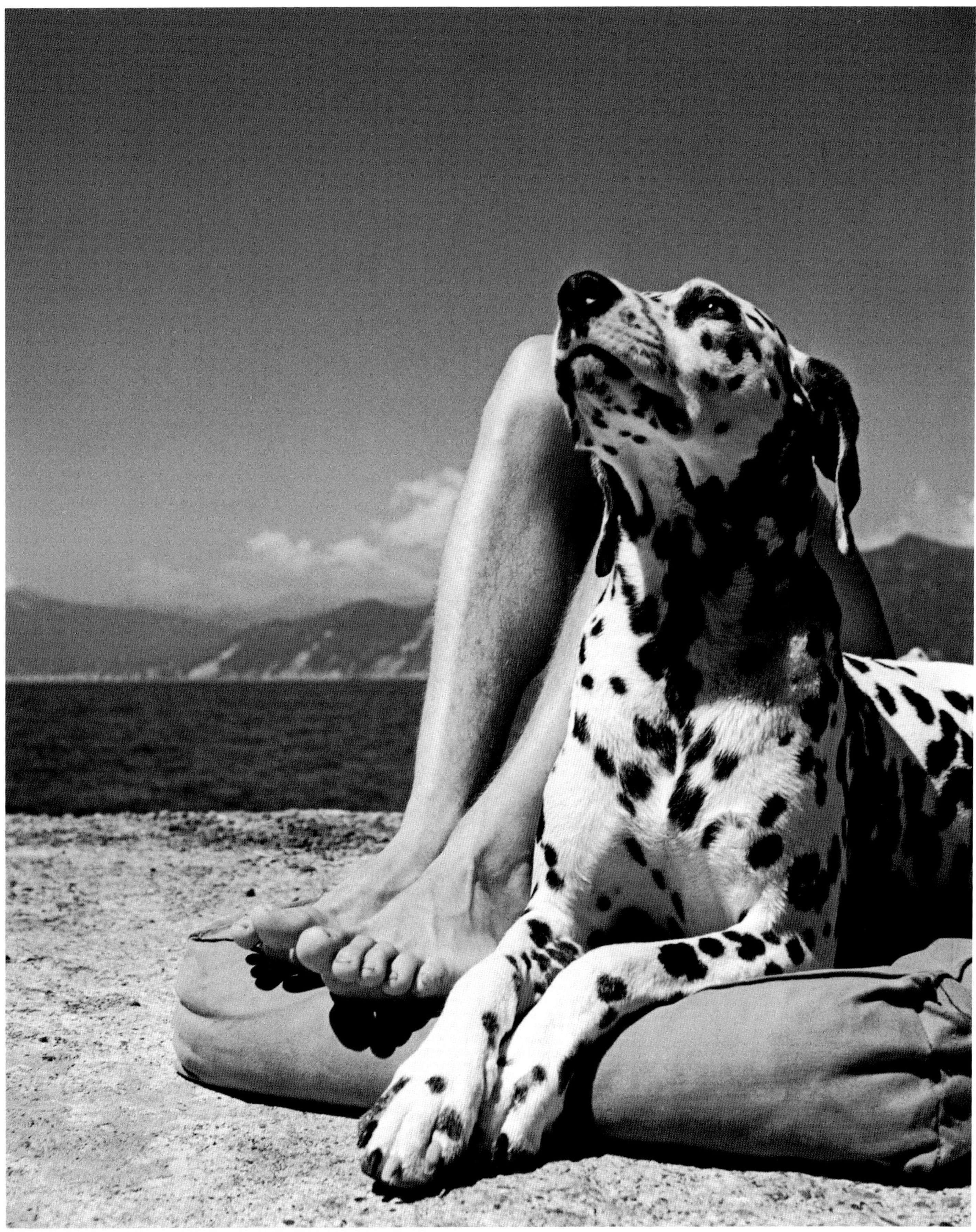

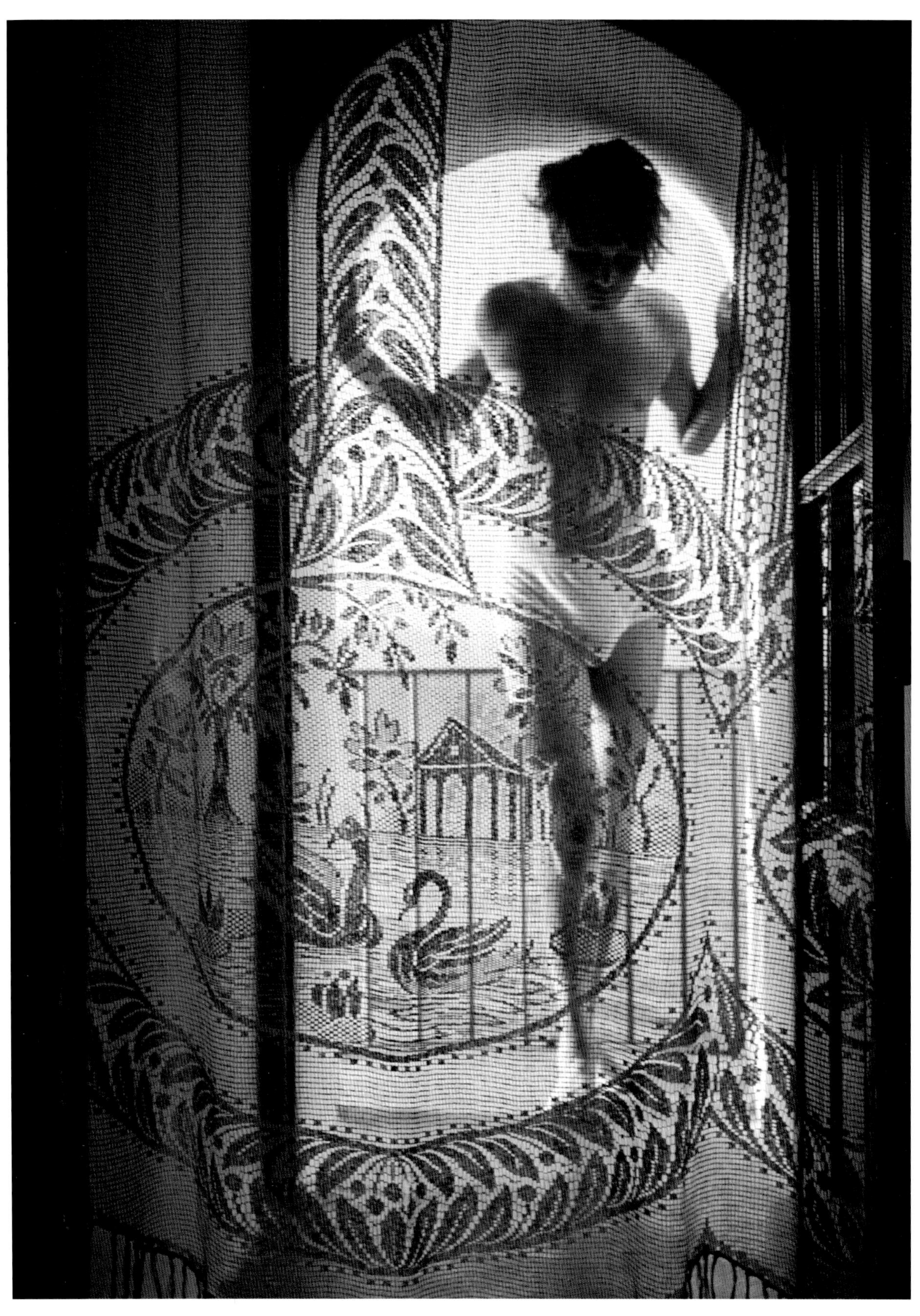

Al mattino, Atene, Grecia, 1936-1937
In the morning, Athens, Greece, 1936-1937
Au matin, Athènes, Grèce, 1936-1937

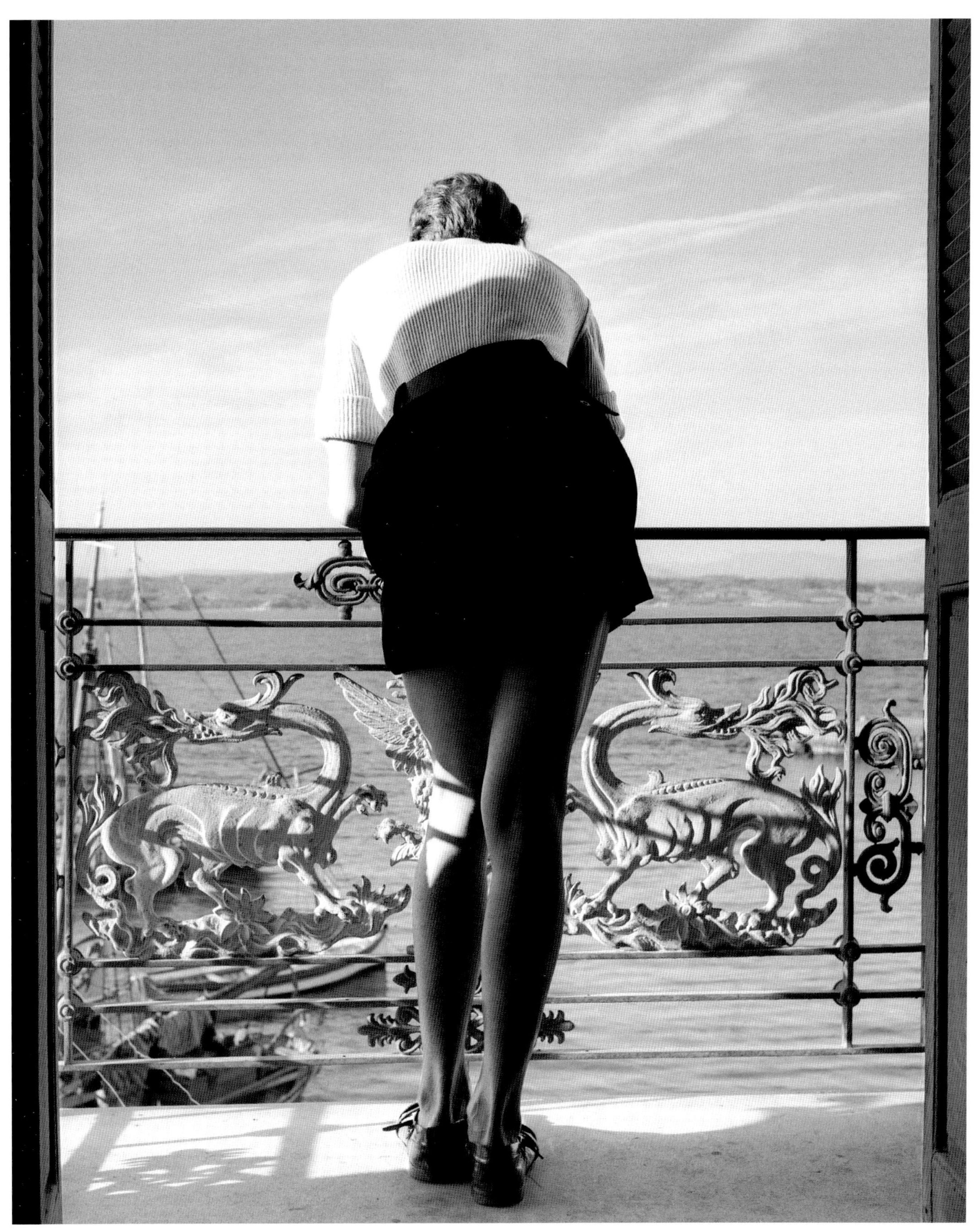

Sibbi, un vecchio amico tedesco di Herbert, affacciato al balcone, Liguria, Italia, 1936
Sibbi, Herbert's long time friend from Germany, on the balcony, Liguria, Italy, 1936
Sibbi, un vieil ami allemand d'Herbert, au balcon, Ligurie, Italie, 1936

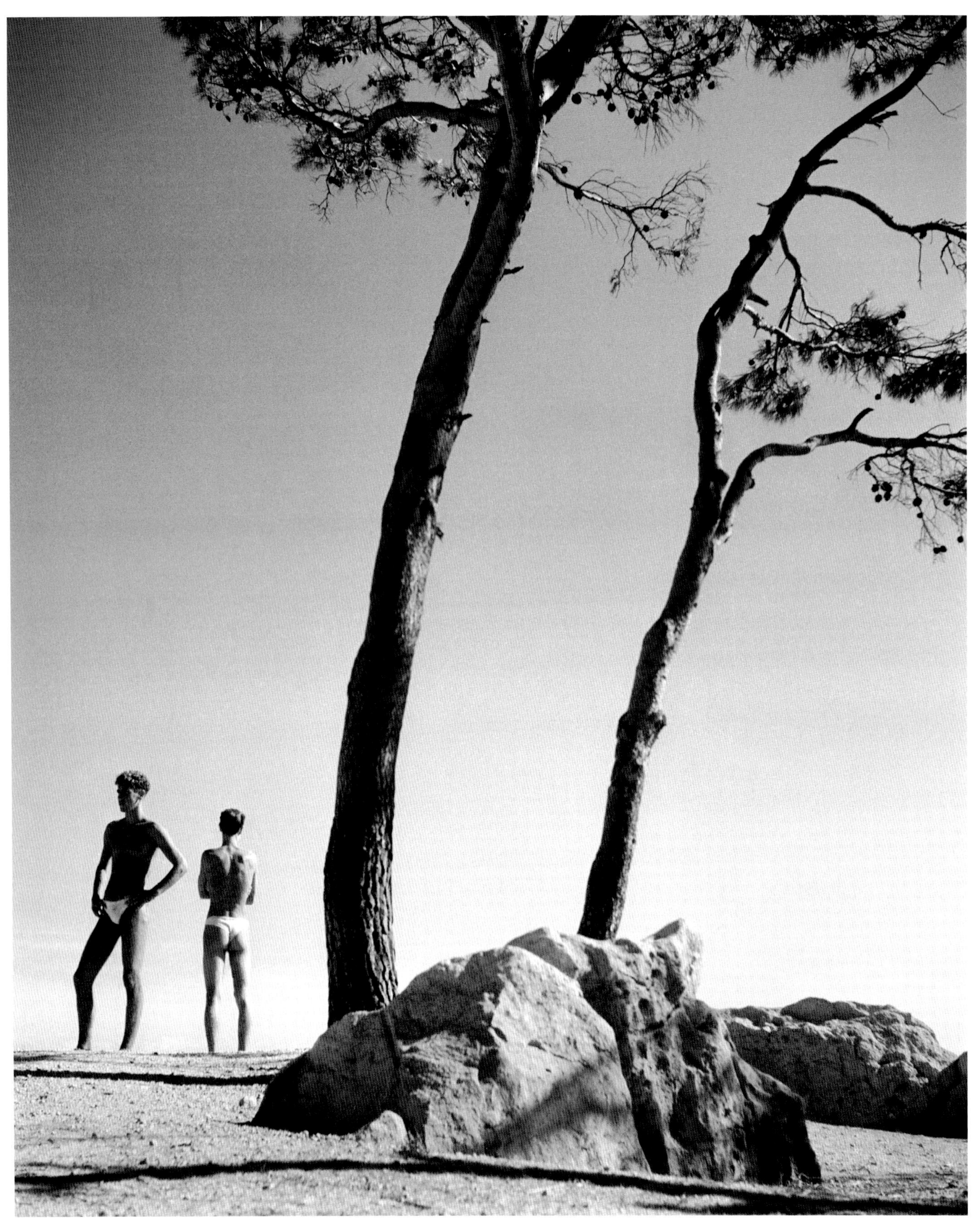

Giovani uomini, isola di Naxos, Cicladi, Grecia, 1937
Young men, Island of Naxos, Cyclades, Greece, 1937
Jeunes hommes, île de Naxos, Cyclades, Grèce, 1937

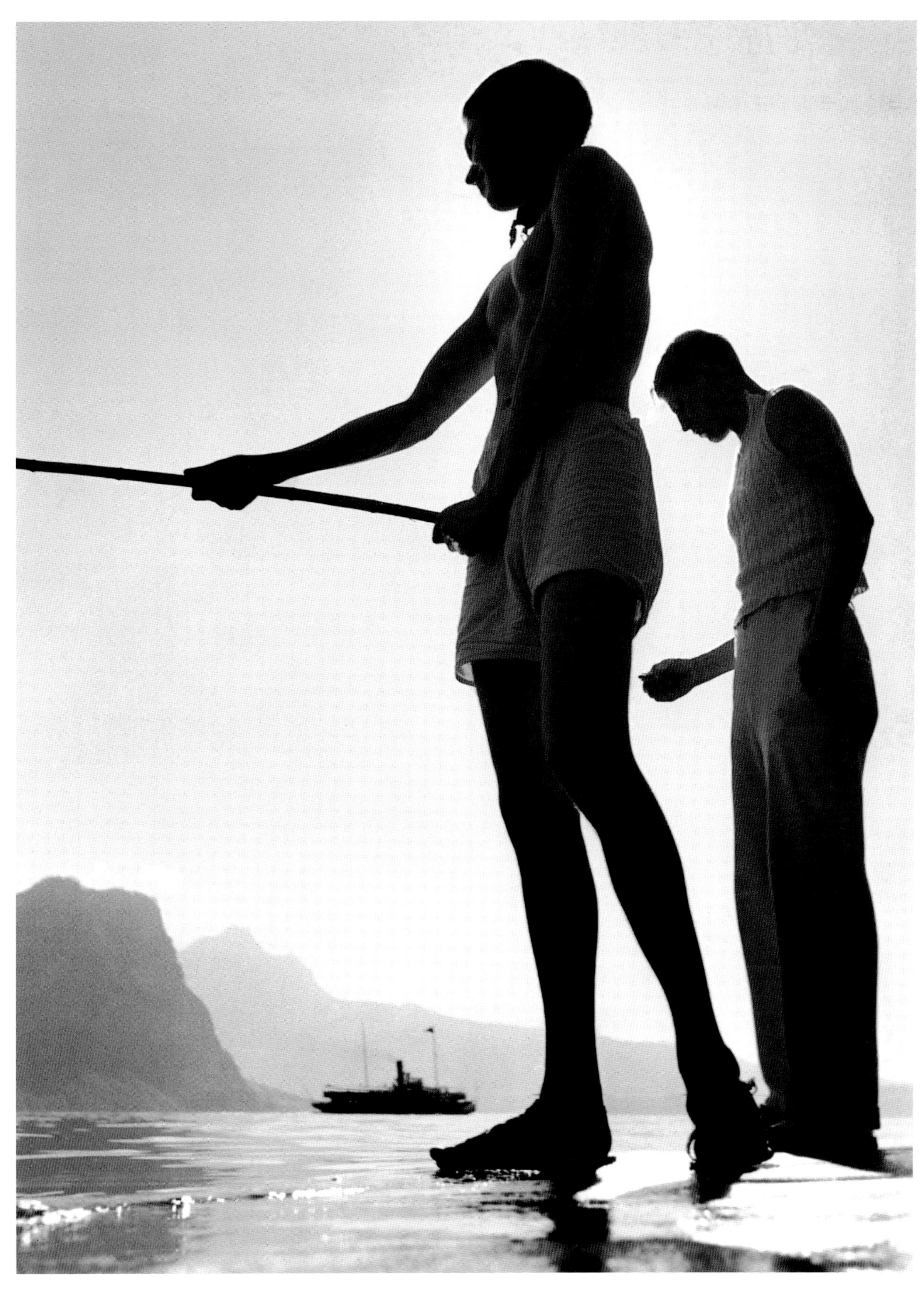

Amici a pesca, lago di Lucerna, Svizzera, 1936-1937
Friends fishing, Lake Lucerne, Switzerland, 1936-1937
Amis pêchant, lac de Lucerne, Suisse, 1936-1937

Giovani uomini sotto un pergolato, Torremolinos, Spagna, 1951
Young men under a reed roof, Torremolinos, Spain, 1951
Jeunes hommes sous une toiture de roseaux, Torremolinos, Espagne, 1951

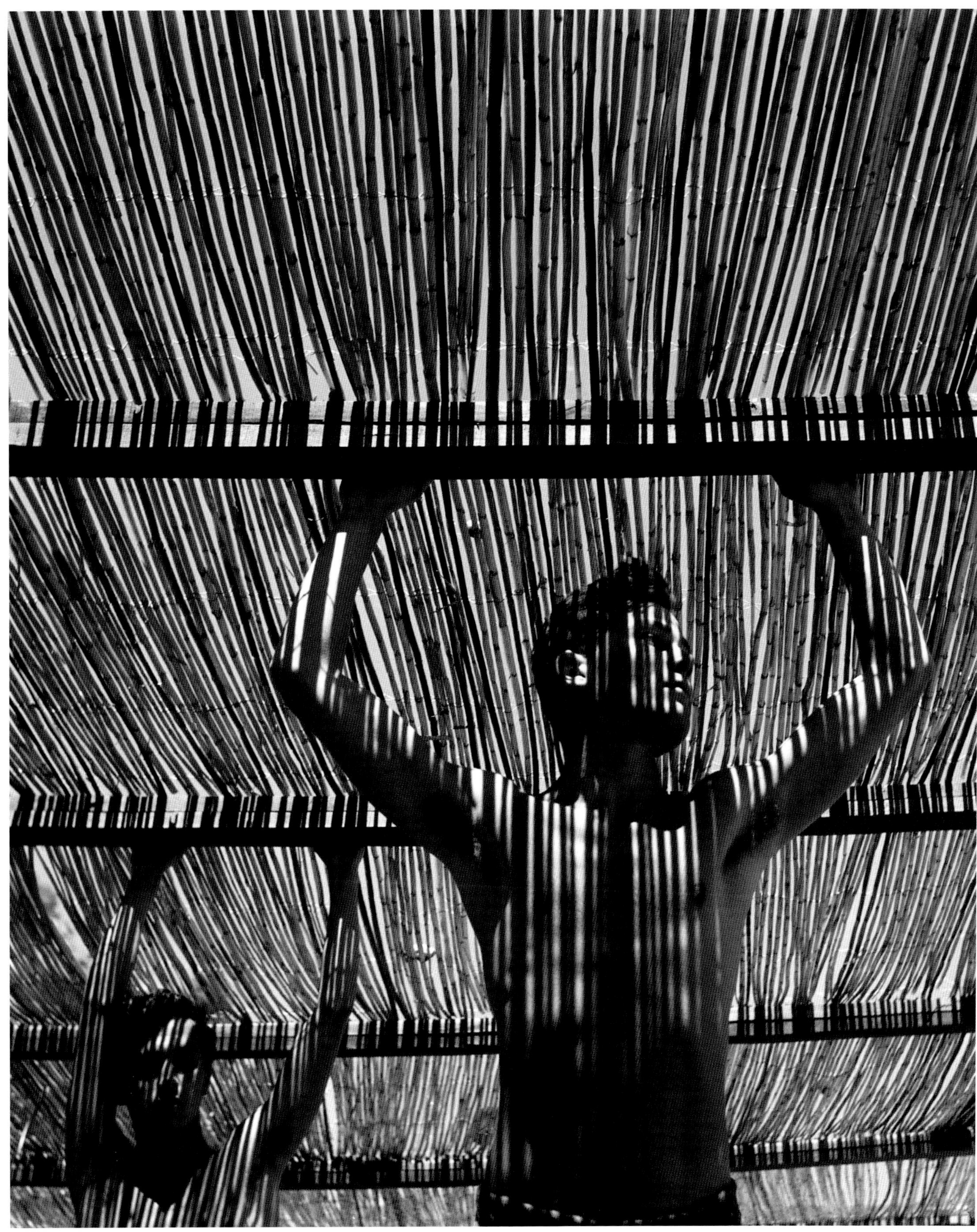

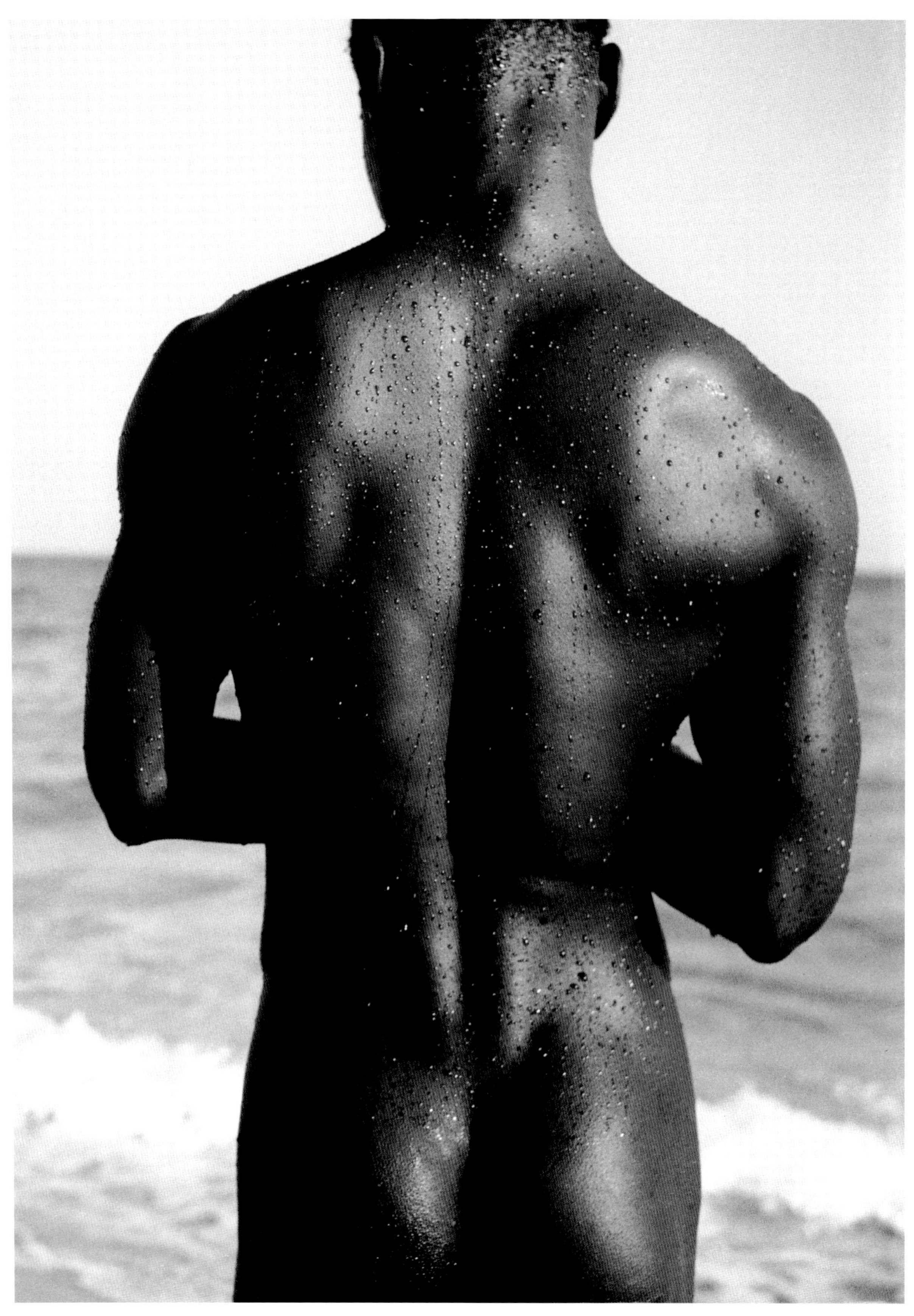

Amor II, Hammamet, Tunisia, 1934
Amor II, Hammamet, Tunisia, 1934
Amor II, Hammamet, Tunisie, 1934

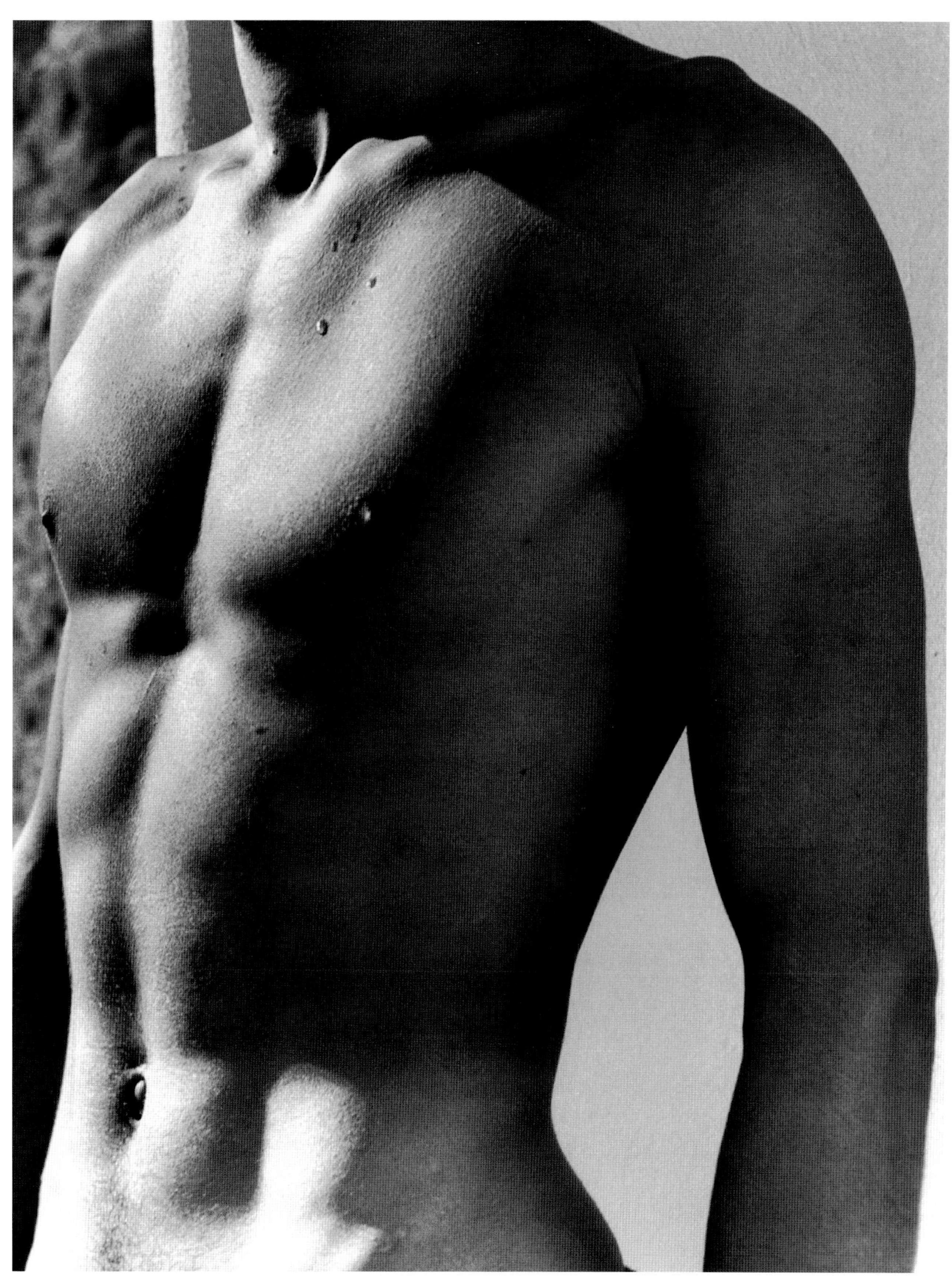

Torso di un giovane, Grecia (?), 1938
Torso of a young man, Probably Greece, 1938
Torse de jeune homme, probablement en Grèce, 1938

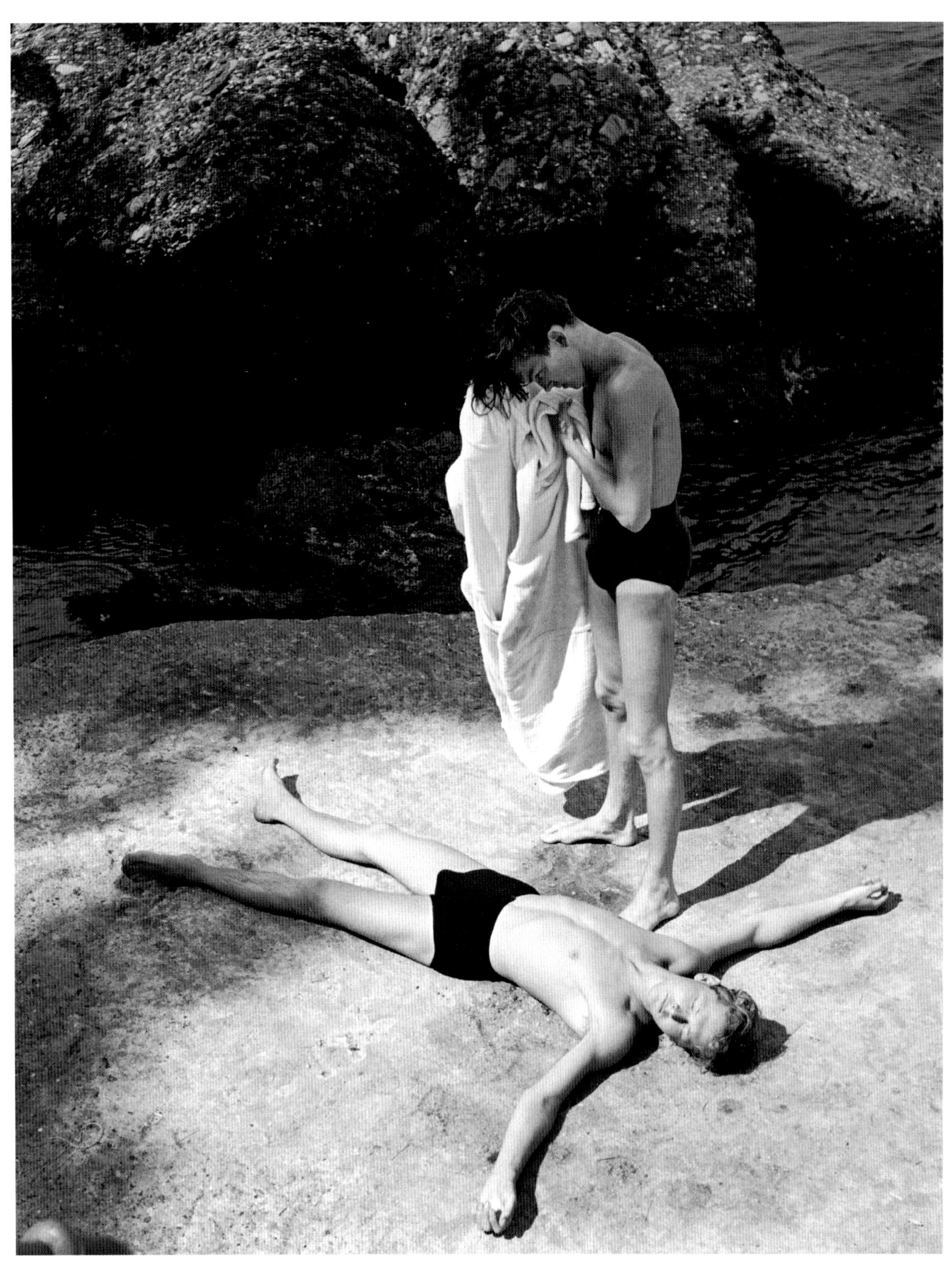

Dopo il bagno, Portofino, Italia, 1936 circa
After bathing, Portofino, Italy, circa 1936
Après le bain, Portofino, Italie, vers 1936

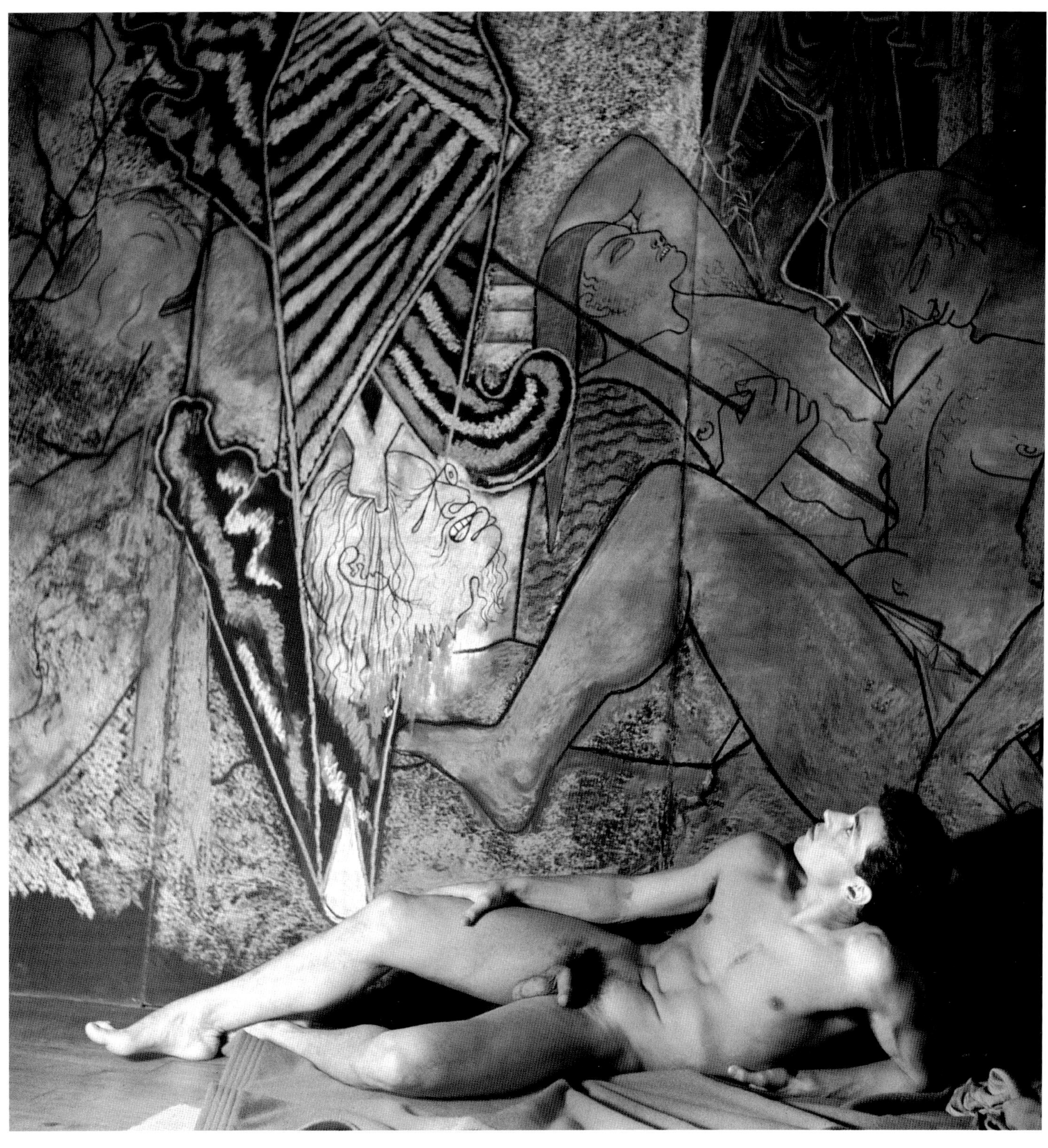

Edouard Dermit con l'arazzo di Jean Cocteau *Judith et Holopherne*, Milly-la-Forêt, Francia, 1948
Edouard Dermit and Jean Cocteau's tapestry *Judith et Holopherne*, Milly-la-Forêt, France, 1948
Edouard Dermit et la tapisserie de Jean Cocteau *Judith et Holopherne*, Milly-la-Forêt, France, 1948

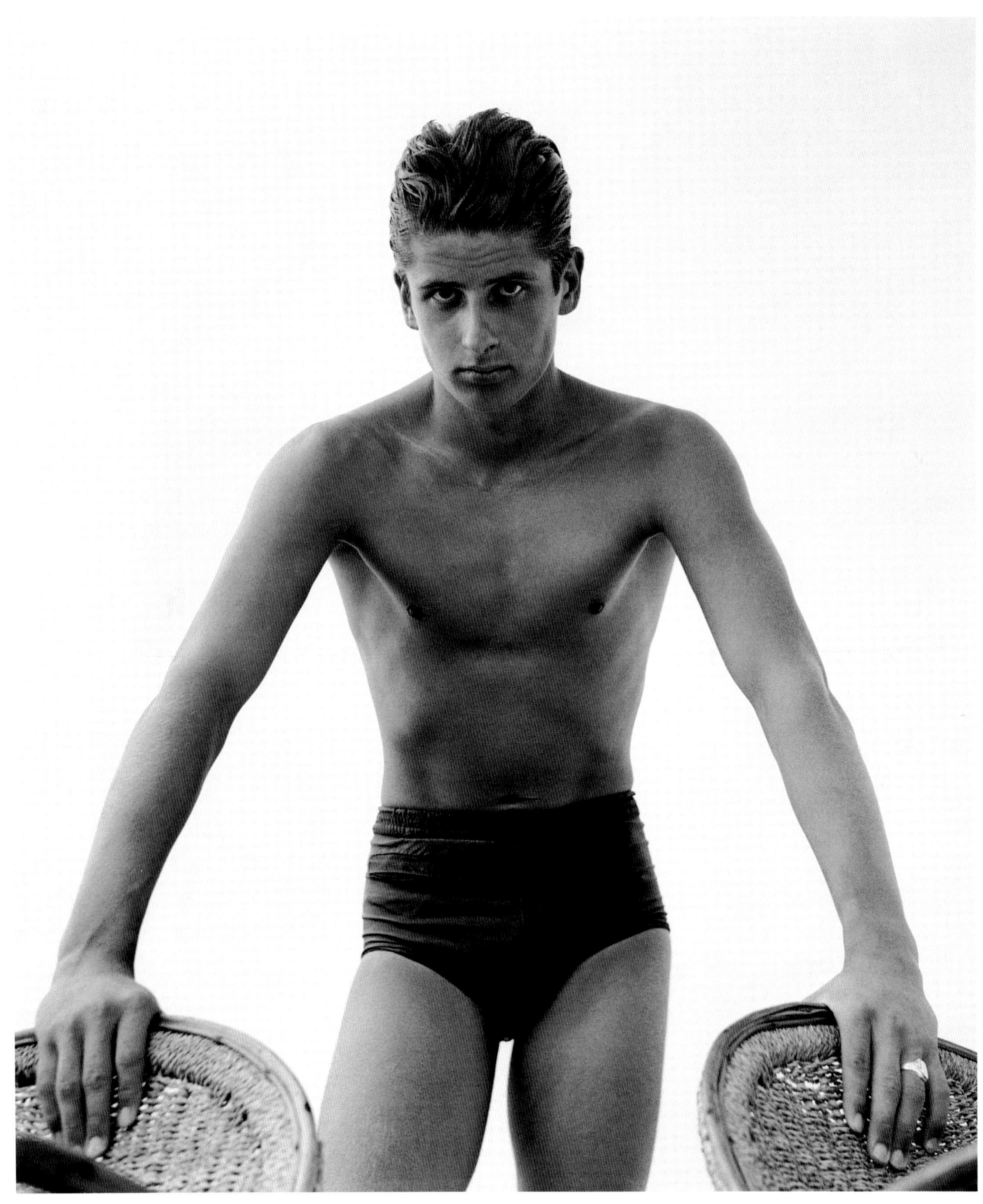

Paul, Torremolinos, Andalusia, Spagna, 1951
Paul. Torremolinos, Andalusia, Spain, 1951
Paul, Torremolinos, Andalousie, Espagne, 1951

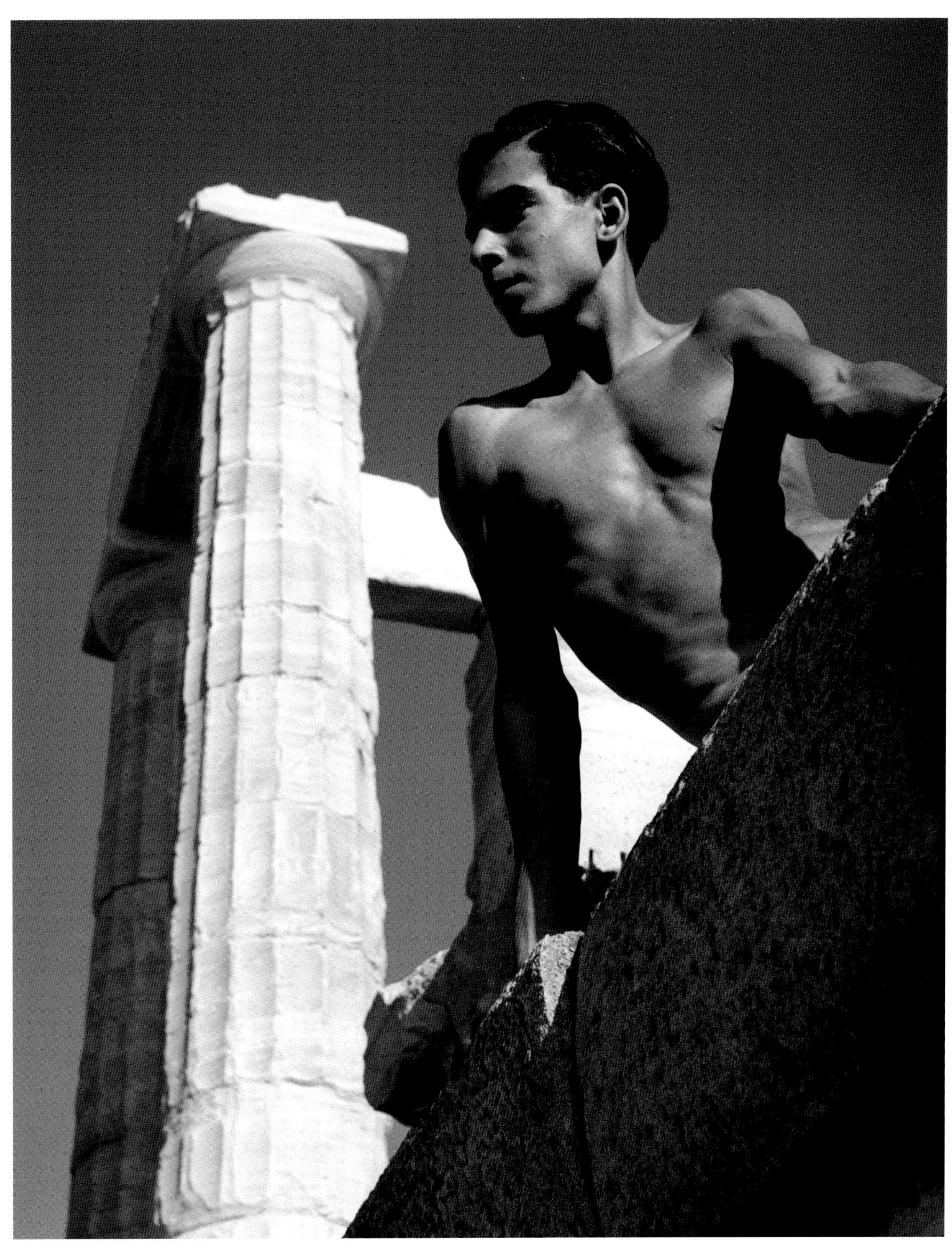

Sotto il tempio di Poseidone, Capo Sunio, Grecia, 1938
Beneath the Poseidon Temple, Sounion, Greece, 1938
Sous le Temple de Poséidon, Sounion, Grèce, 1938

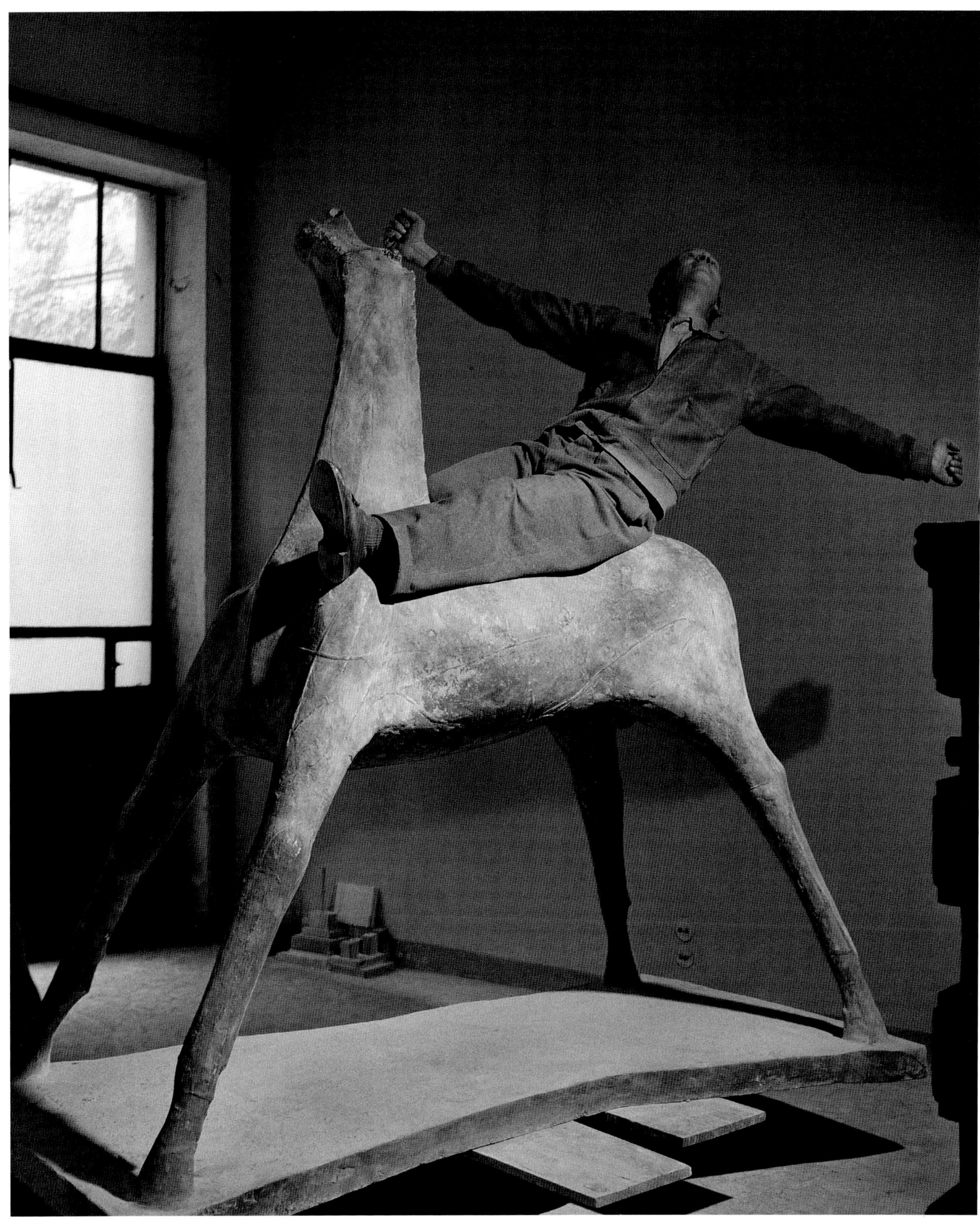

Marino Marini su uno dei suoi cavalli, l'anno in cui vinse il Gran Premio per la Scultura alla XXVI Biennale, Milan, Italia, 1952
Marino Marini on one of his horses, the year he won the Grand Prize for Sculpture at the 26th Biennale, Milan, Italy, 1952
Marino Marini sur un de ses chevaux, l'année où il a remporté le Grand Prix de Sculpture à la XXVIe Biennale, Milan, Italie, 1952

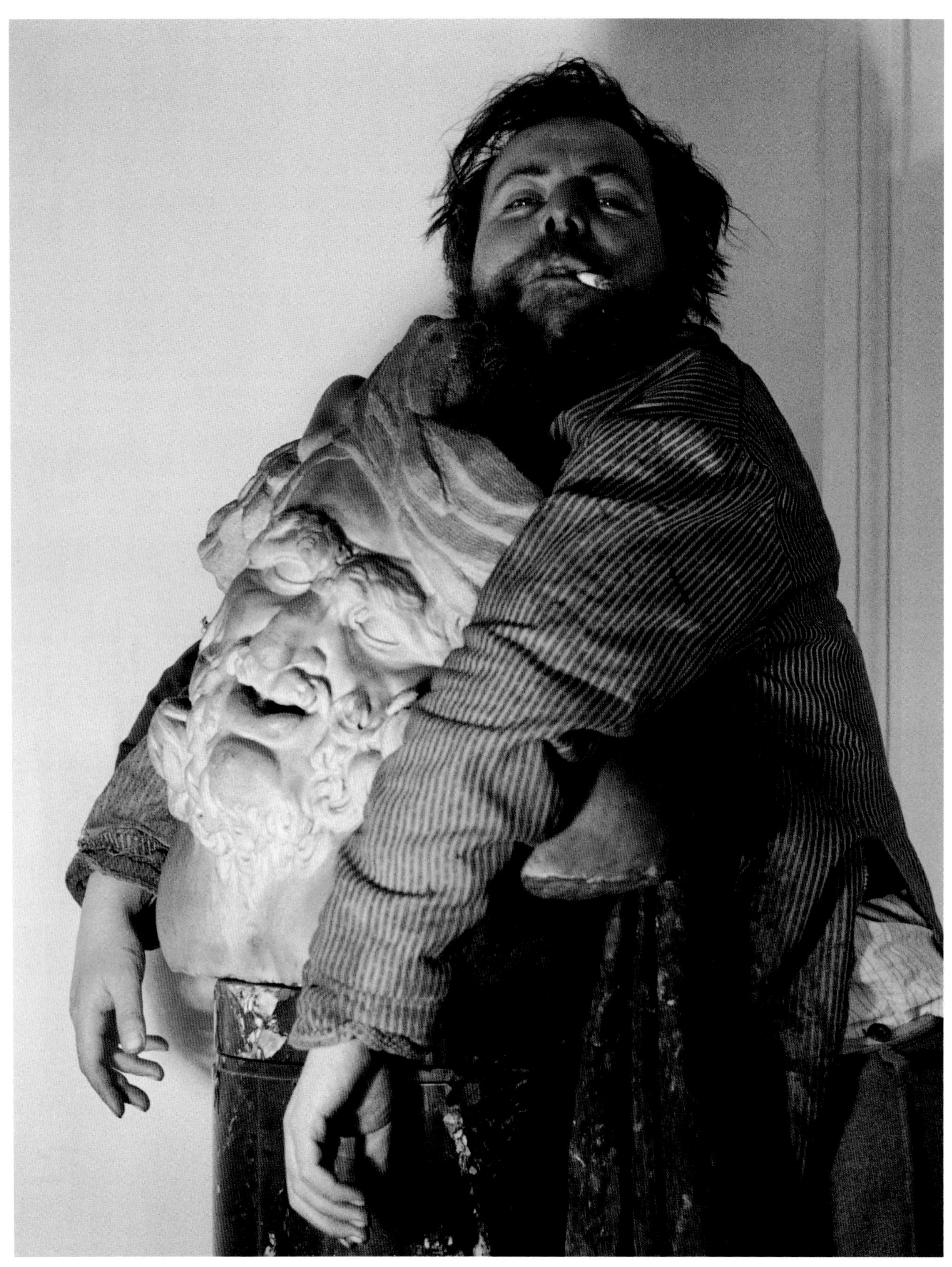

Christian Bérard, Parigi, Francia, 1948
Christian Bérard, Paris, France, 1948
Christian Bérard, Paris, France, 1948

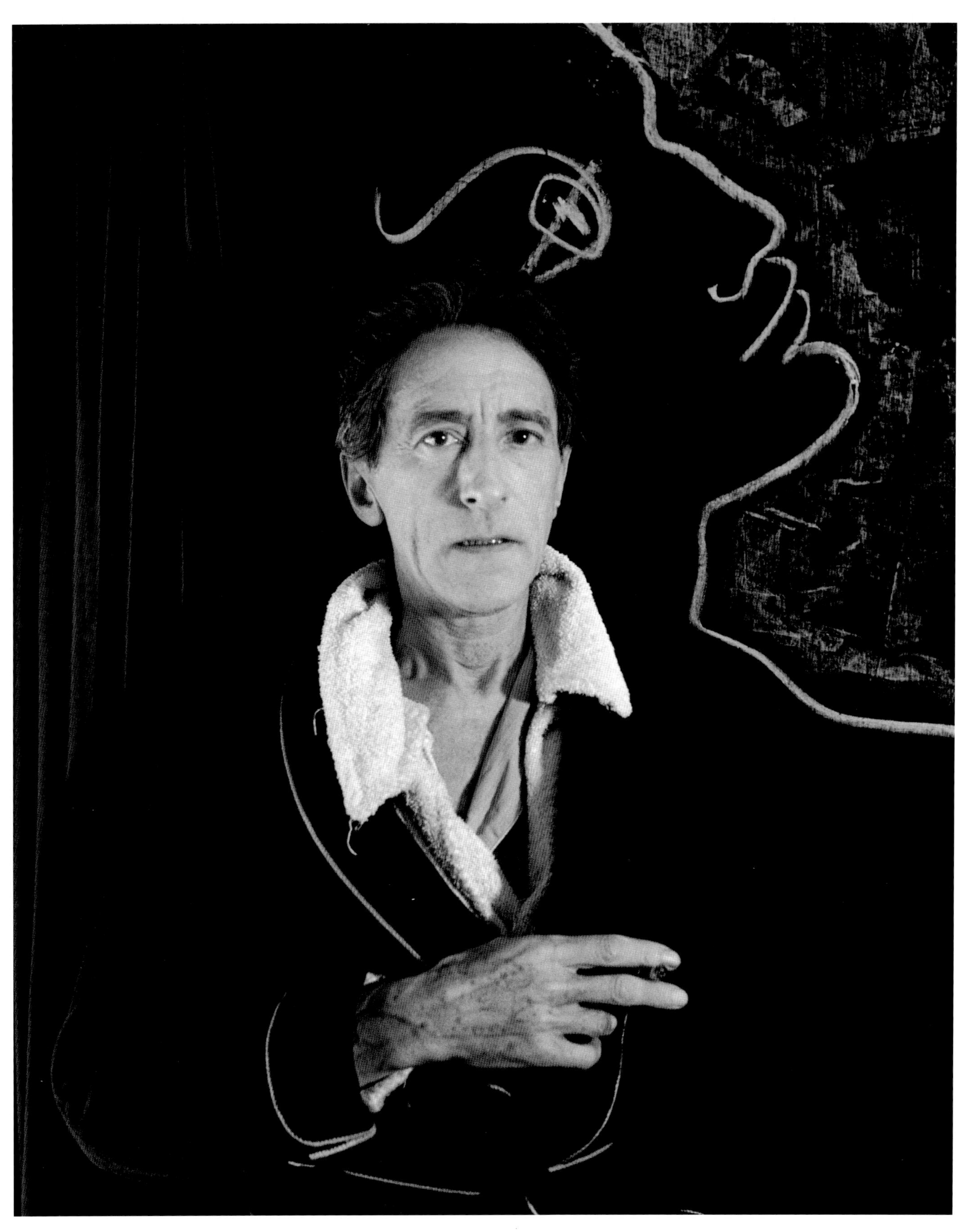

Jean Cocteau, Parigi, Francia, 1948
Jean Cocteau, Paris, France, 1948
Jean Cocteau, Paris, France, 1948

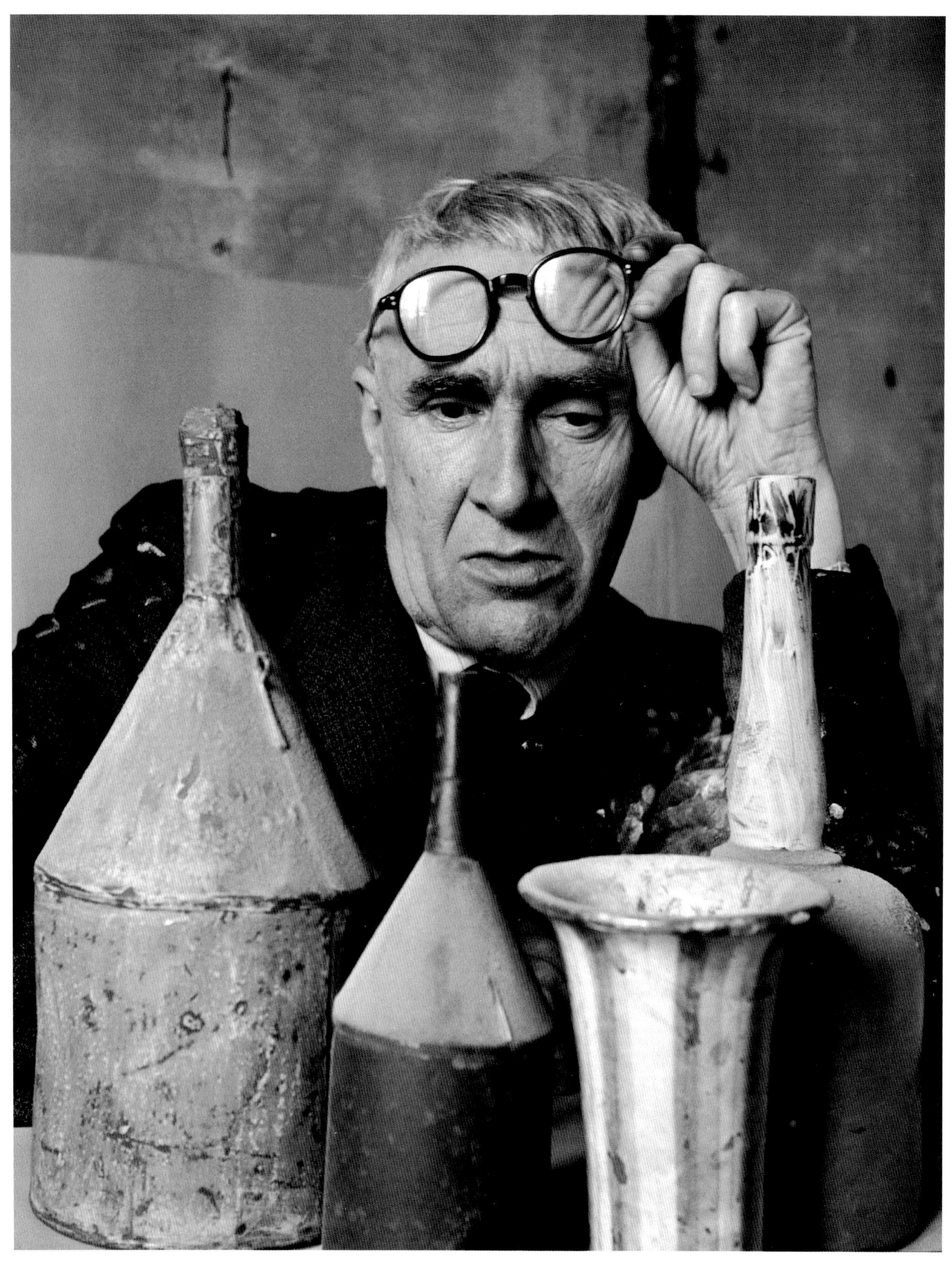

Giorgio Morandi, Bologna, Italia, 1953
Giorgio Morandi, Bologna, Italy, 1953
Giorgio Morandi, Bologne, Italie, 1953

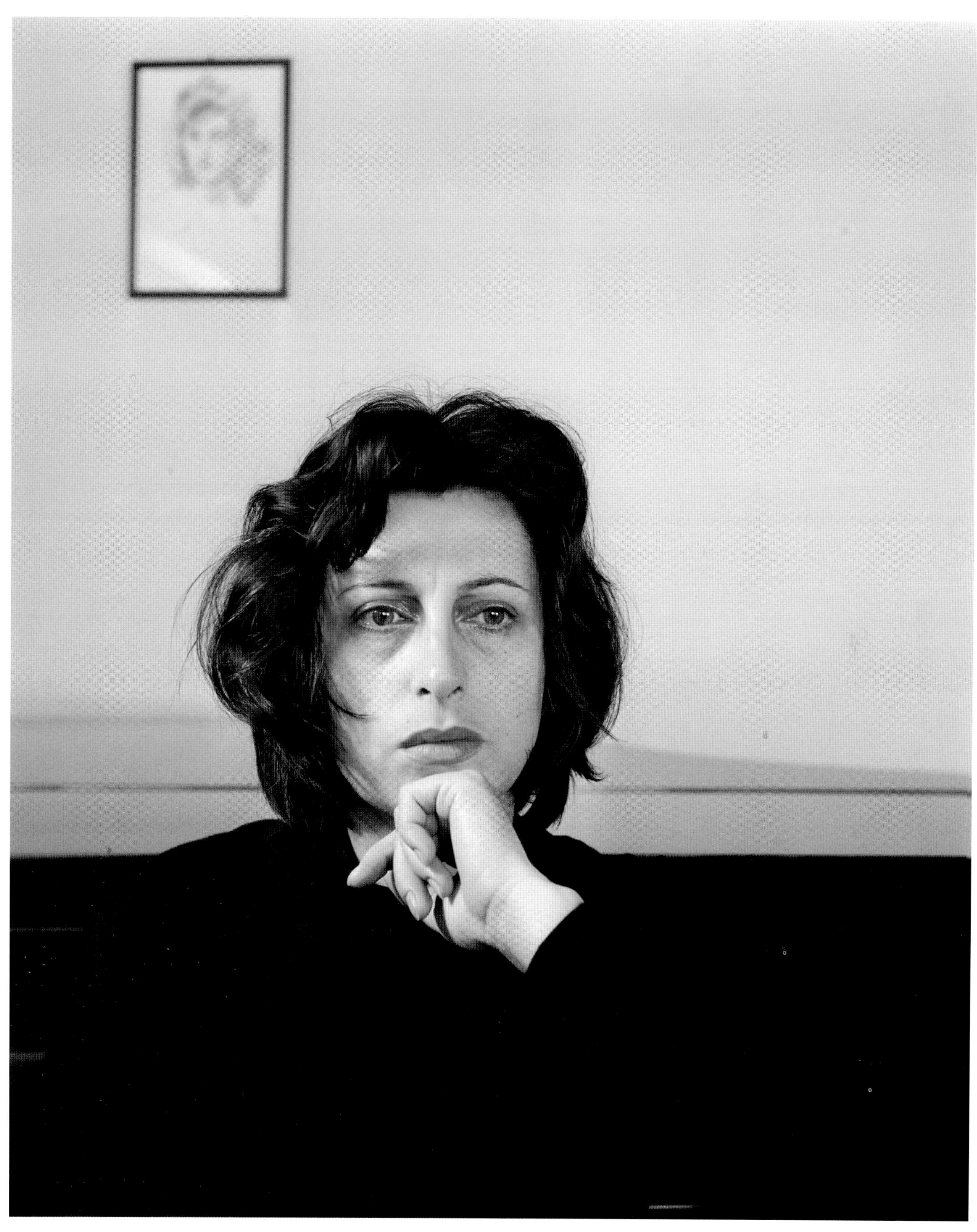

Anna Magnani, San Felice Circeo, Italia, 1950
Anna Magnani, San Felice Circeo, Italy, 1950
Anna Magnani, San Felice Circeo, Italie, 1950

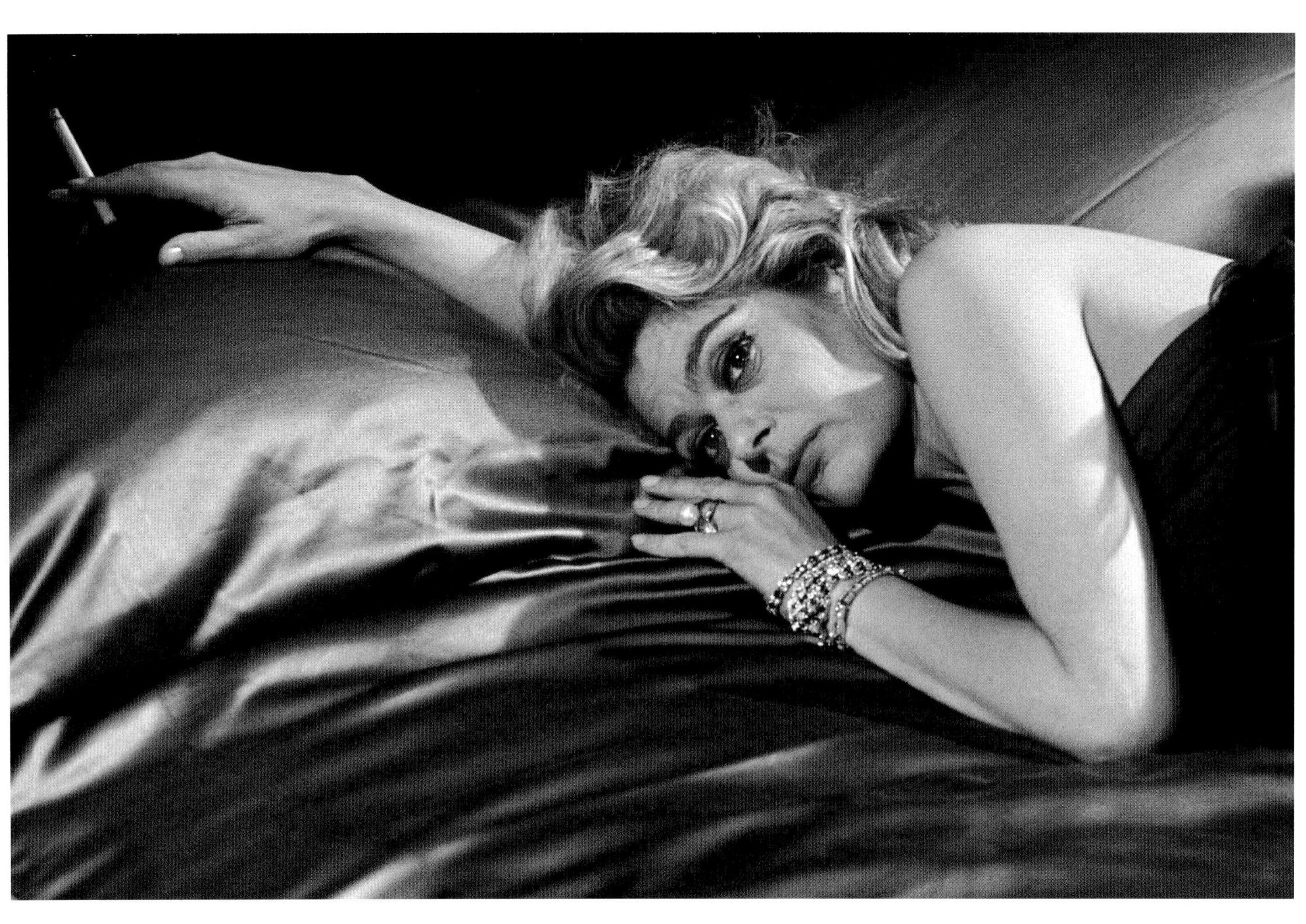

L'attrice greca Melina Mercouri, Napoli, Italia, 1961
Greek actress Melina Mercouri, Naples, Italy, 1961
L'actrice grecque Melina Mercouri, Naples, Italie, 1961

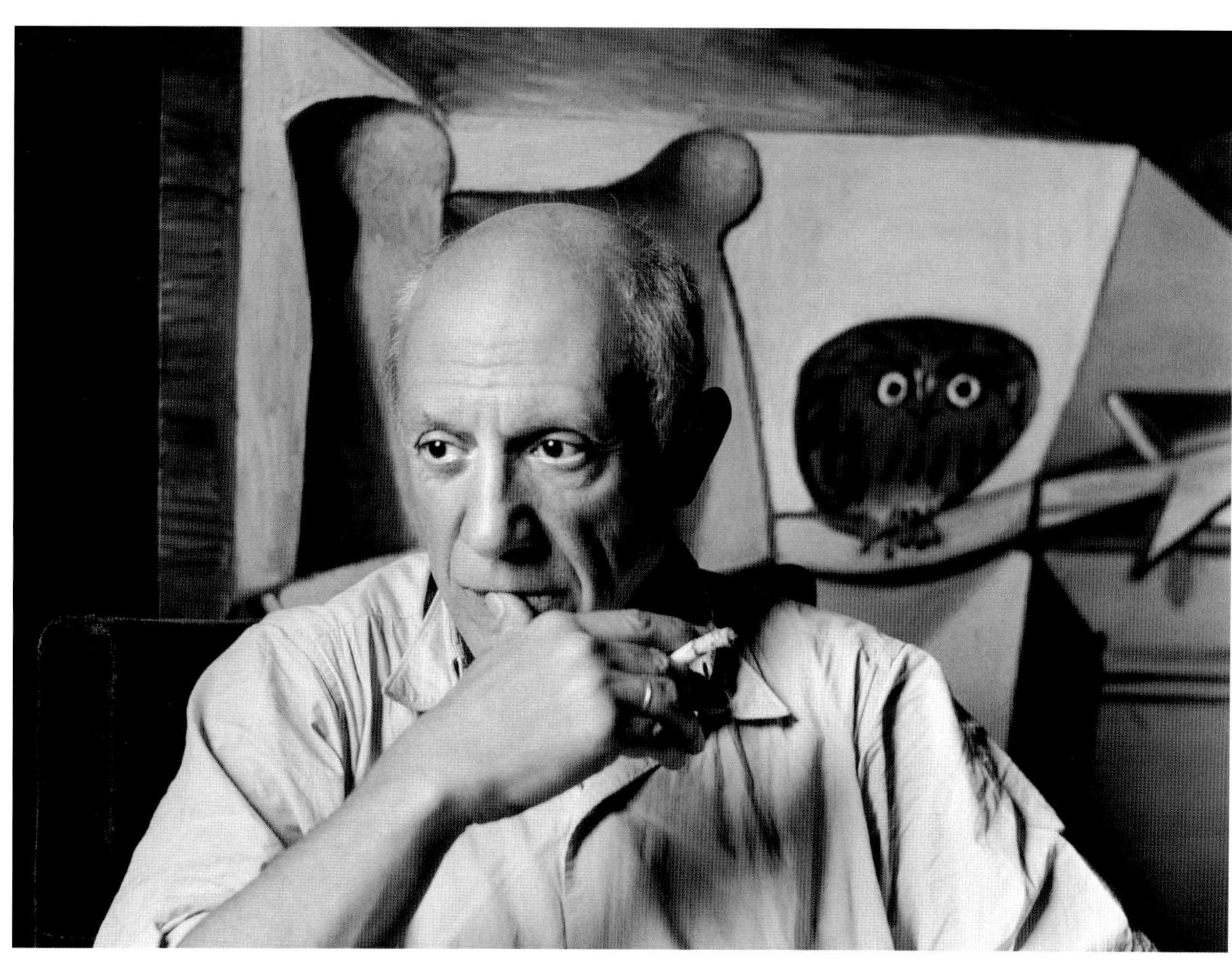

Pablo Picasso davanti a *Chouette dans un intérieur*, Parigi, Francia, maggio 1948
Pablo Picasso in front of *Chouette dans un intérieur*, Paris, France, May 1948
Pablo Picasso devant sa *Chouette dans un intérieur*,
Paris, France, mai 1948

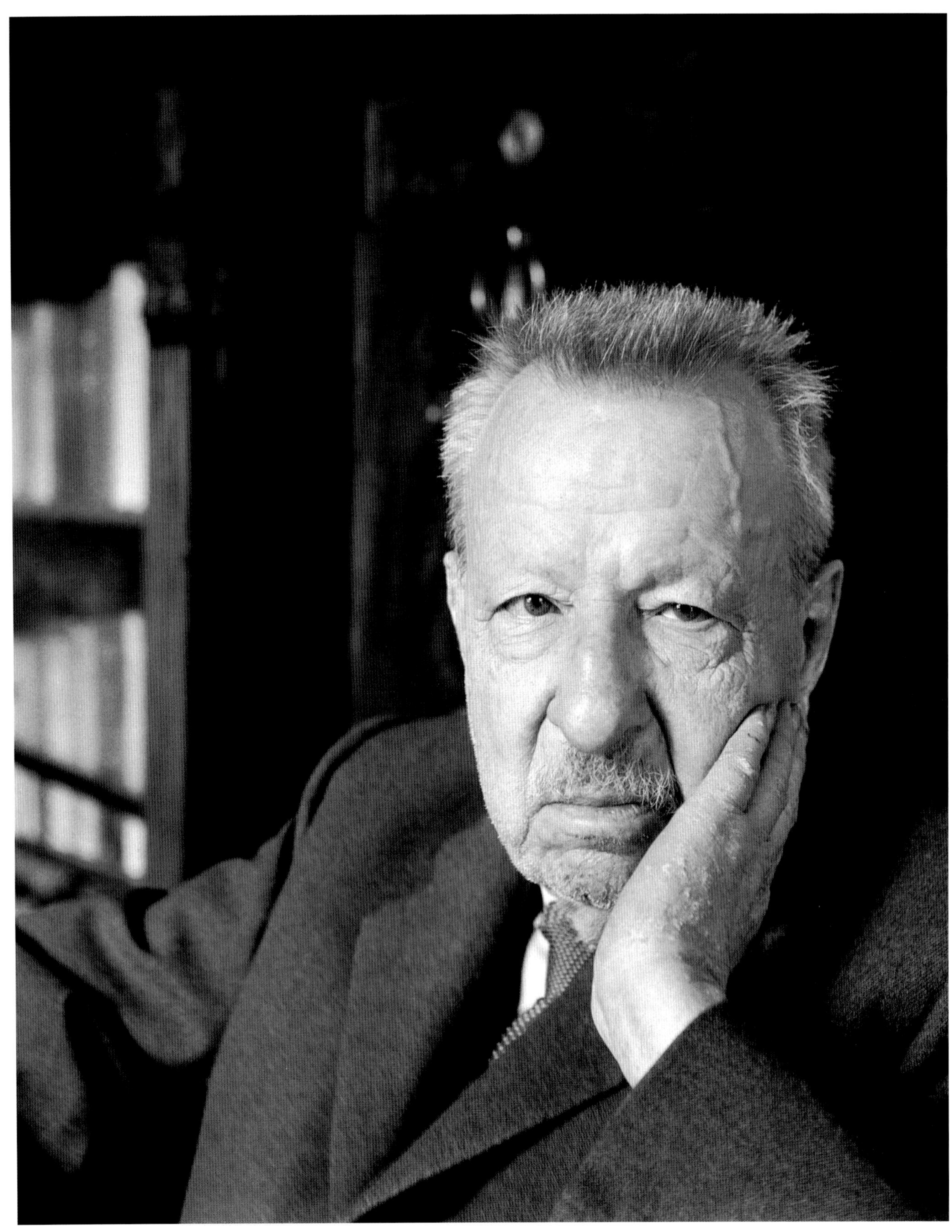

Benedetto Croce nel suo studio, Napoli, Italia, 1949
Benedetto Croce in his study, Naples, Italy, 1949
Benedetto Croce dans son cabinet de travail, Naples, Italie, 1949

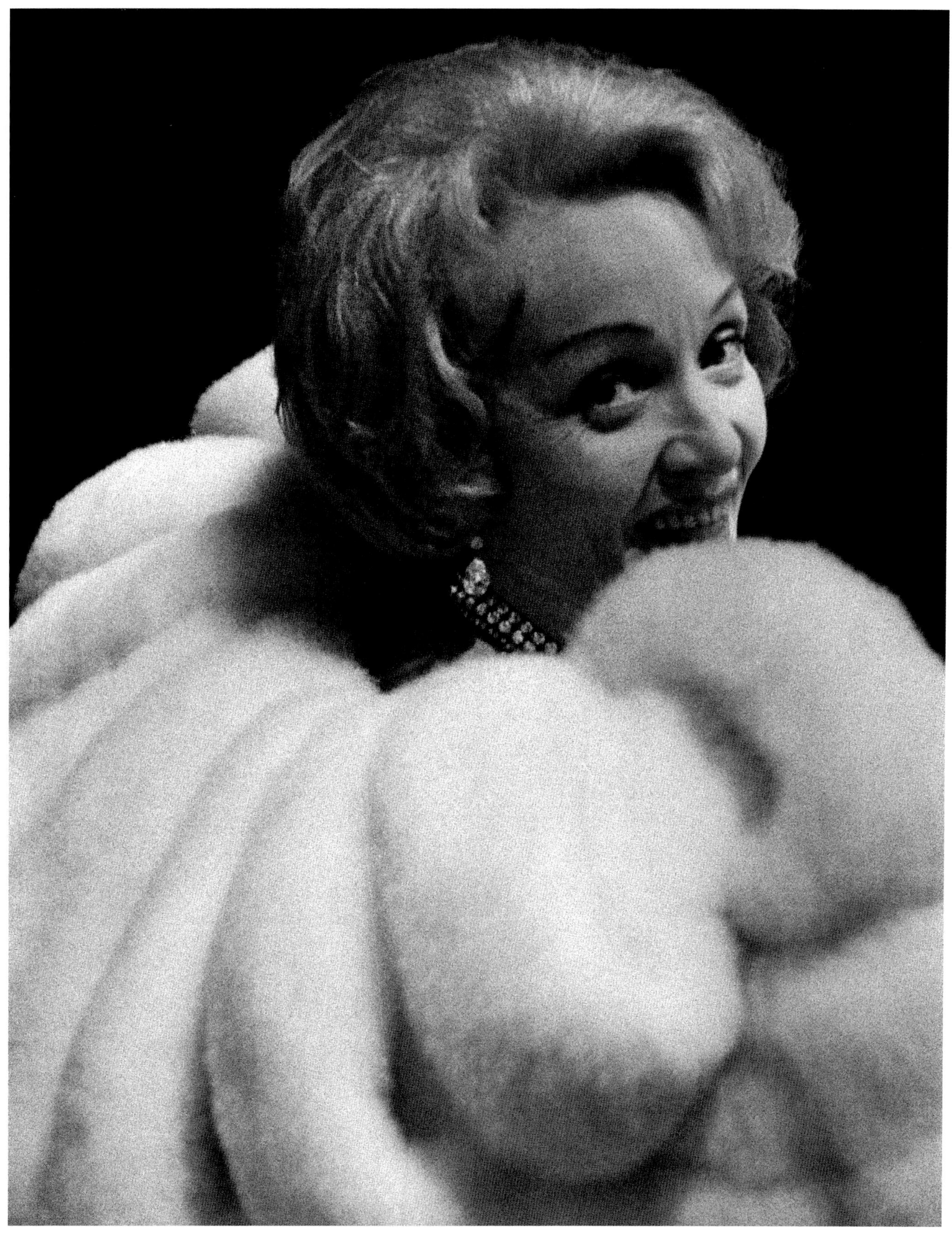

Marlene Dietrich durante la sua ultima apparizione al Deutsches Theater, Monaco, Germania, 1960
Marlene Dietrich during her last appearance at the Deutsches Theater, Munich, Germany, 1960
Marlene Dietrich lors de sa dernière apparition au Deutsches Theater, Munich, Allemagne, 1960

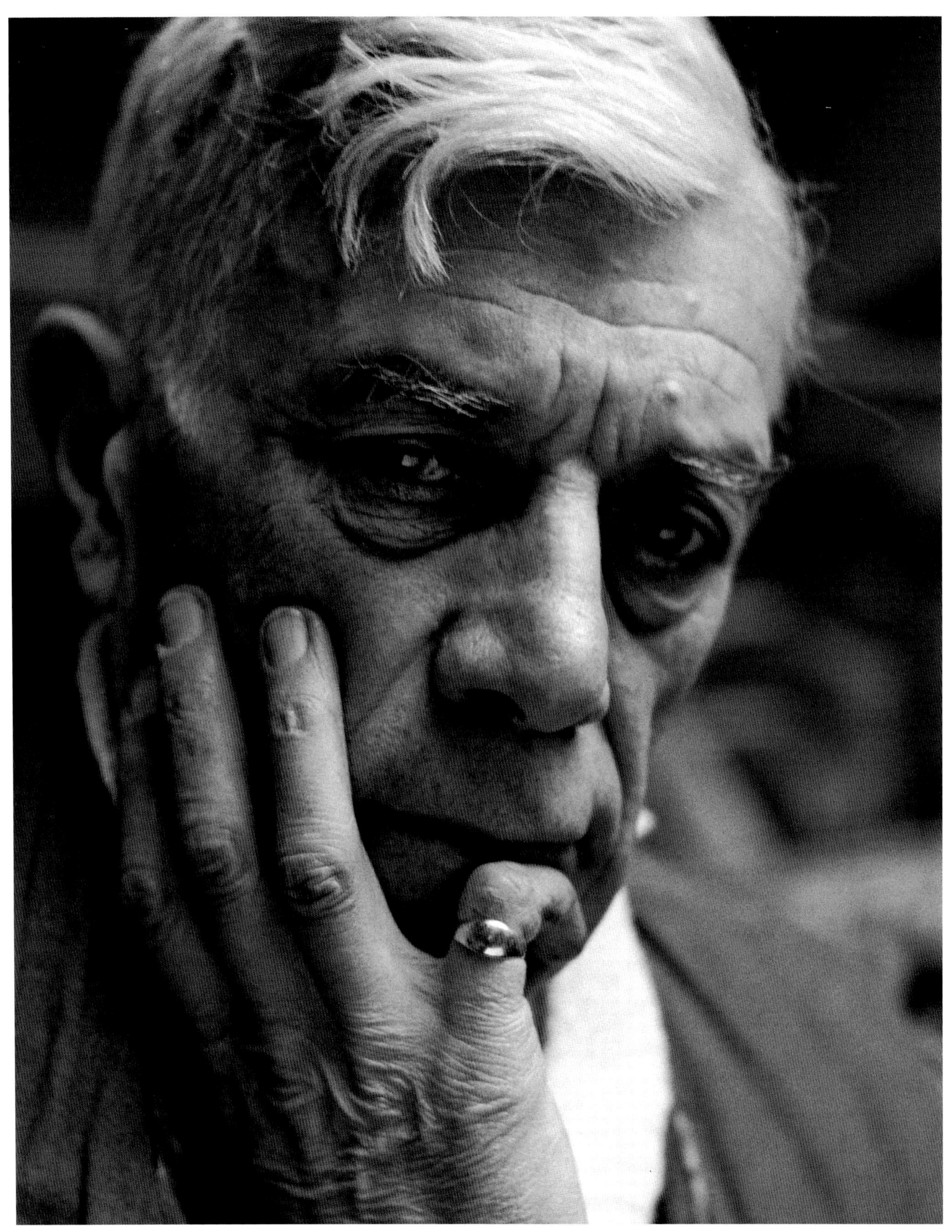

Georges Braque, Parigi, Francia, 1948
Georges Braque, Paris, France, 1948
Georges Braque, Paris, France, 1948

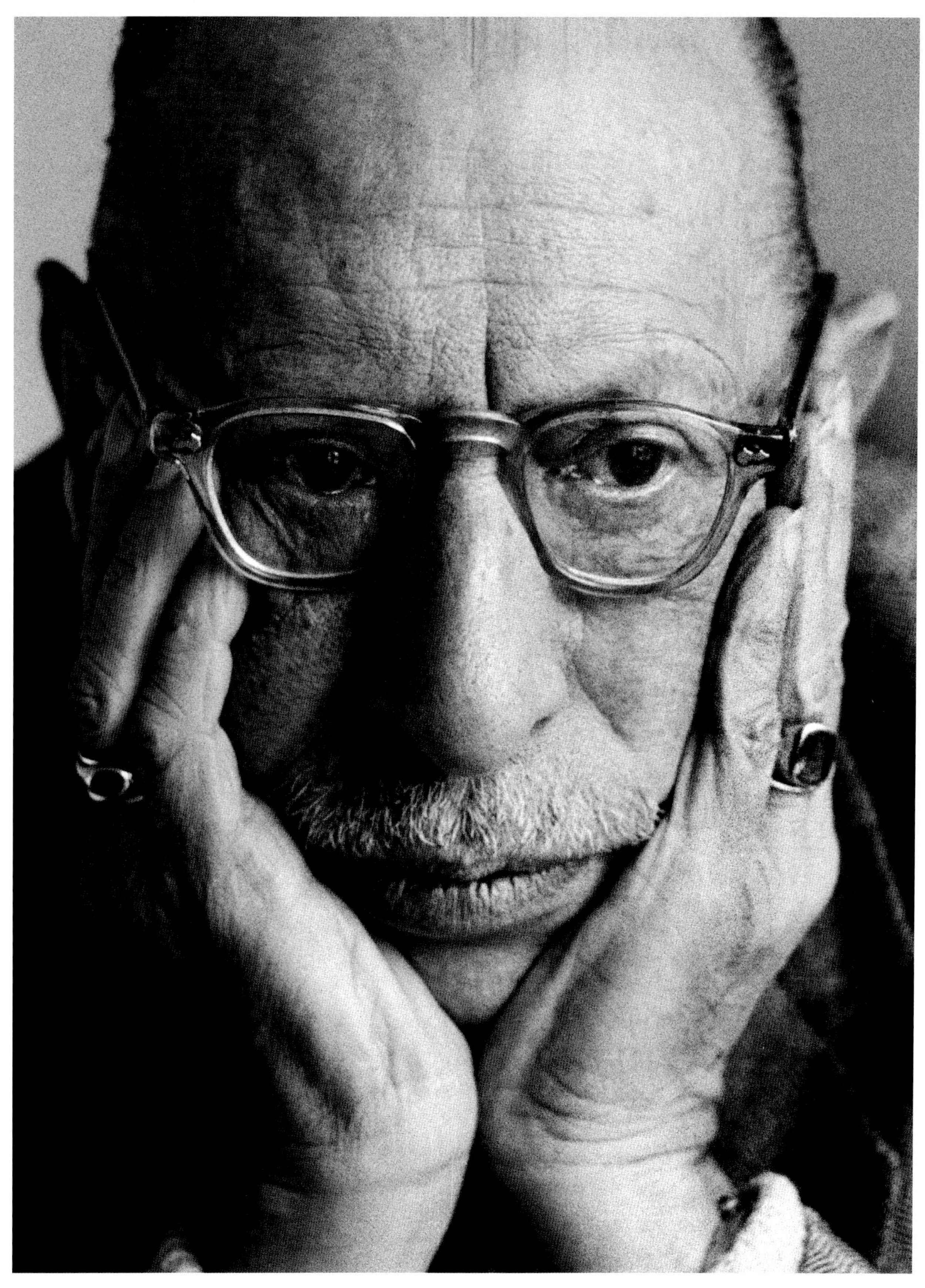

Igor Stravinskij, Monaco, Germania, 1956
Igor Stravinsky, Munich, Germany, 1956
Igor Sravinsky, Munich, Allemagne, 1956

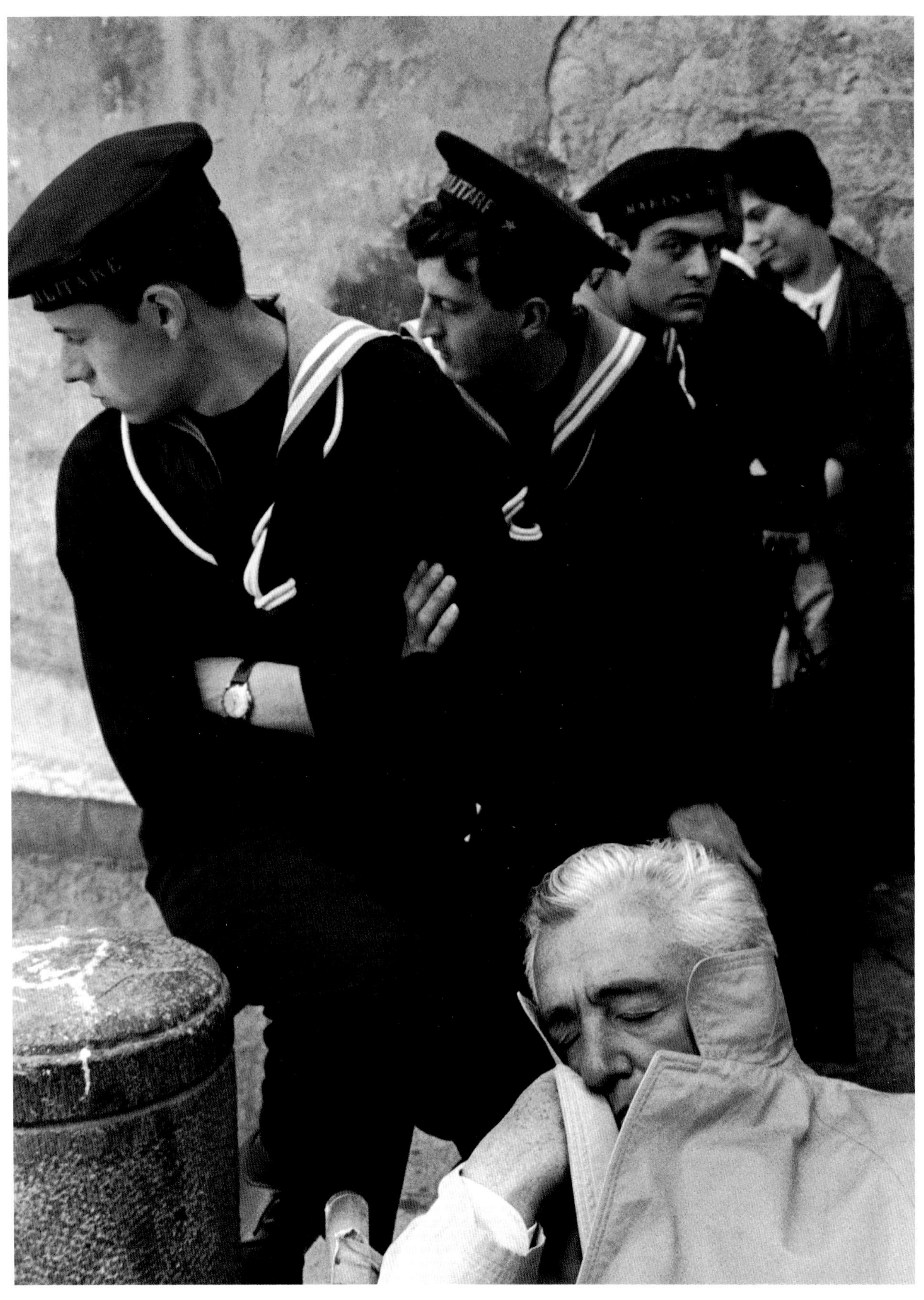

Vittorio De Sica, Napoli, Italia, 1959
Vittorio De Sica, Naples, Italy, 1959
Vittorio De Sica, Naples, Italie, 1959

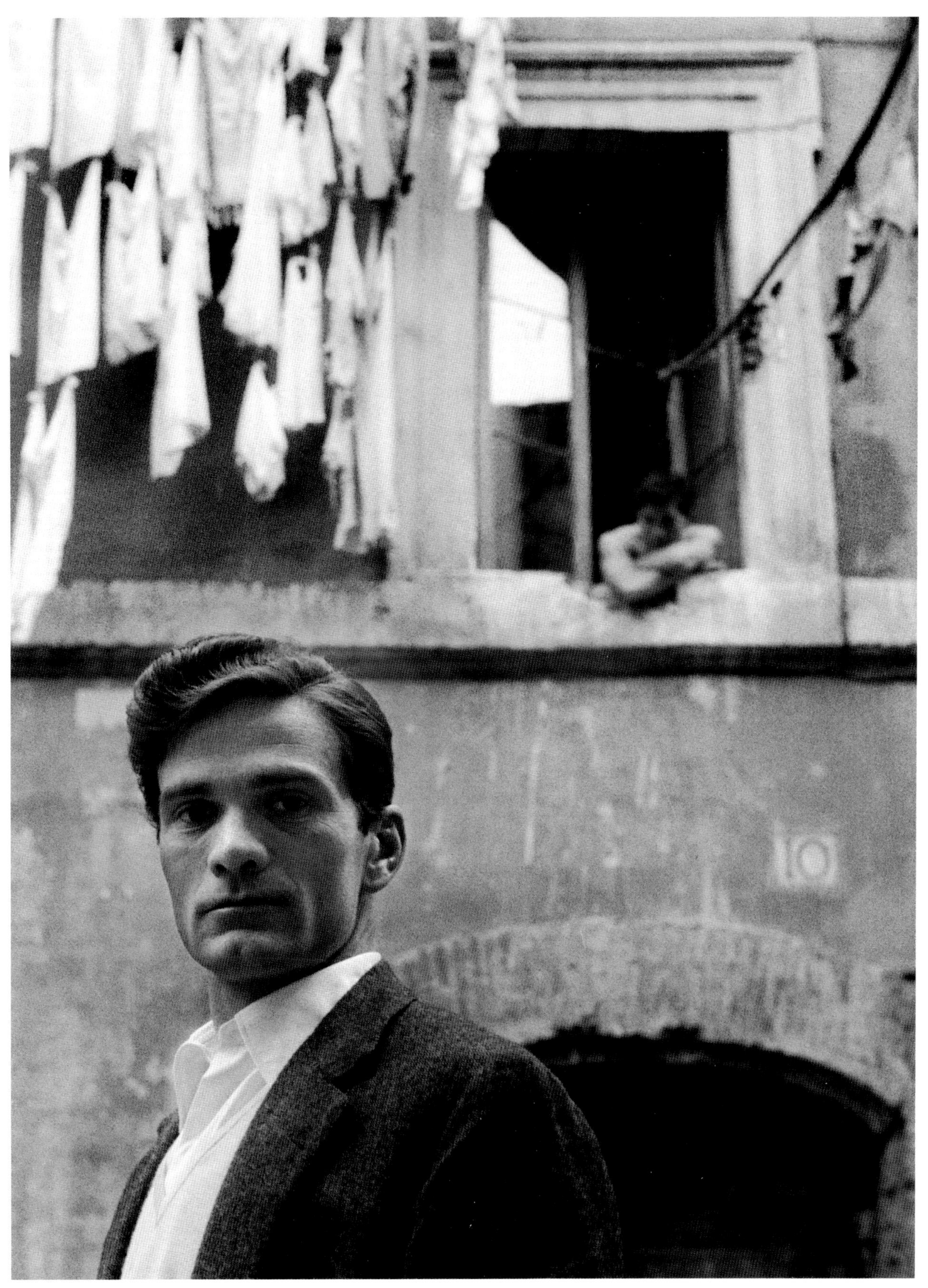

Pier Paolo Pasolini, Trastevere, Roma, Italia, 1953
Pier Paolo Pasolini, Trastevere, Rome, Italy, 1953
Pier Paolo Pasolini, Trastevere, Rome, Italie, 1953

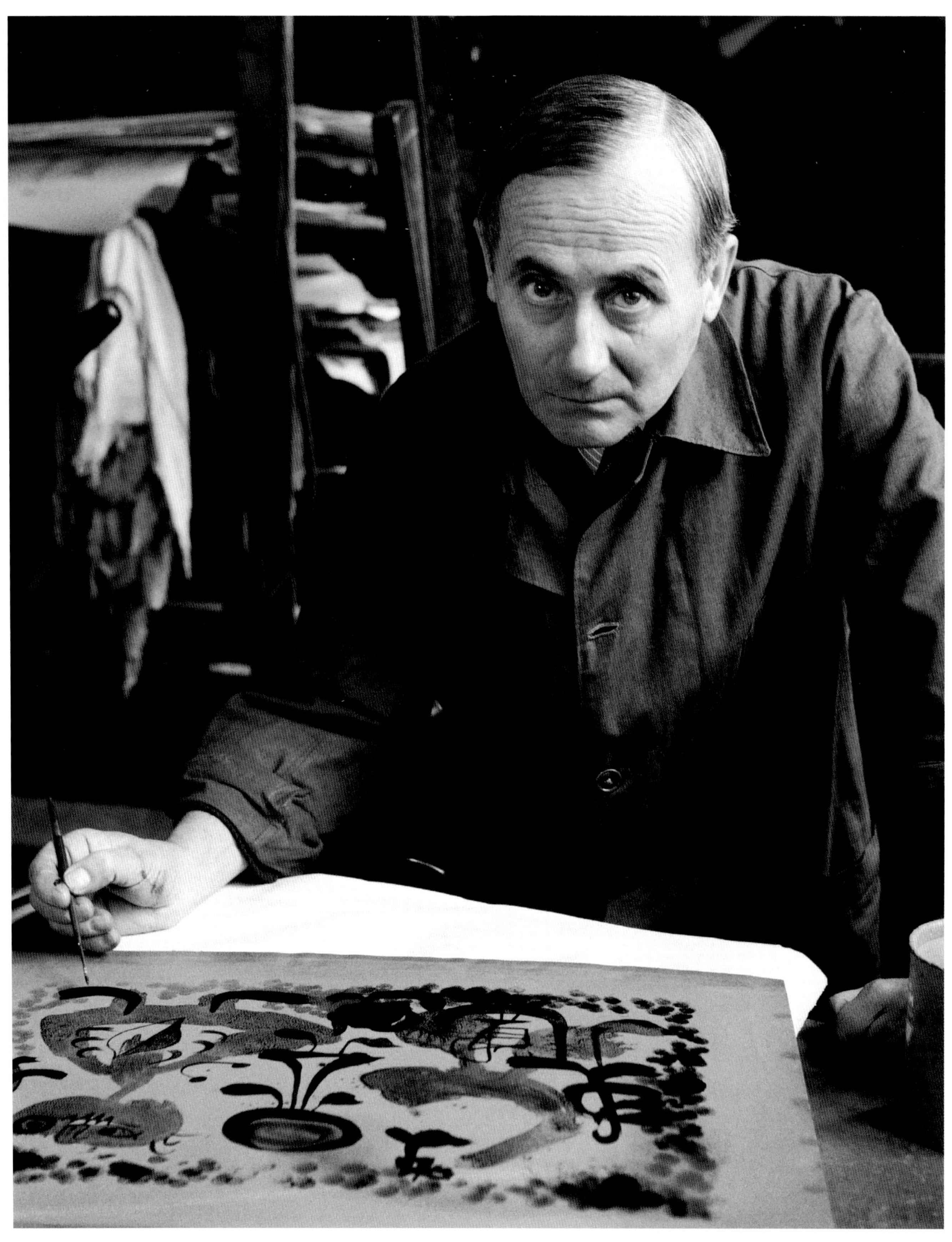

Joan Miró nel suo studio, Parigi, Francia, 1948
Joan Miró in his studio, Paris, France, 1948
Joan Miró dans son atelier, Paris, France, 1948

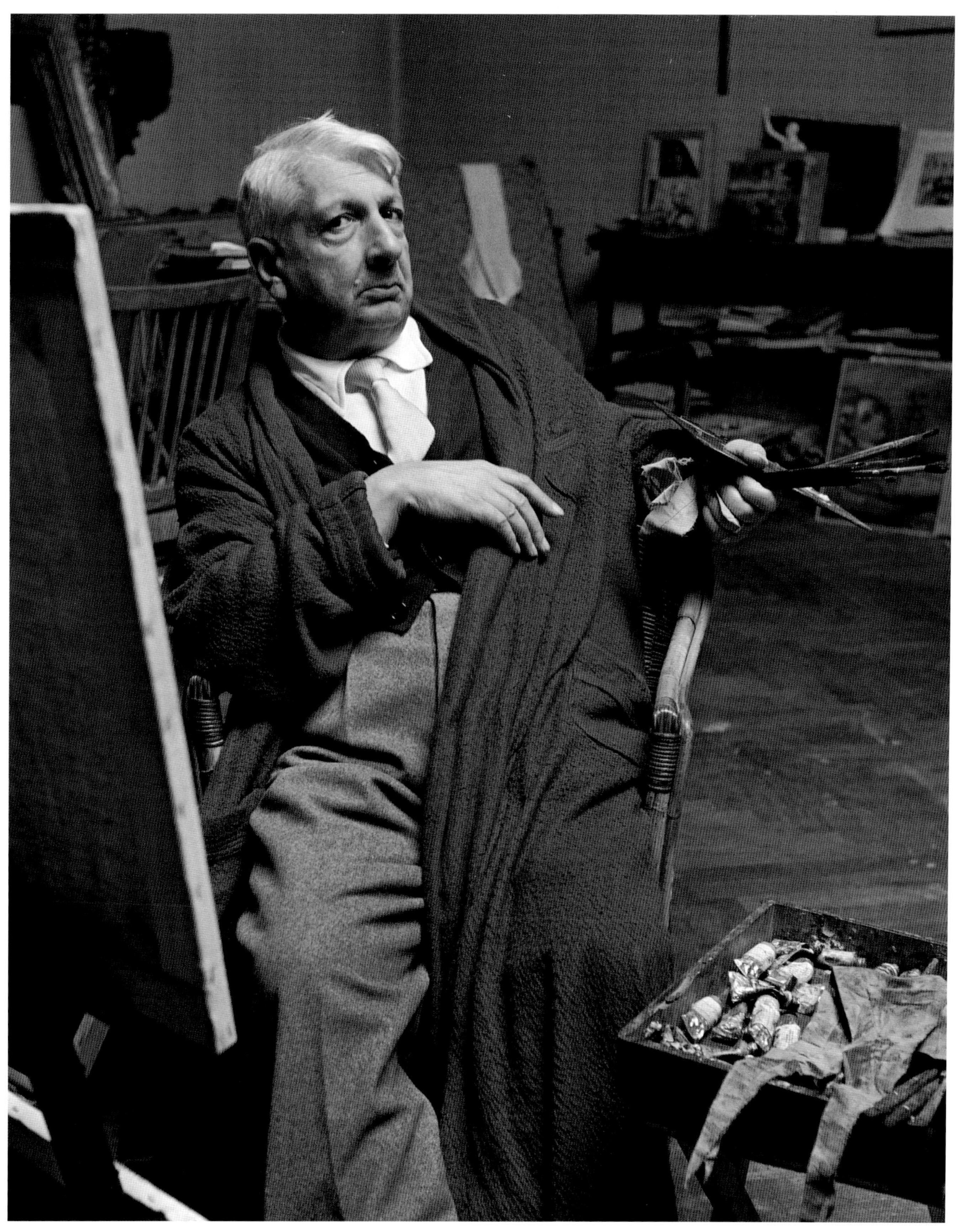

Giorgio de Chirico, Roma, Italia, 1951
Giorgio de Chirico, Rome, Italy, 1951
Giorgio de Chirico, Rome, Italie, 1951

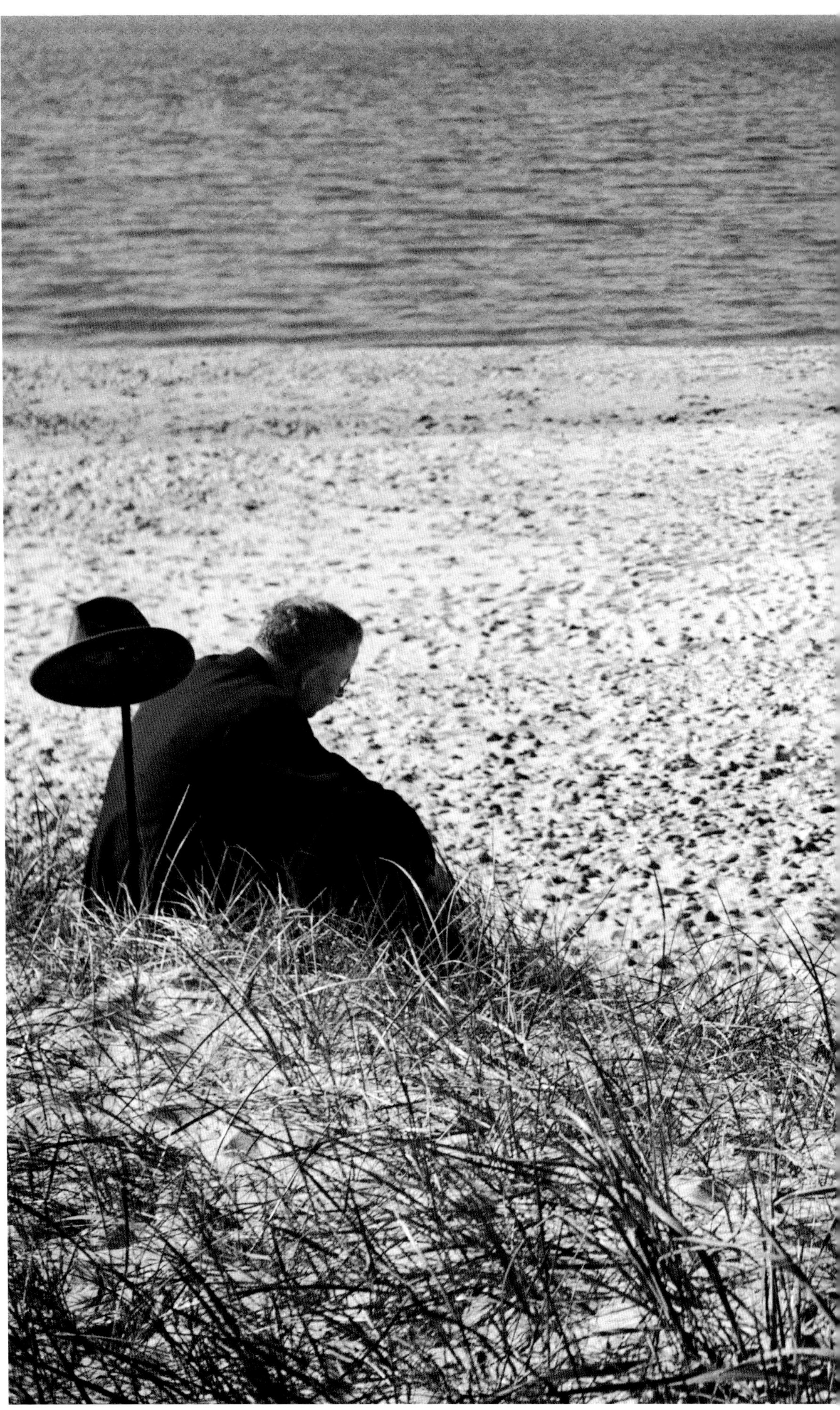

Picnic sul Baltico, Germania, 1930
Picnic by the Baltic, Germany, 1930
Pique-nique sur la Baltique,
Allemagne, 1930

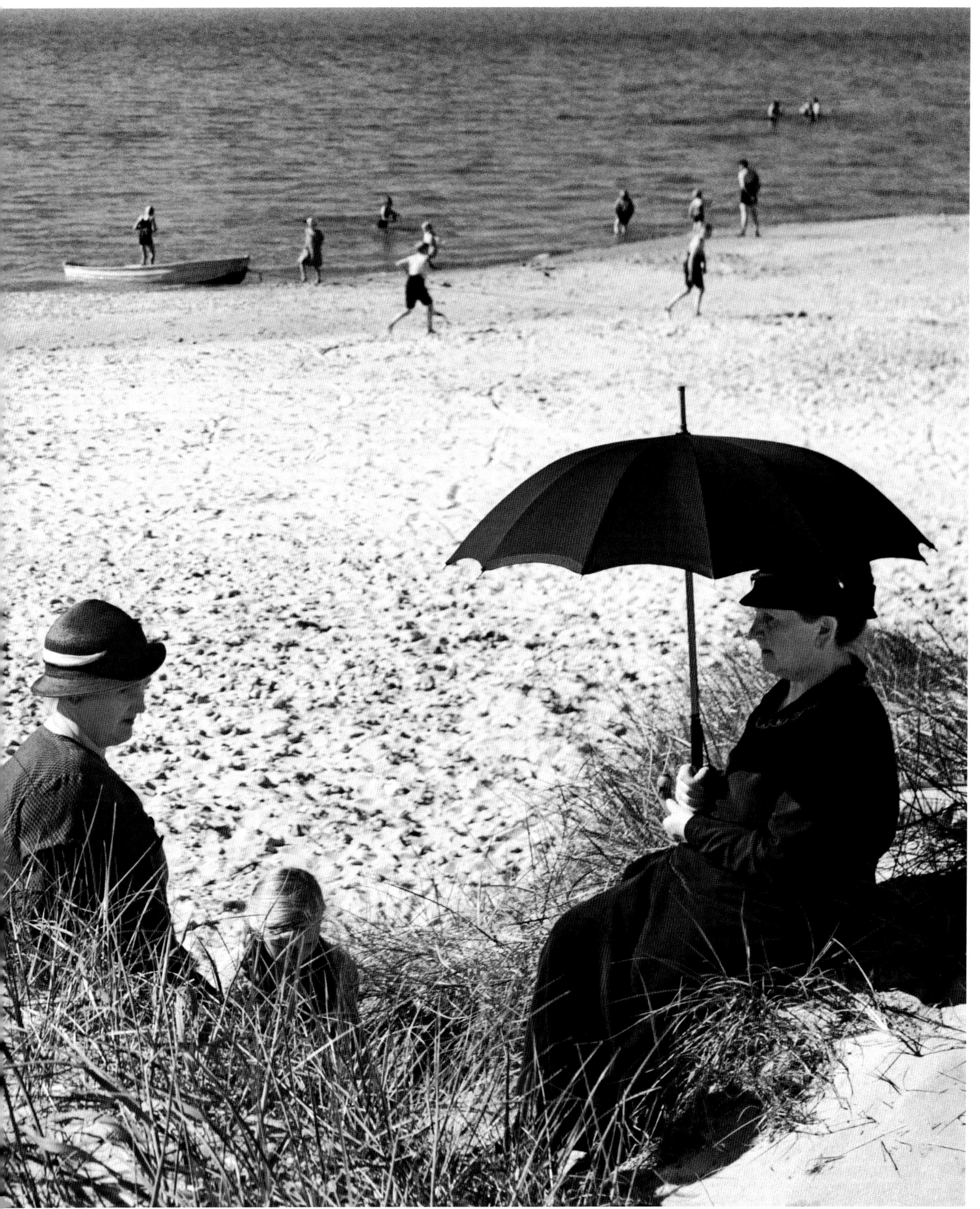

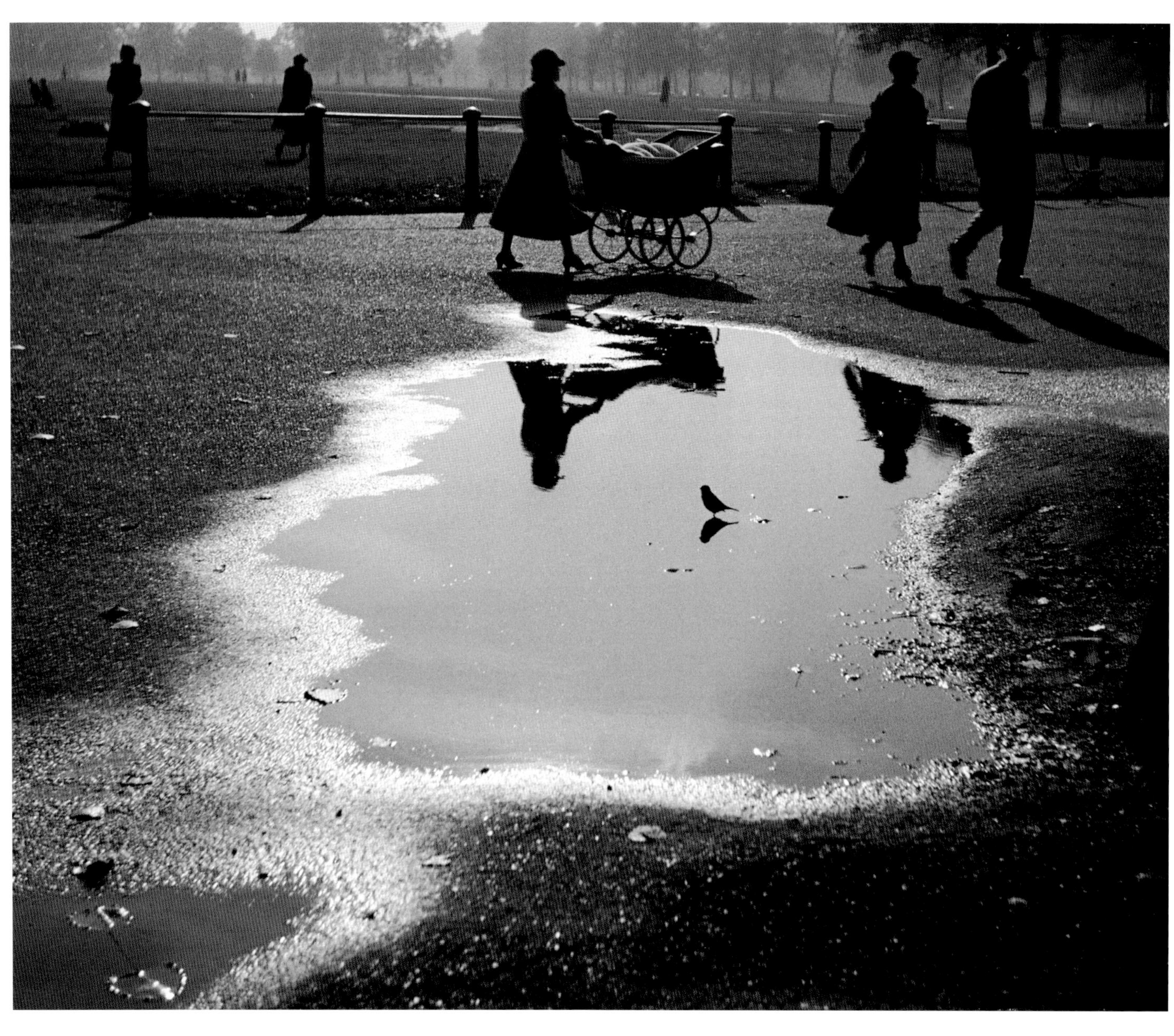

L'uccellino, Hyde Park, Londra, Gran Bretagna, 1936
The bird, Hyde Park, London, Great Britain, 1936
L'oiseau, Hyde Park, Londres, Grande-Bretagne, 1936

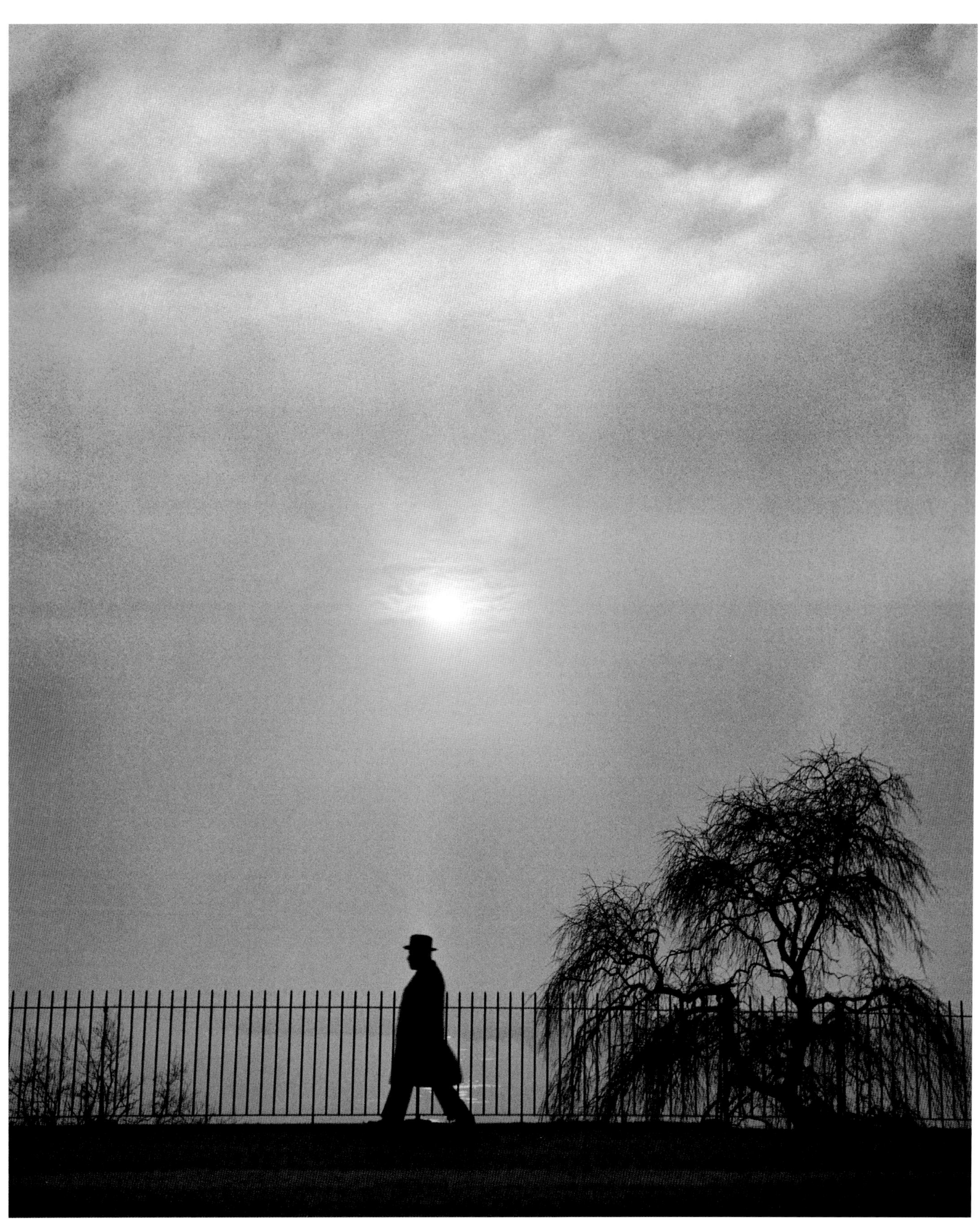

Passeggiata, Amburgo, Germania, 1932
Stroller, Hamburg, Germany, 1932
Flâneur, Hambourg, Allemagne, 1932

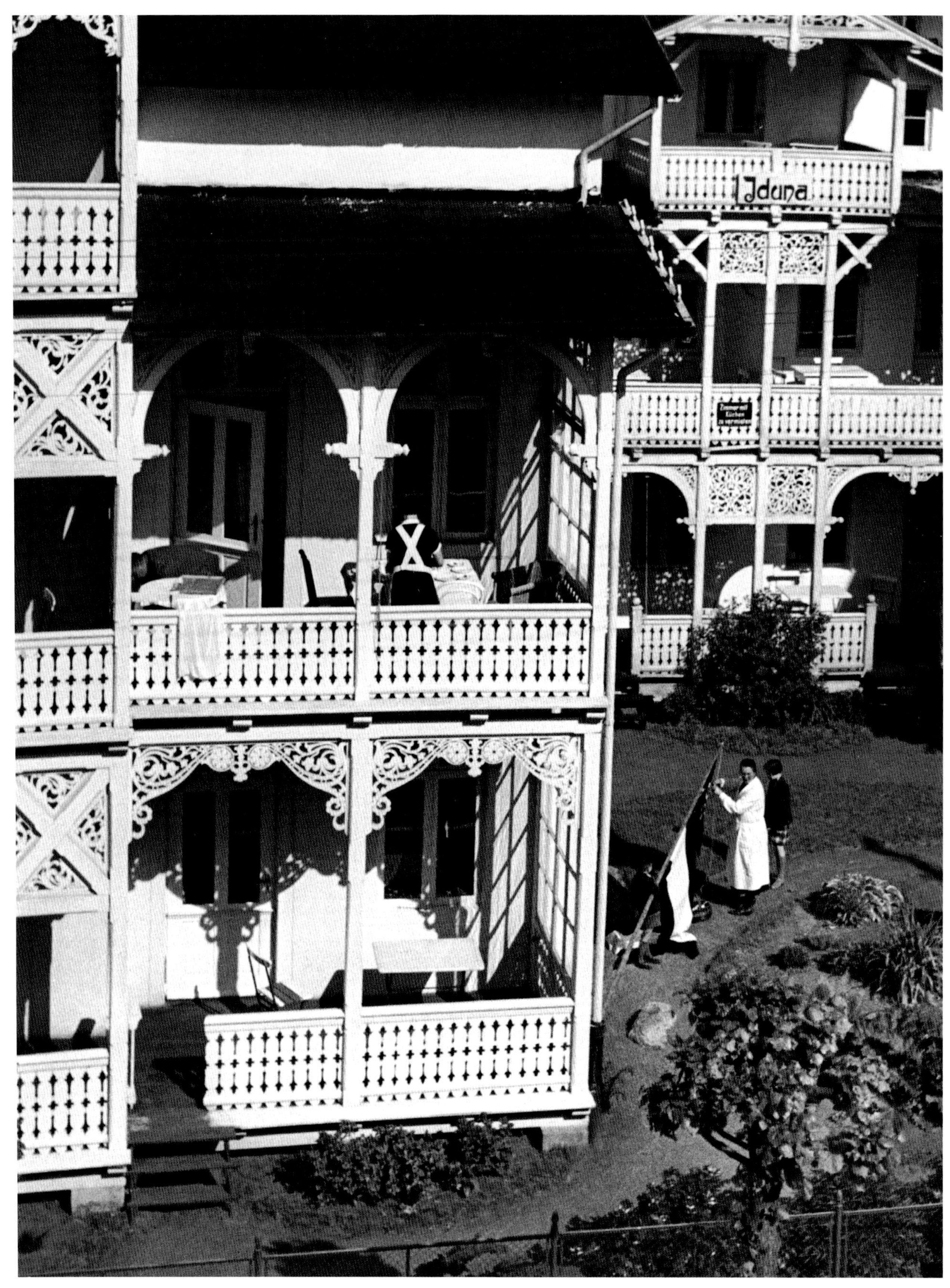

Case di pizzo, Timmendorfer Strand vicino ad Amburgo, Germania, 1930
Houses of lace, Timmendorfer Strand near Hamburg, Germany, 1930
Maisons de dentelle, Timmendorfer Strand près de Hambourg, Allemagne, 1930

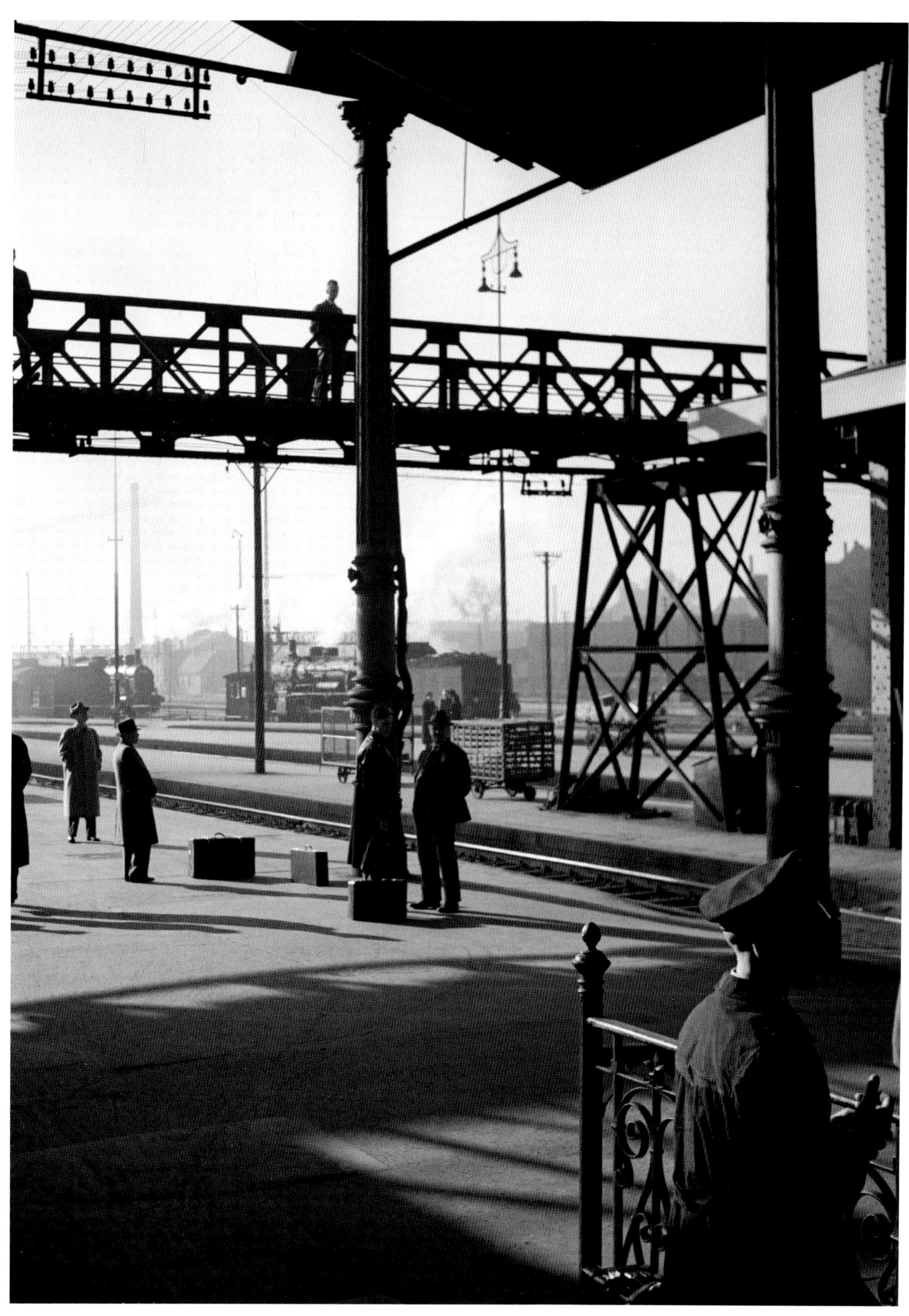

In attesa alla stazione di Amburgo, Germania, 1930
Waiting at the station, Hamburg, Germany, 1930
Attente à la gare, Hambourg, Allemagne, 1930

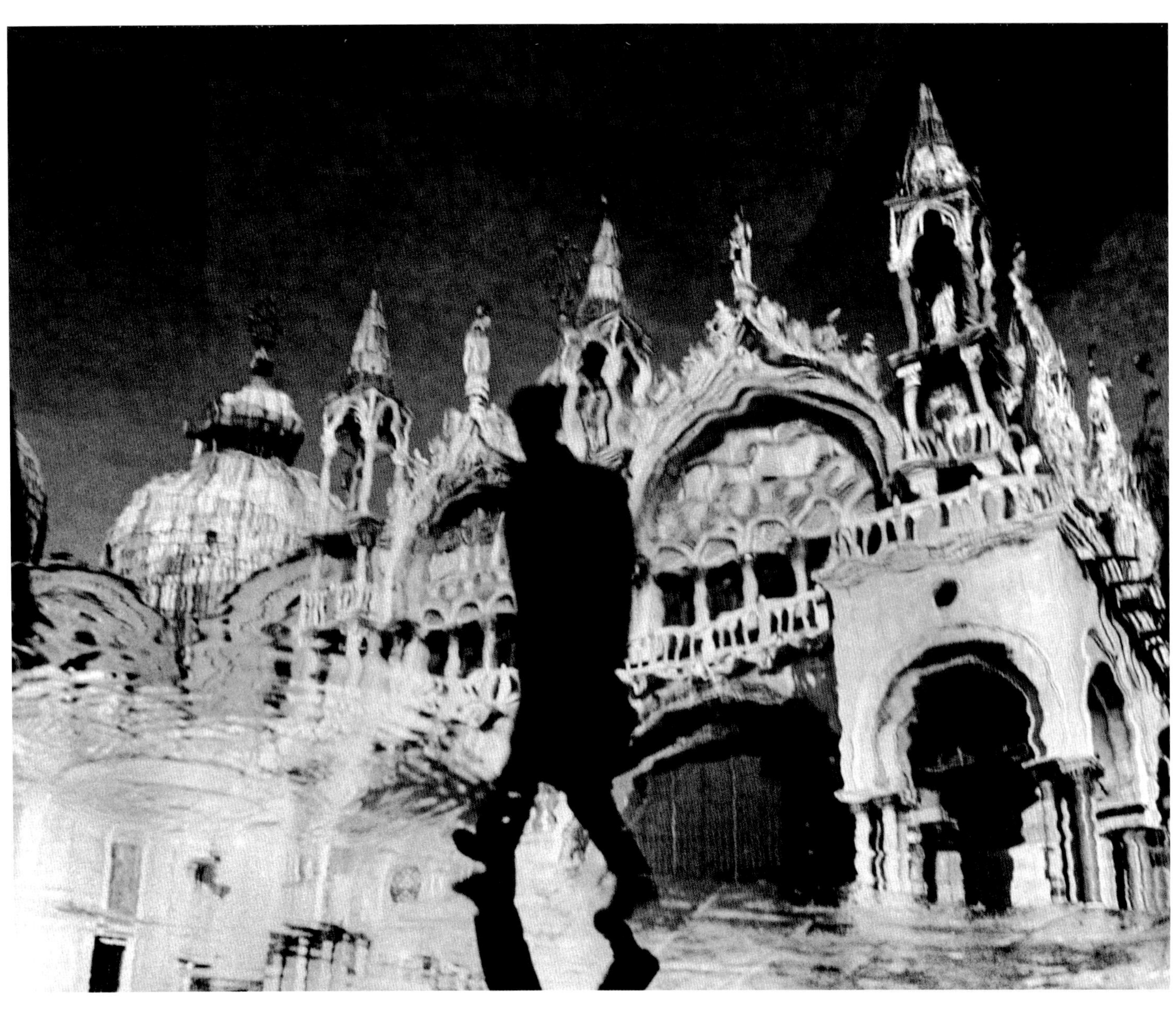

Riflessi di San Marco, Venezia, Italia, 1953
Reflections of St Marco, Venice, Italy, 1953
Reflets de Saint-Marc, Venise, Italie, 1953

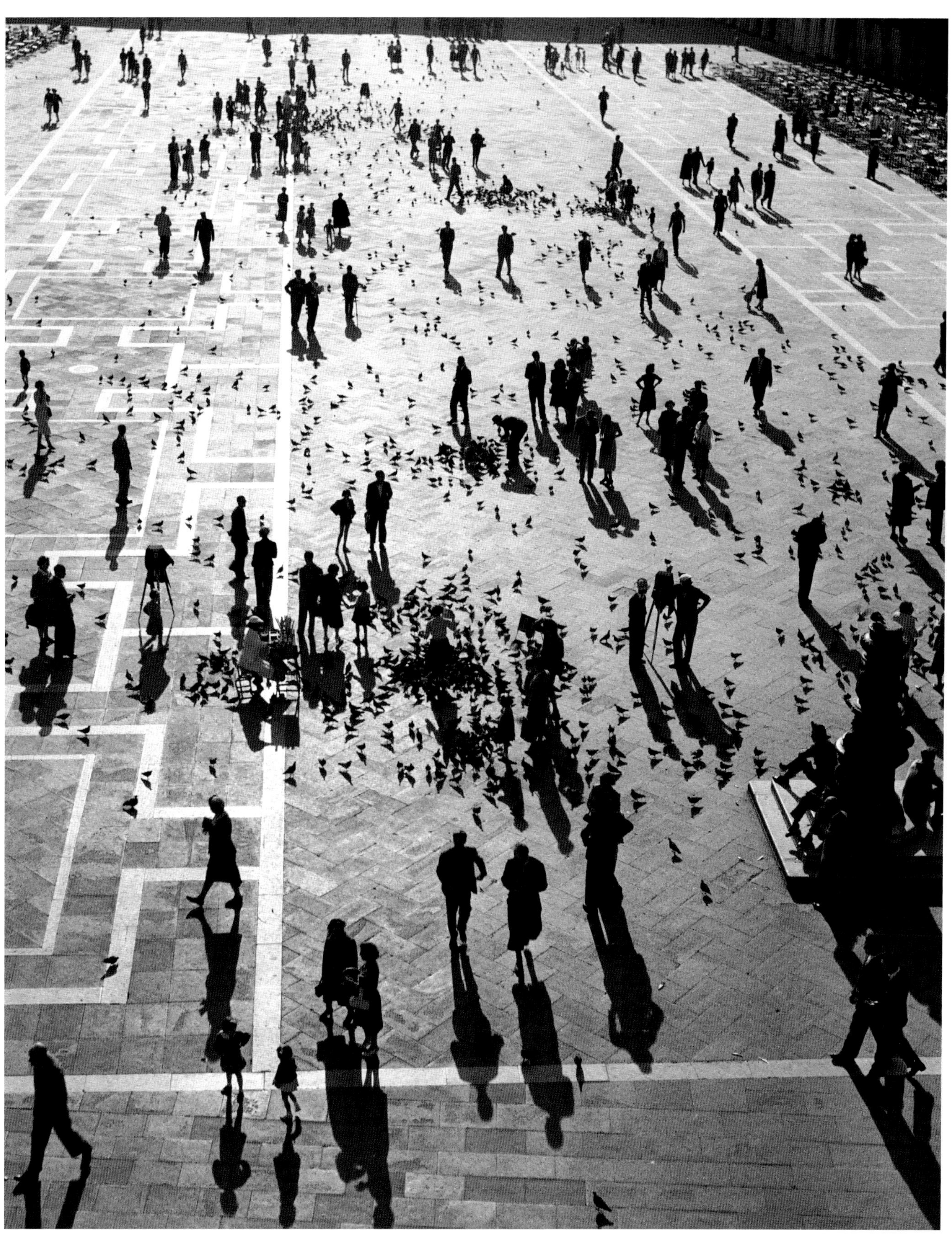

Piazza San Marco, Venezia, Italia, 1939
Piazza San Marco, Venice, Italy, 1939
Place Saint-Marc, Venise, Italie, 1939

Il lungo viaggio, Roma, Italia, 1938
The long journey, Rome, Italy, 1938
Le long voyage, Rome, Italie, 1938

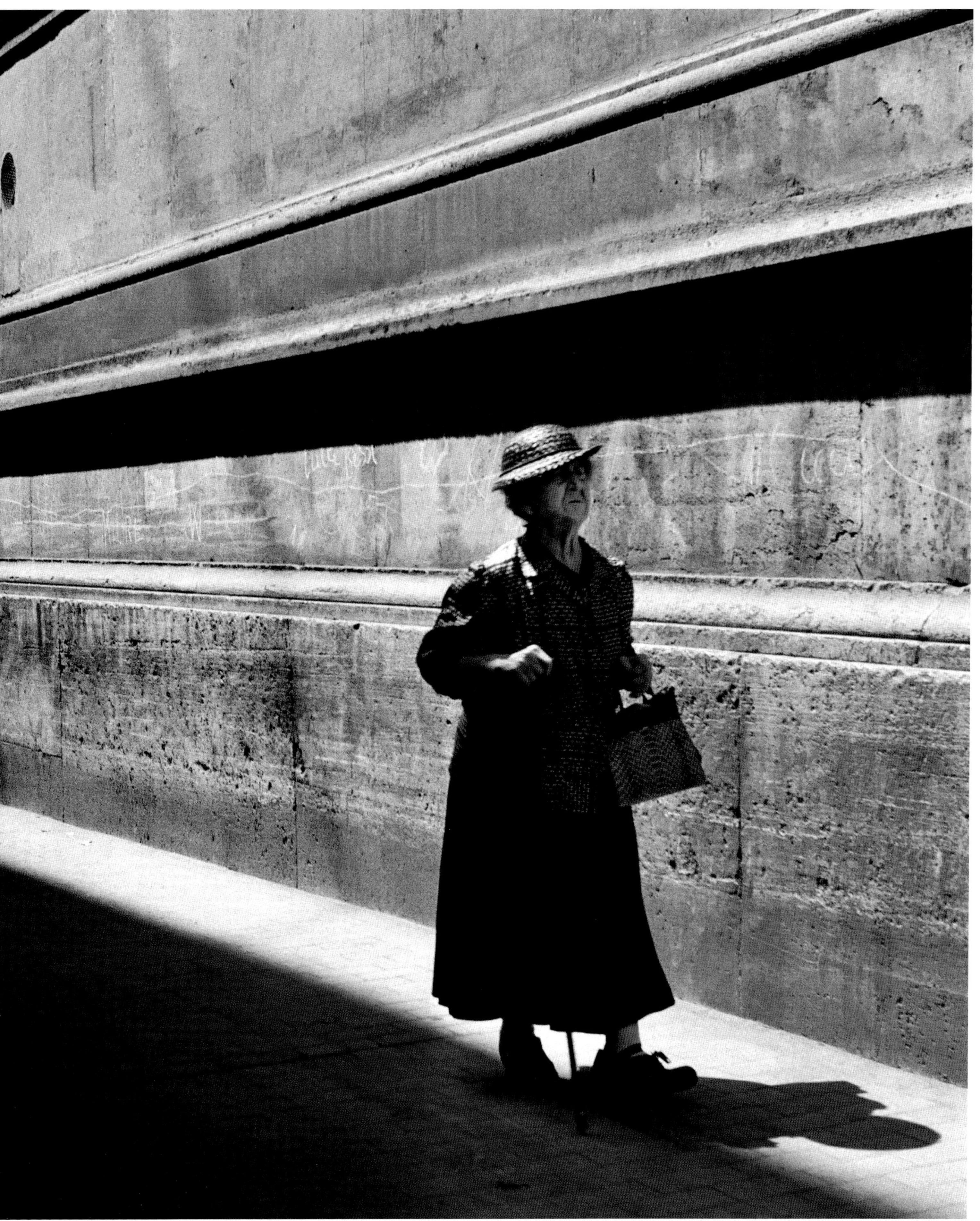

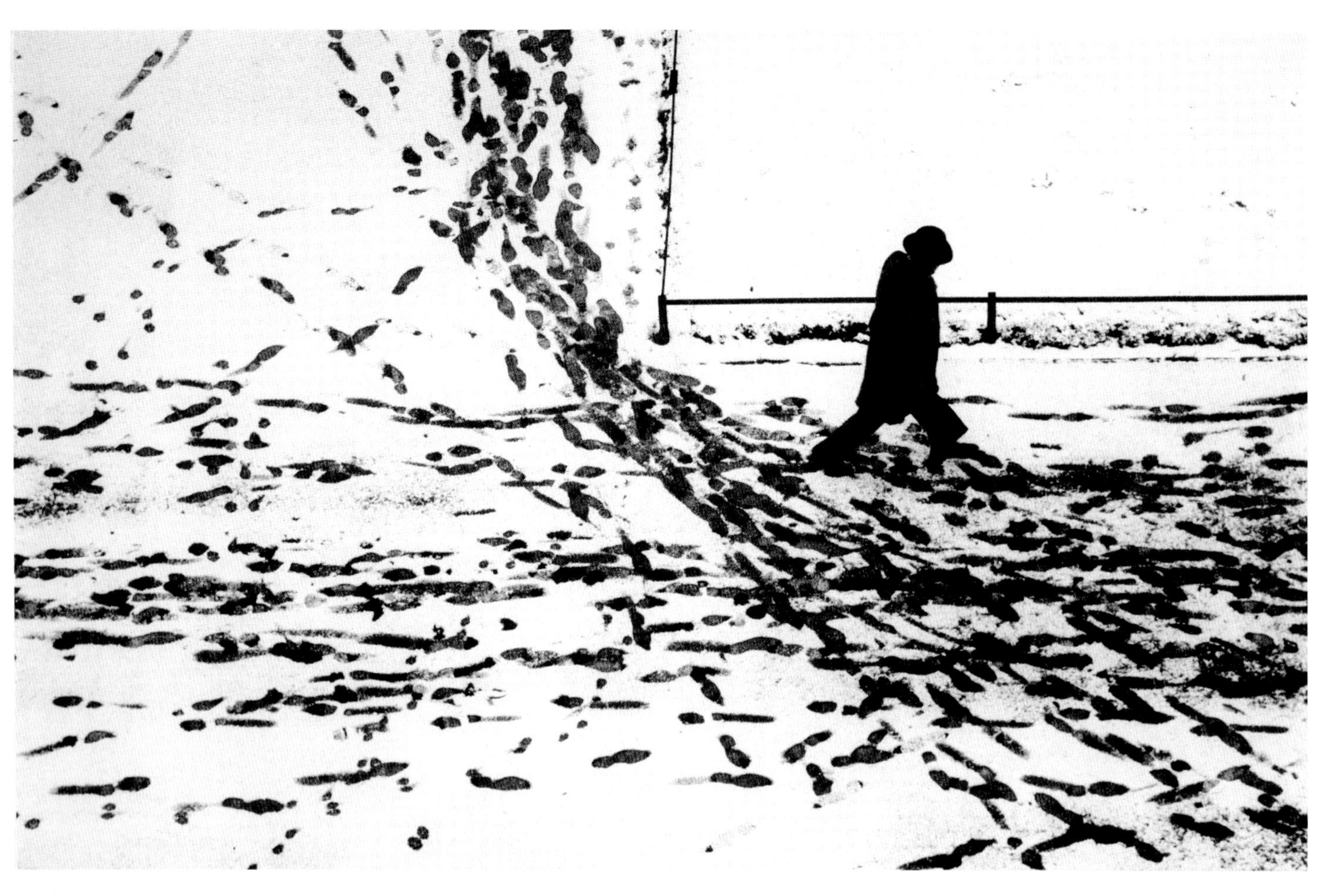

L'ultima neve, Monaco, Germania, 1953
Last snow, Munich, Germany, 1953
Dernière neige, Munich, Allemagne, 1953

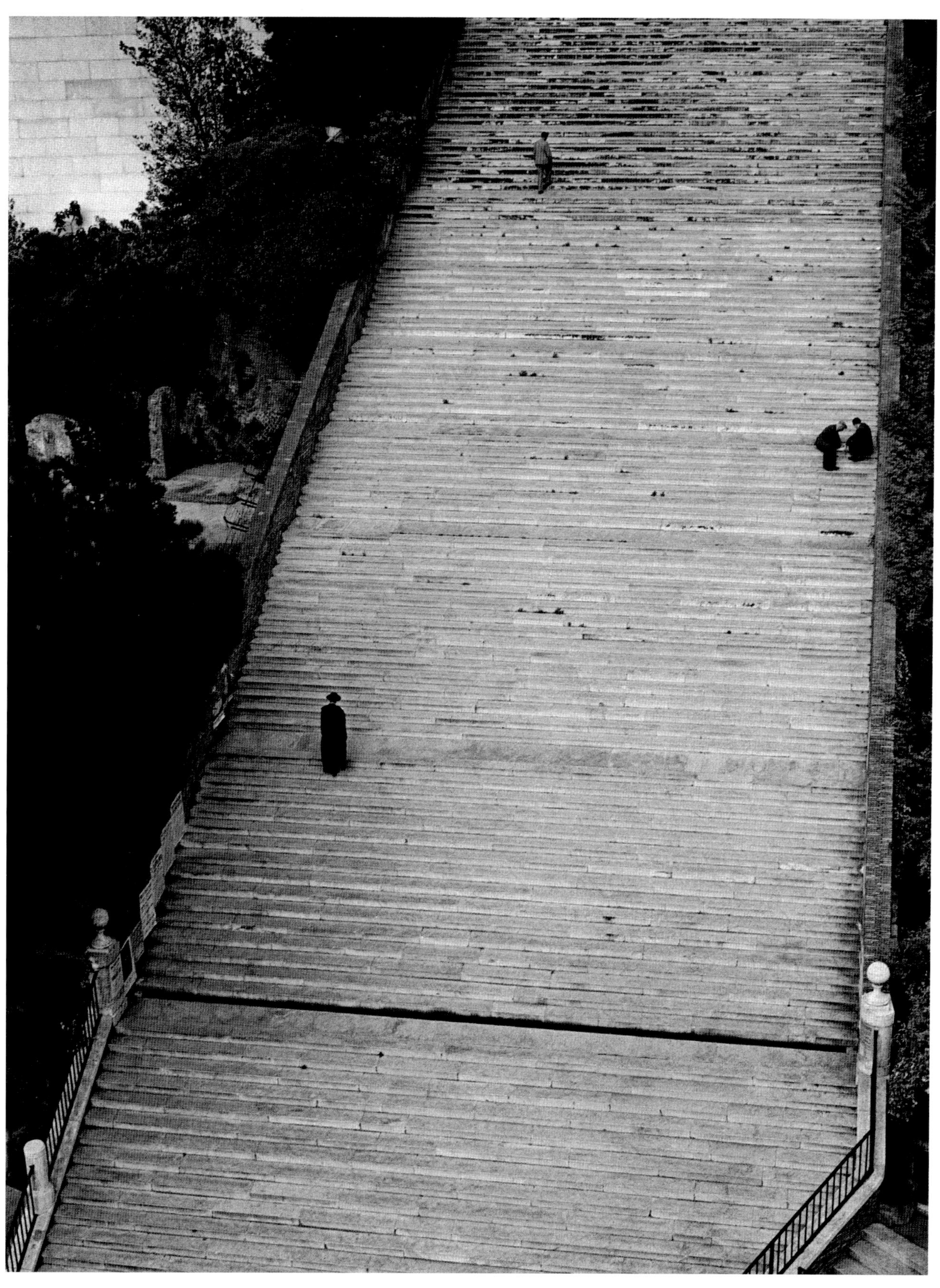

Scalinata verso il Paradiso, Roma, Italia, 1949
Stairway to Heaven, Rome, Italy, 1949
Escalier pour le Paradis, Rome, Italie, 1949

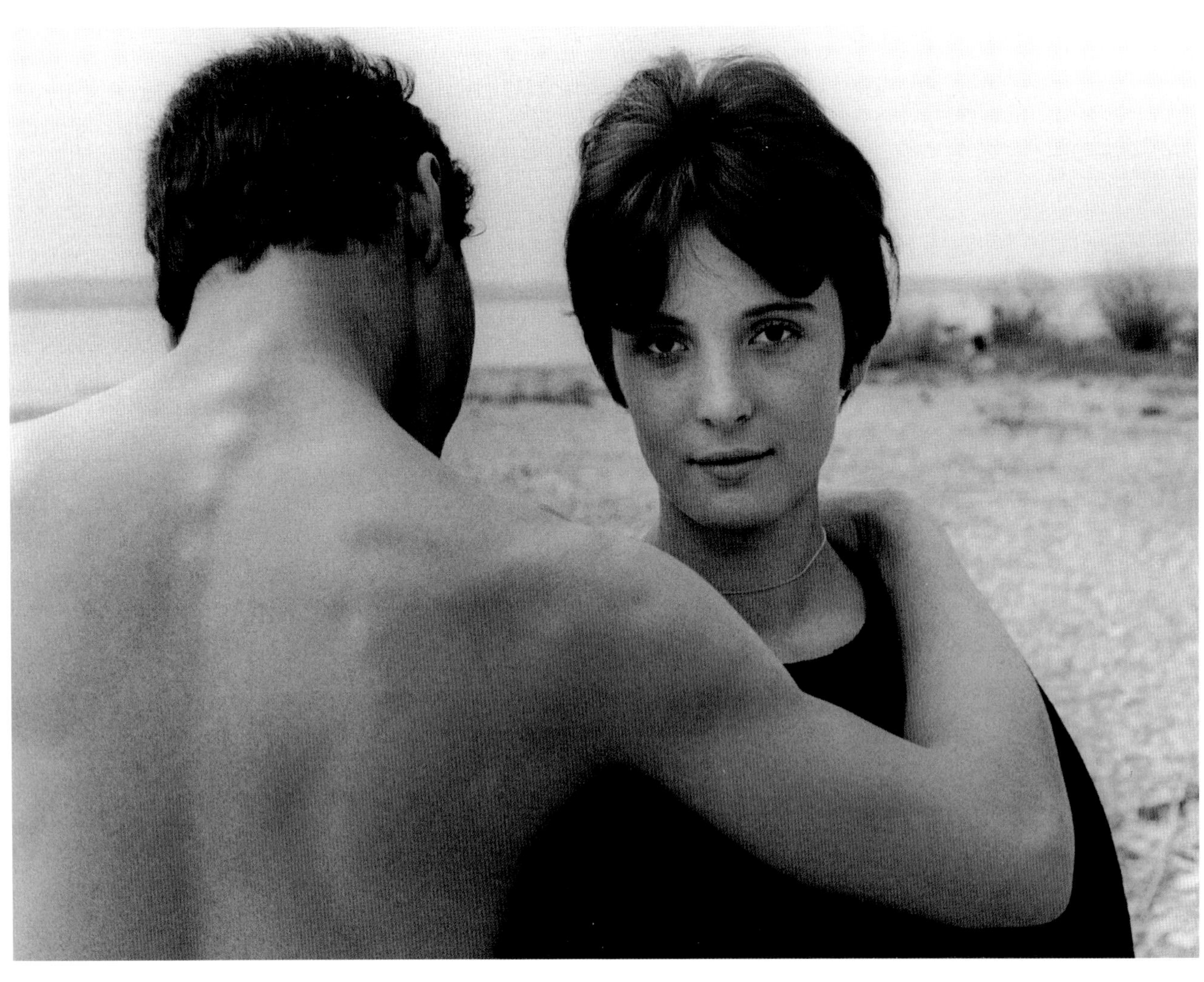

Coppia sul lago di Ammersee, Baviera, Germania, 1958
Couple at Lake Ammersee, Bavaria, Germany, 1958
Couple au lac Ammersee, Bavière, Allemagne, 1958

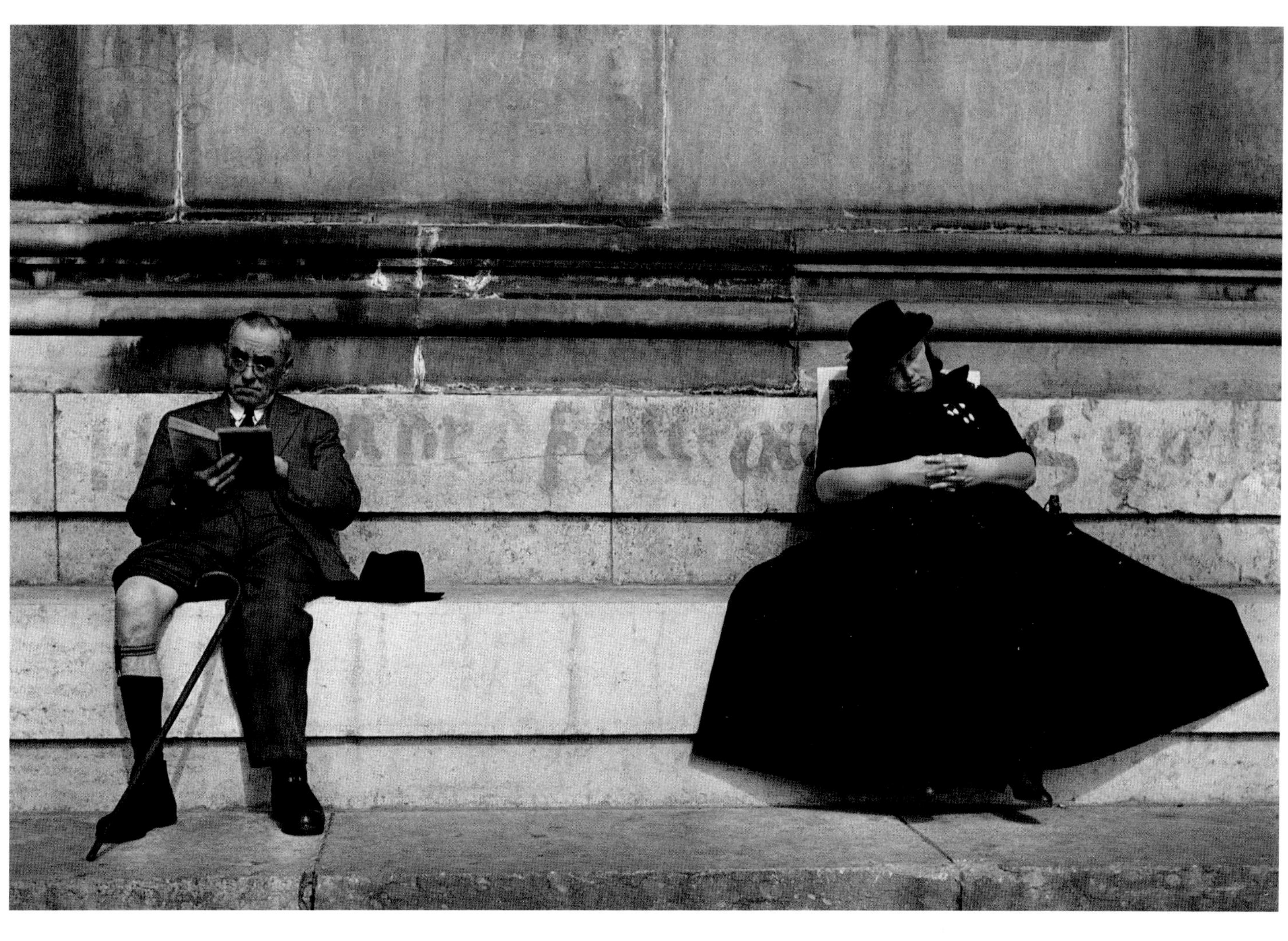

Sole primaverile alla Glyptothek, Monaco, Germania, 1950
Spring sunshine at the Glyptothek, Munich, Germany, 1950
Au soleil du printemps à la Glyptothèque, Munich, Allemagne, 1950

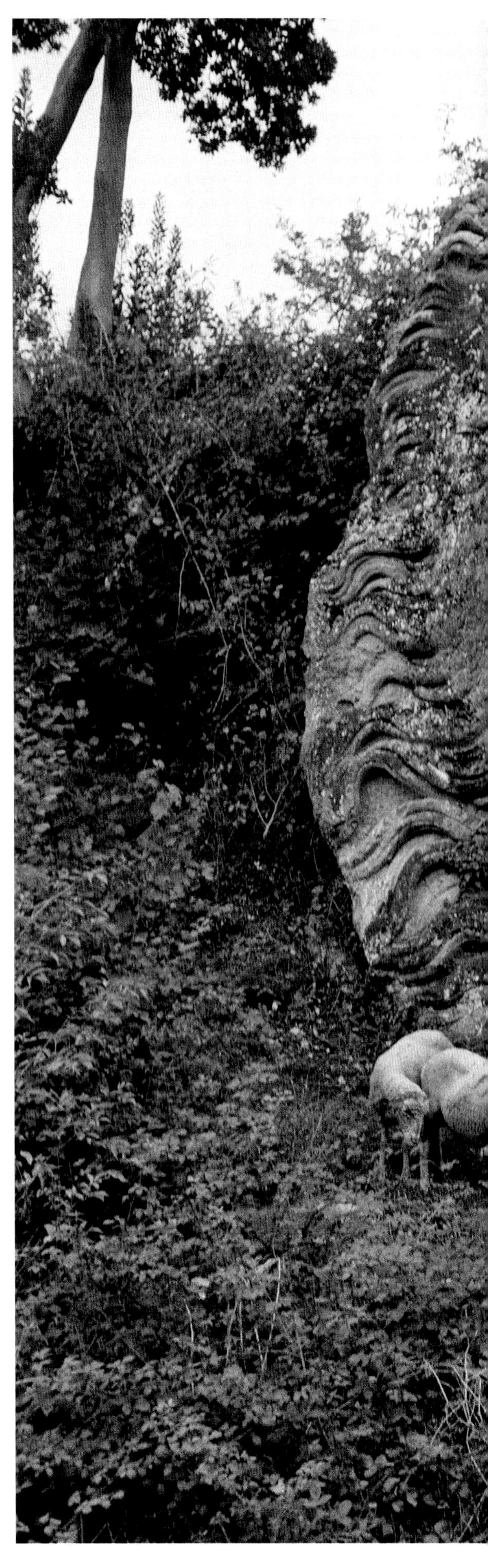

Parco di Palazzo Orsini, Bomarzo, Italia, 1952
Park of the Palazzo Orsini, Bomarzo, Italy, 1952
Parc du Palais Orsini, Bomarzo, Italie, 1952

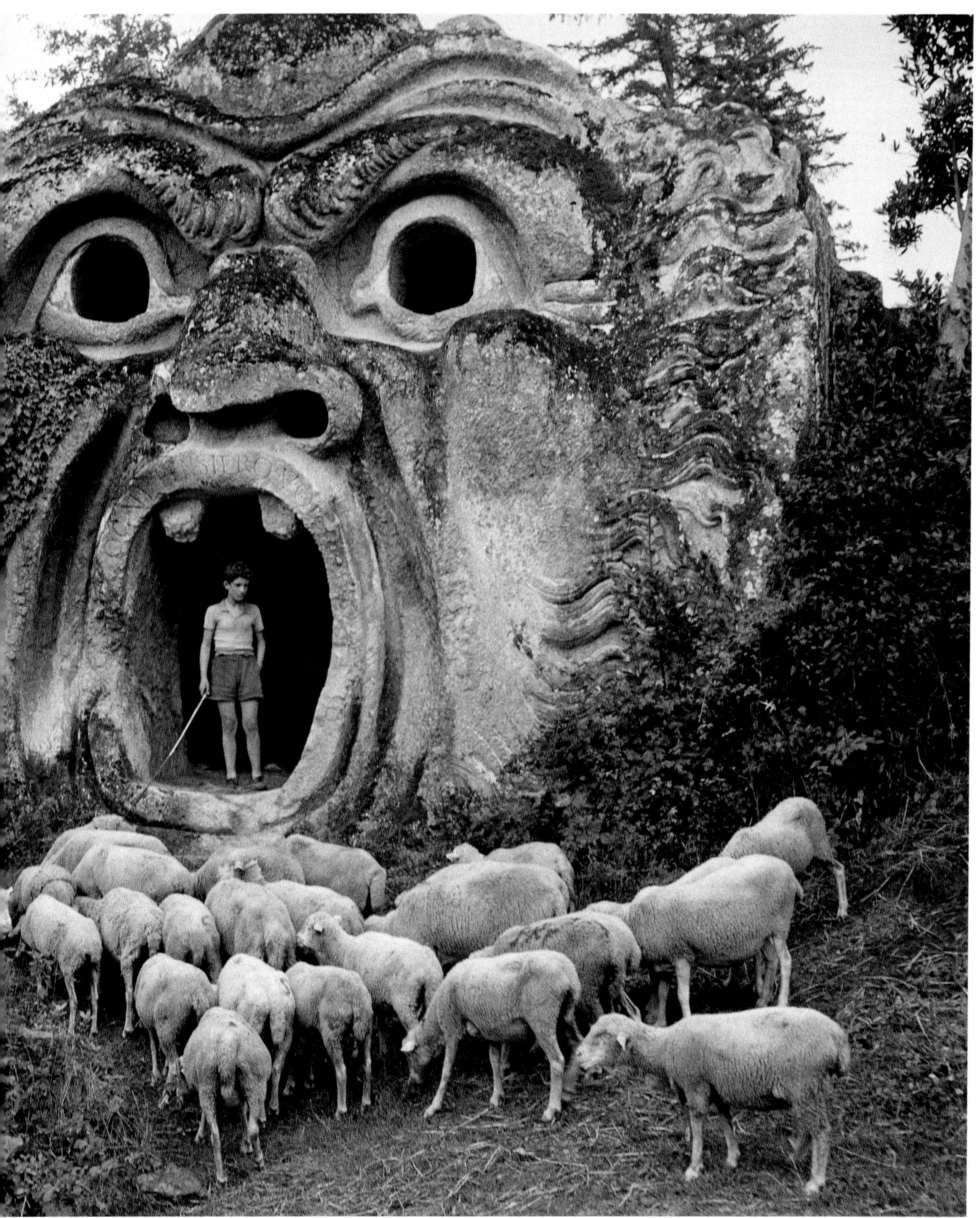

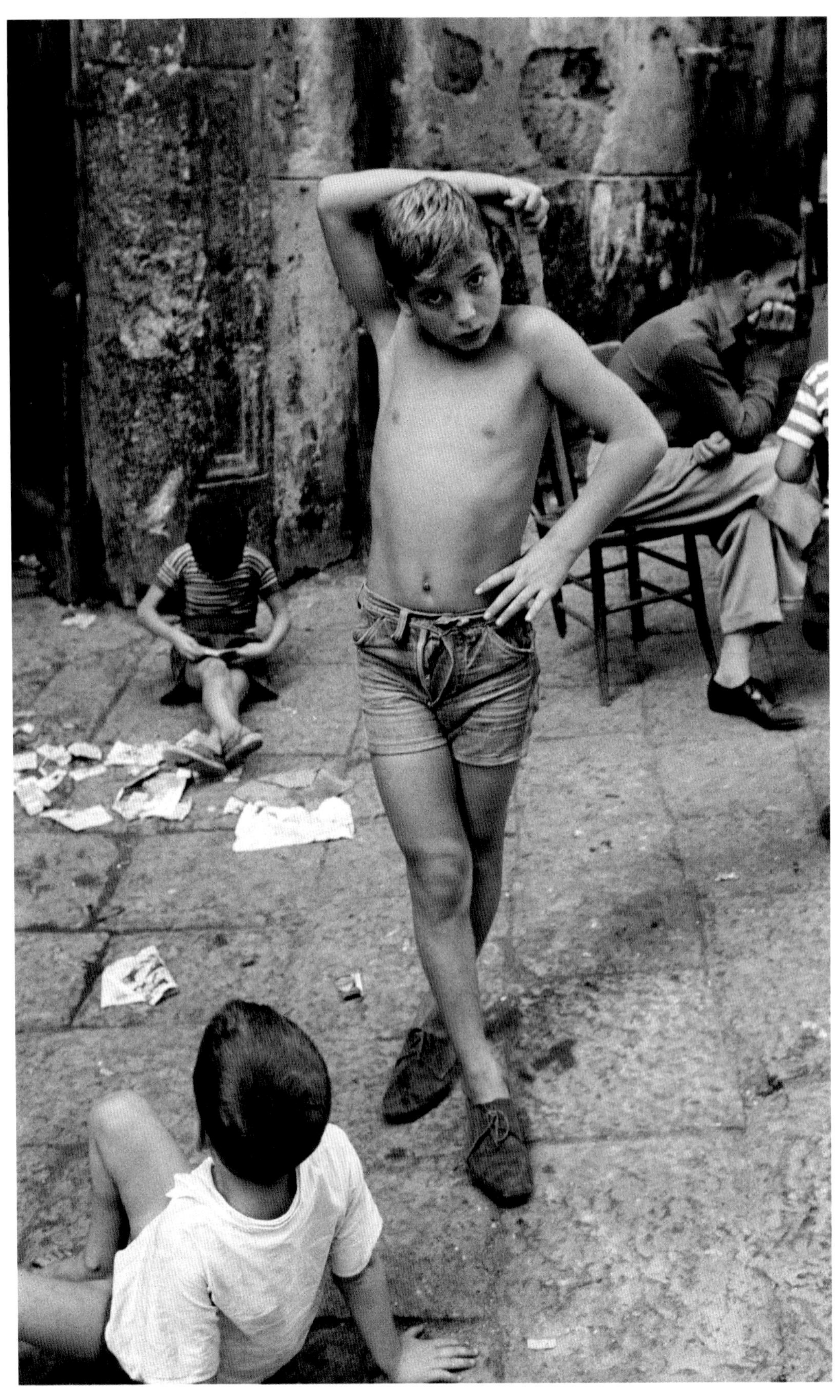

Gennaro Barattolo, Napoli, Italia, 1961
Gennaro Barattolo, Naples, Italy, 1961
Gennaro Barattolo, Naples, Italie, 1961

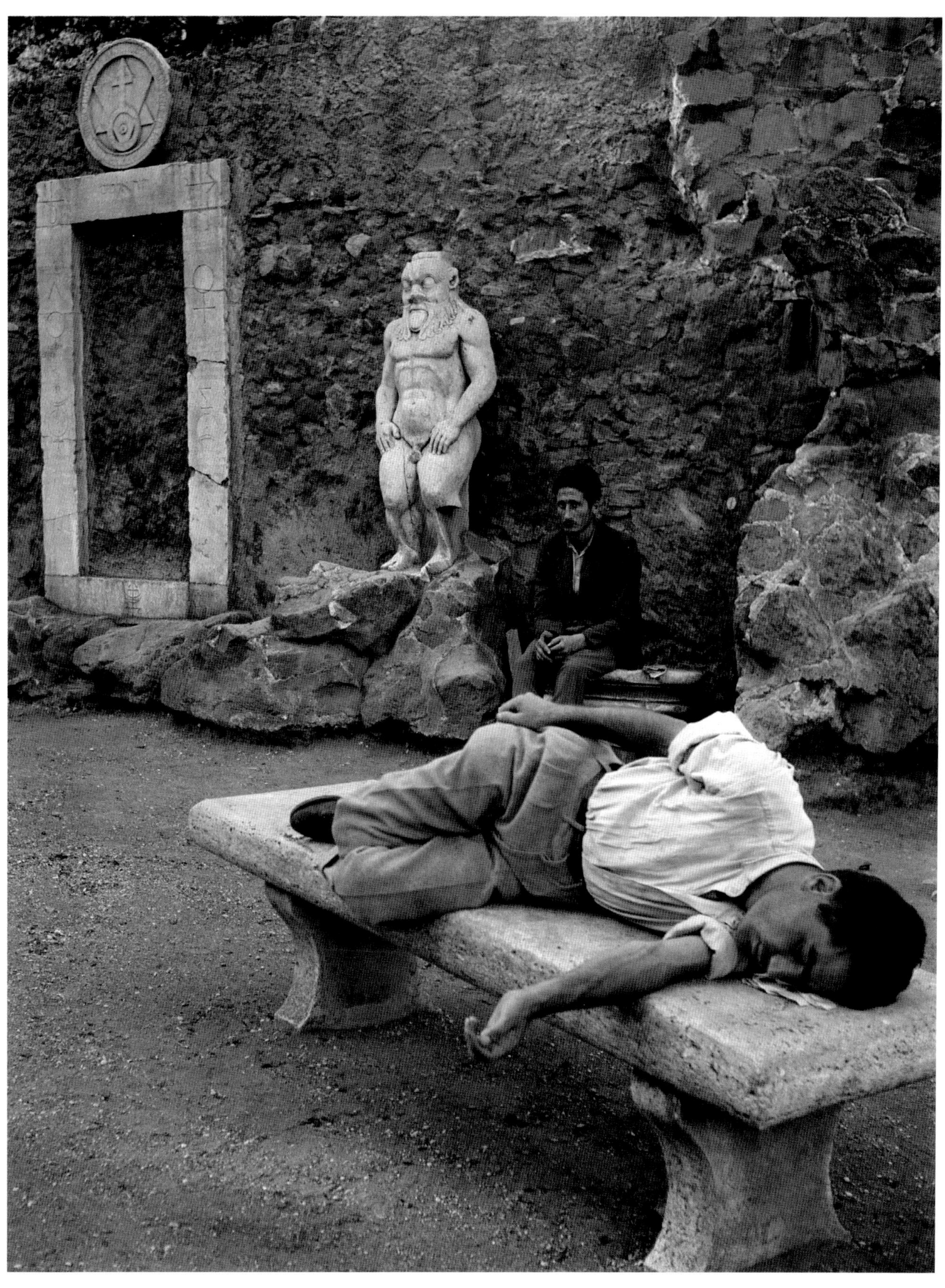

Incantesimo presso la Porta Magica, Roma, Italia, 1949
Bewitched at La Porta Magica, Rome, Italy, 1949
Ensorcelé à la Porta Magica, Rome, Italie, 1949

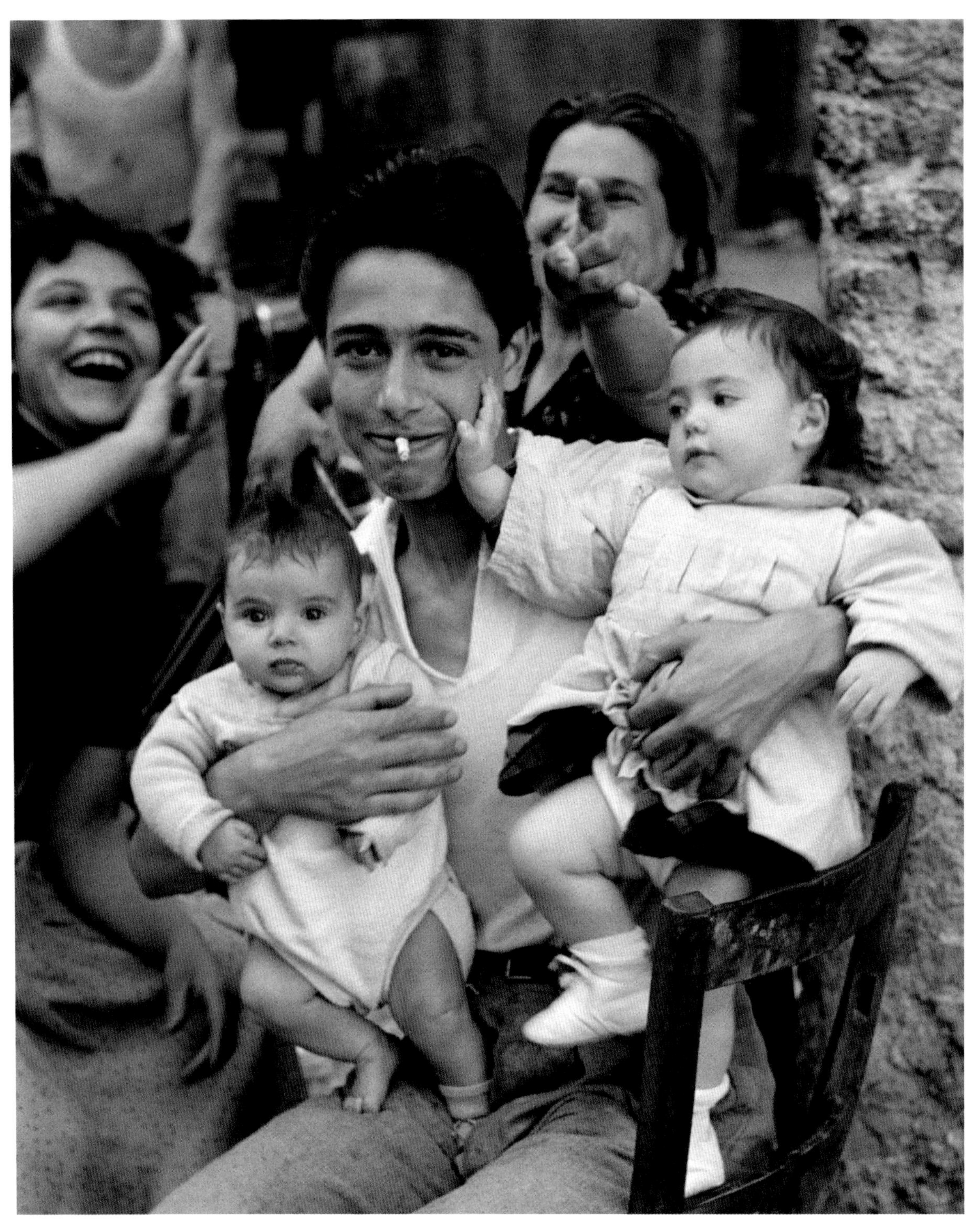

Le corna - Il padre orgoglioso, Trastevere, Roma, Italia, 1951
Le Corna - The proud father, Trastevere, Rome, Italy, 1951
Les cornes - Le père orgueilleux, Trastevere, Rome, Italie, 1951

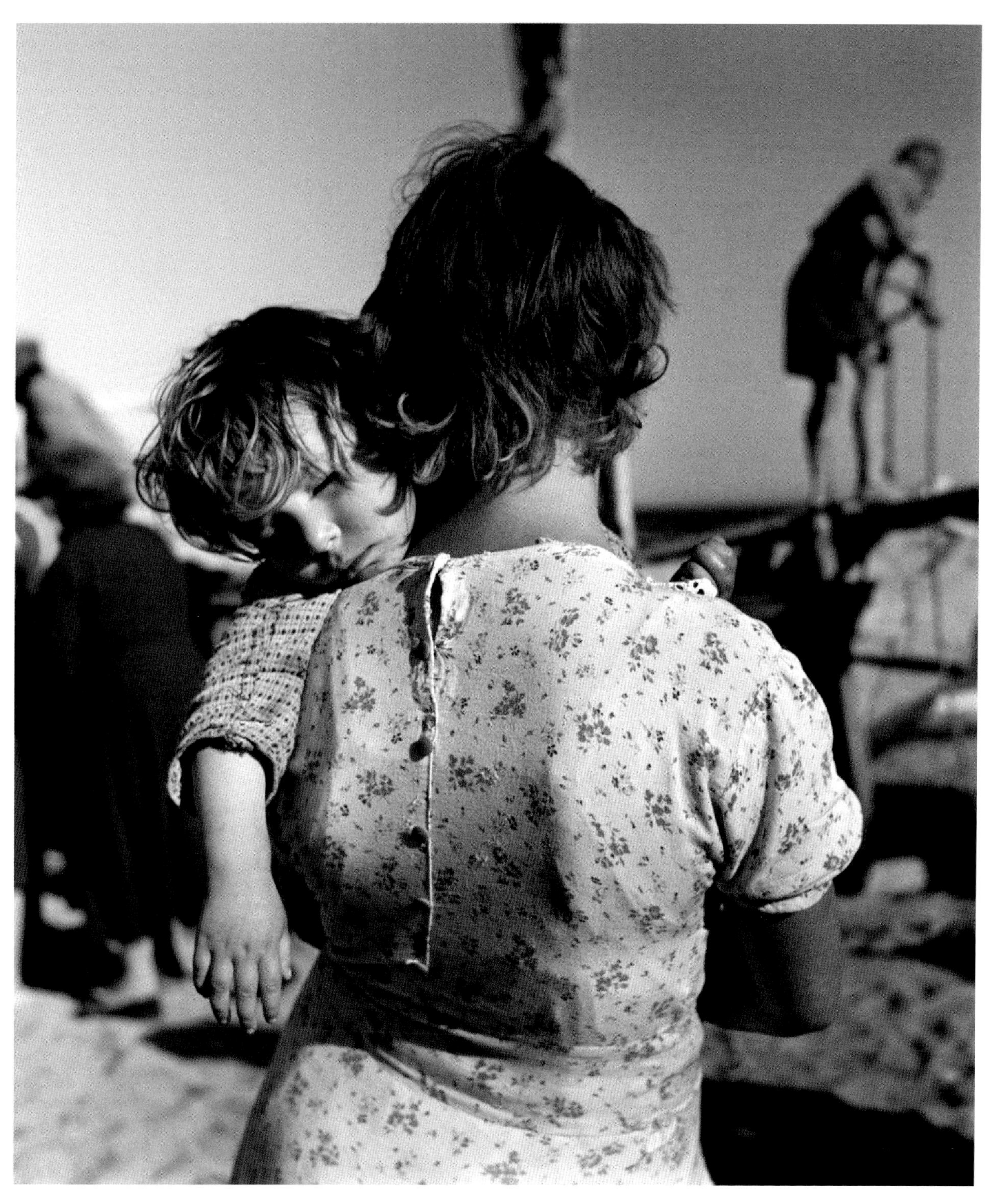

Stanchezza, Spagna, 1950
Tired, Spain, 1950
Fatiguée, Espagne, 1950

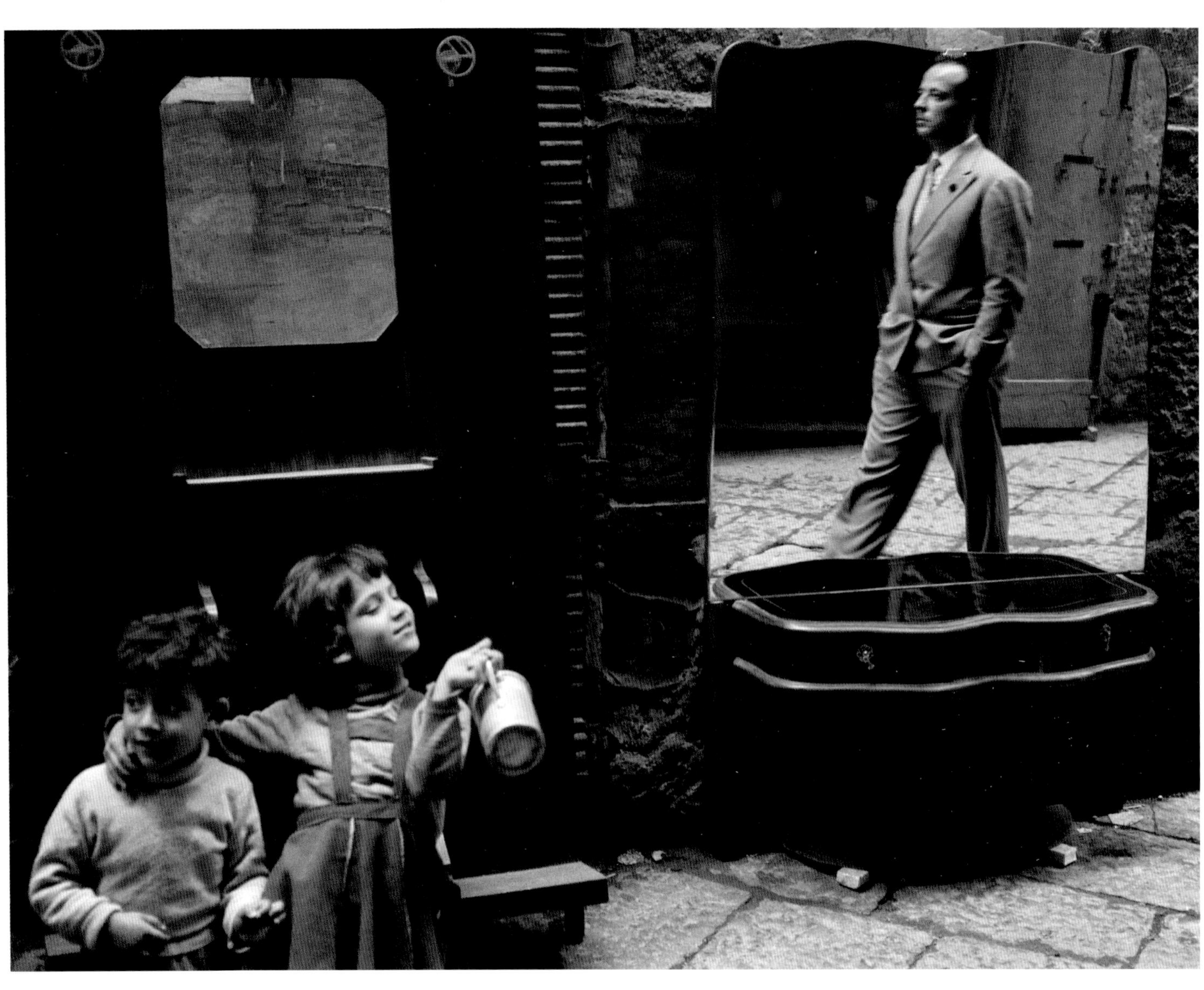

Vendita di mobili per la strada, Napoli, Italia, 1959
Selling furniture in the street, Naples, Italy, 1959
Vente de meubles dans la rue, Naples, Italie, 1959

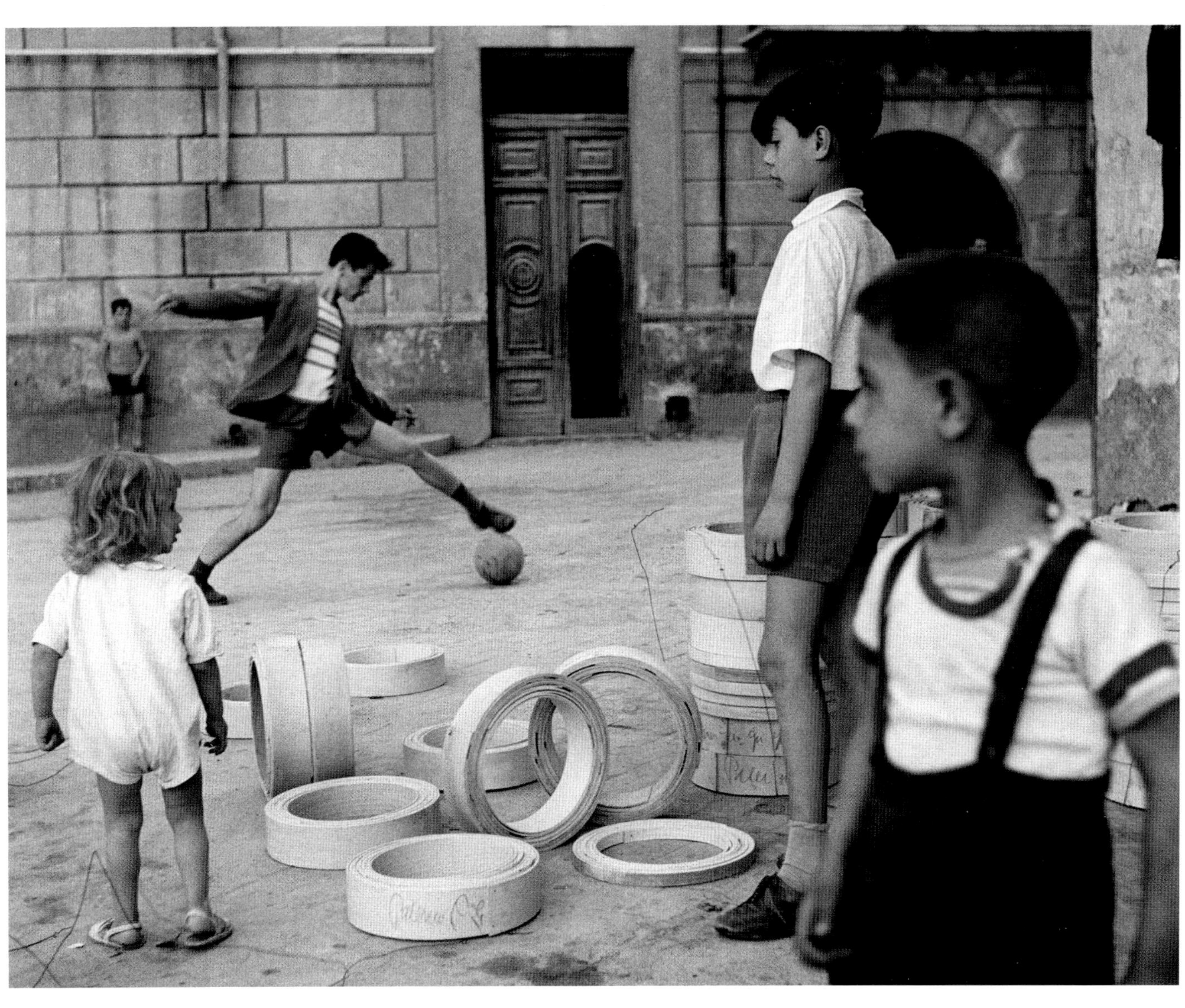

Il gioco del pallone per la strada, Napoli, Italia, 1959
Soccer in the street, Naples, Italy, 1959
Football dans la rue, Naples, Italie, 1959

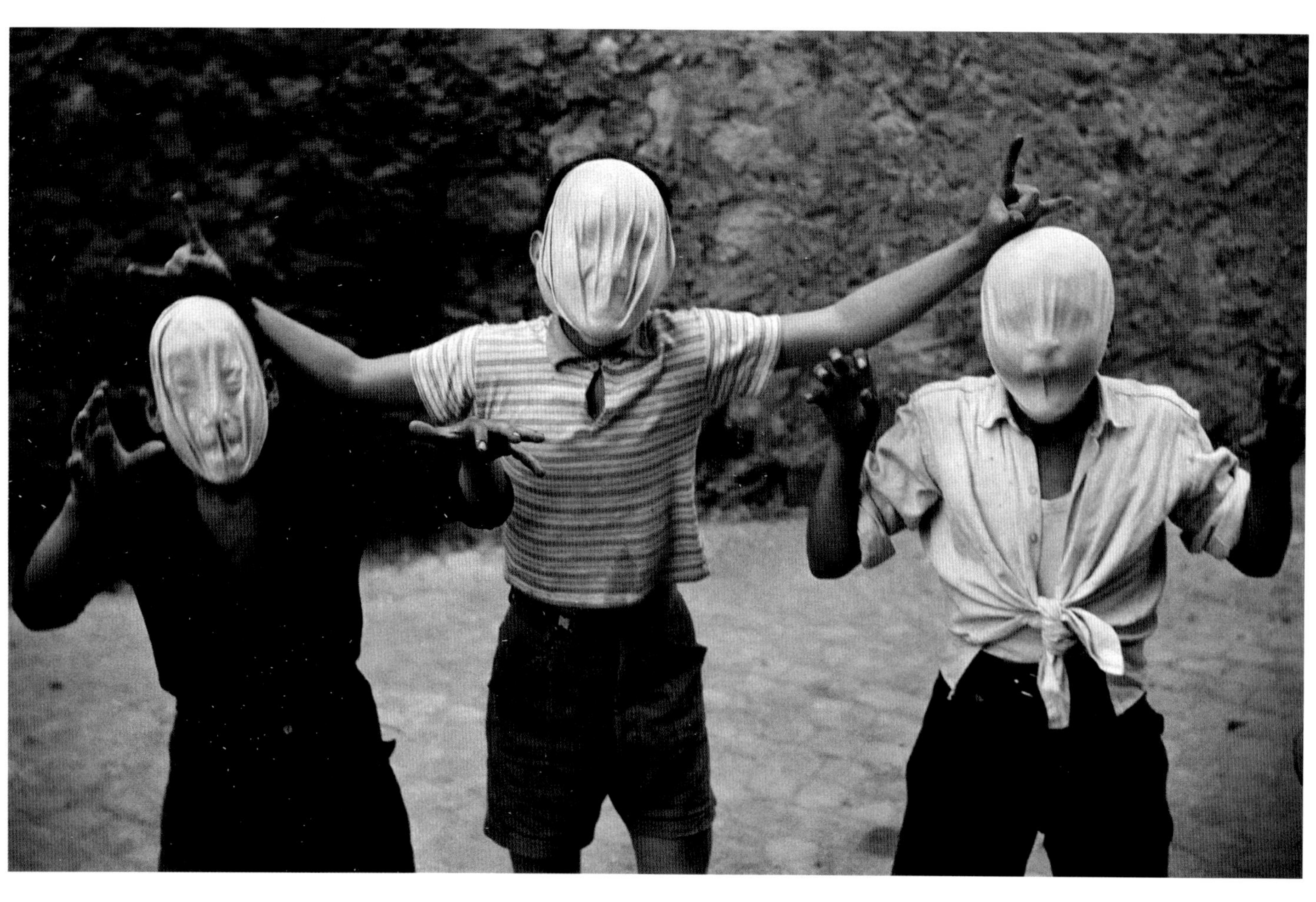

Carnevale, Trastevere, Roma, Italia, 1953
Carnival, Trastevere, Rome, Italy, 1953
Carnaval, Trastevere, Rome, Italie, 1953

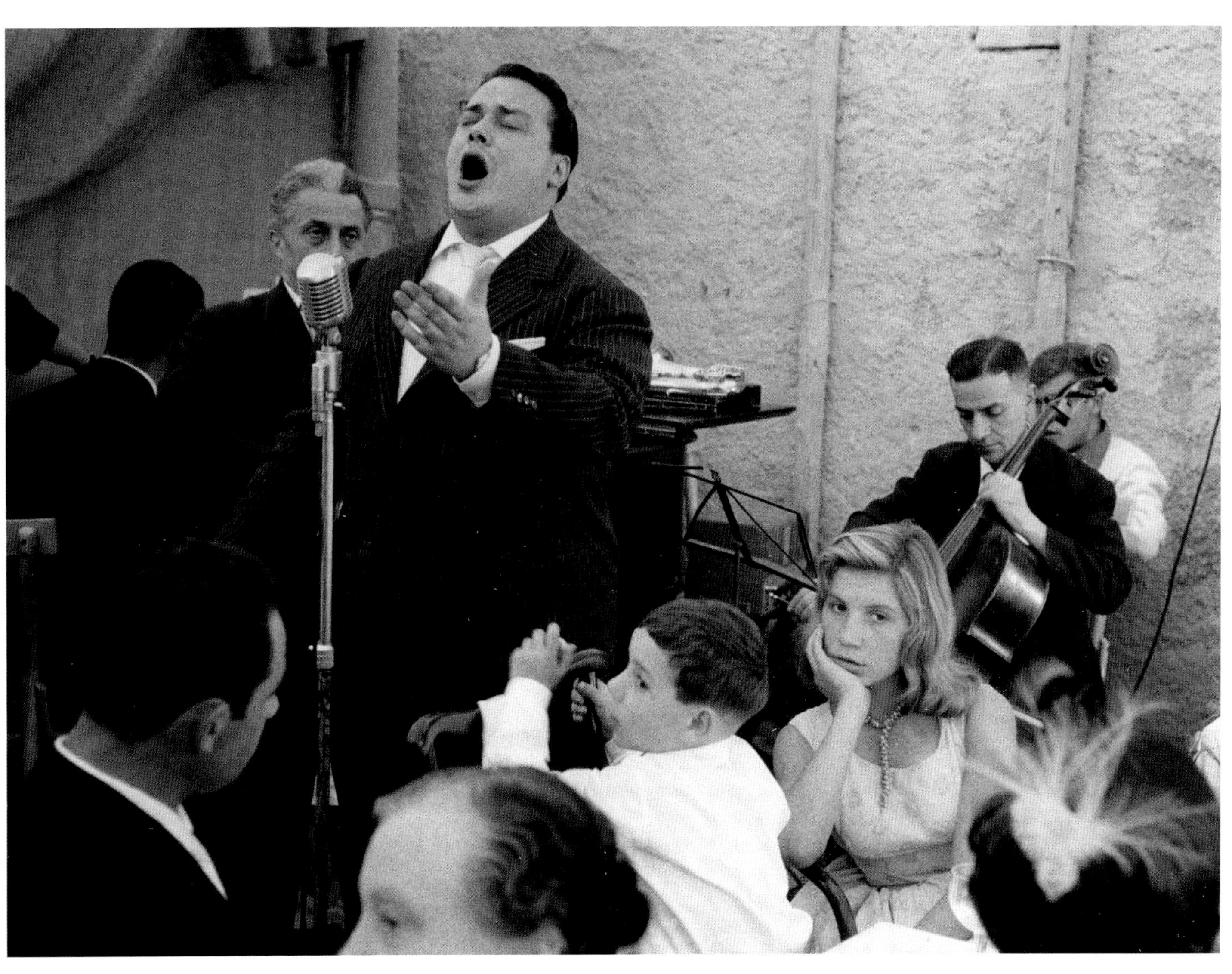

Cantante a un matrimonio, Napoli, Italia, 1961
The wedding singer, Naples, Italy, 1961
Le chanteur de mariage, Naples, Italie, 1961

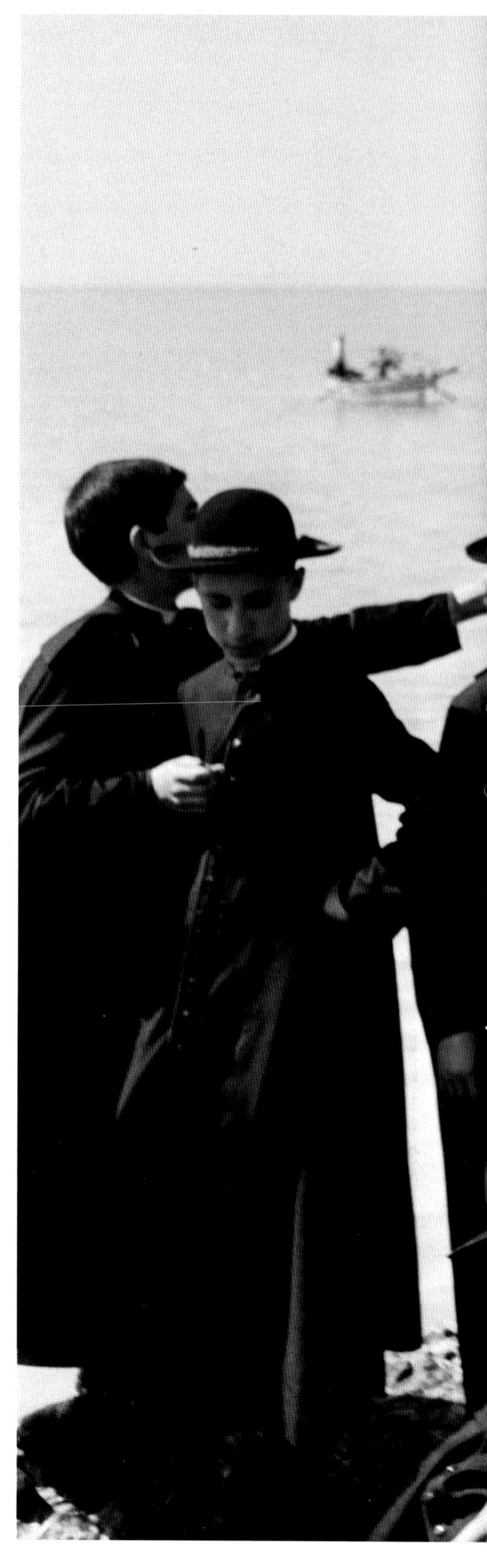

Seminaristi al mare, Napoli, Italia, 1959
Seminarists by the sea, Naples, Italy, 1959
Séminaristes au bord de la mer, Naples, Italie, 1959

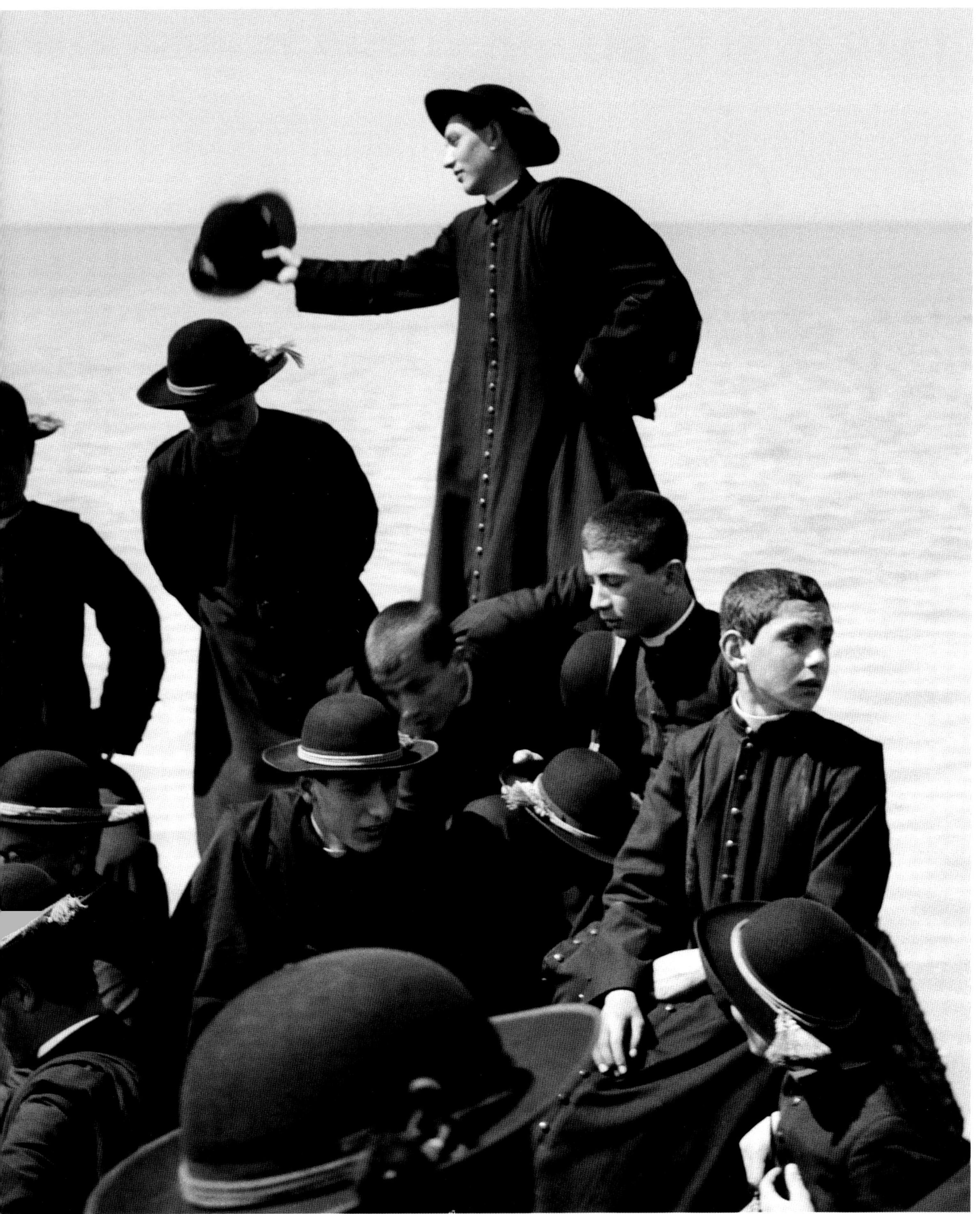

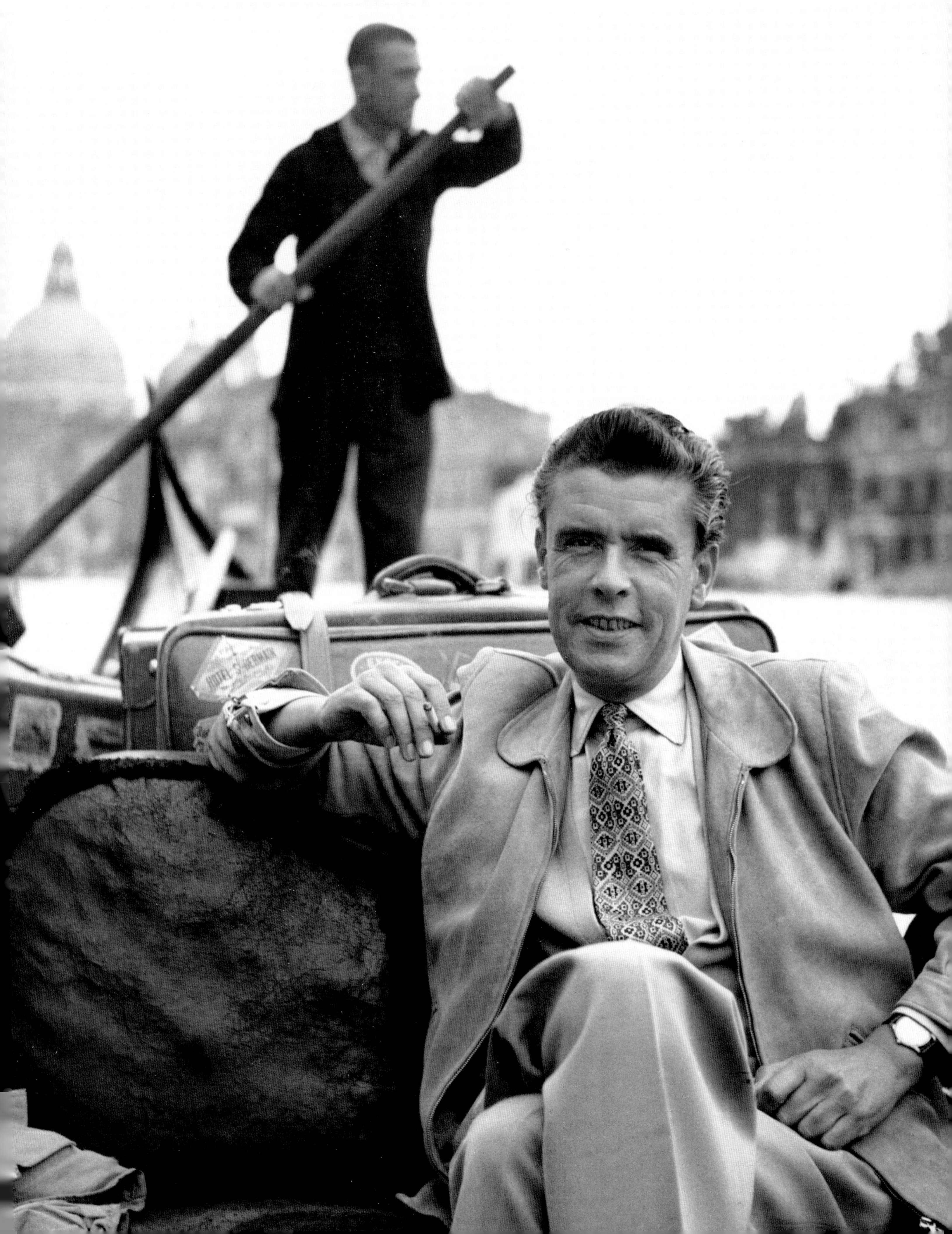